아홉 살에 시작하는

똑똑한 초등신문 ③

아홉 살에 시작하는
똑똑한 초등신문 3

초판 1쇄 발행	2025년 5월 5일	
7쇄 발행	2025년12월 20일	
지은이	신효원	

펴낸이	신호정
편집	이미정, 김수민
마케팅	백혜연, 홍세영
디자인	이지숙

펴낸곳	㈜책장속북스
신고번호	제 2024-000027호
주소	서울시 송파구 양재대로 71길 16-28 원당빌딩 4층
대표번호	02)2088-2887
팩스	02)6008-9050
이메일	chaeg_jang@naver.com
인스타그램	@langlab_kiz
	@chaegjang_books

ISBN	979-11-987214-8-8 (73710)

copyright©2025, 신효원
이 책은 저작권법에 따라 보호받는 저작물입니다.
㈜책장속북스와 저작권자의 허락 없이 이 책의 일부 또는 전체를 복사하거나 전재하는 행위를 금합니다.

● 잘못된 책은 구입한 서점에서 바꾸어 드립니다.
● 책값은 뒤표지에 있습니다.

아홉 살에 시작하는

똑똑한 초등신문

3

신효원 지음

머리말

《똑똑한 초등신문》을 징검다리 삼아
더 깊은 읽기의 세계로 나아가길 바랍니다

어느덧 세 번째 《똑똑한 초등신문》의 출간을 맞이하게 되었습니다.
독자 여러분께 깊은 감사의 마음을 전합니다.

저에게는 저만의 특별한 새해가 있습니다. 바로 《똑똑한 초등신문》이 출간될 무렵입니다. 어떤 기사가 의미 있을까, 어떤 기사를 아이들에게 읽힐까 고심하며 보낸 한 해의 시간이 마무리되는 순간이어서겠지요. 100번째 기사 마지막 문장의 마침표에는 어김없이 시원섭섭함과 설렘을 꾹 눌러 담습니다. 한 해를 매듭짓고 새해를 맞이할 때와 꼭 같은 마음입니다.

지금 우리는 모두 무겁고 거친 변화의 시간을 함께 걸어가고 있습니다. 급변하는 불확실성의 시간과 그 속에서 벌어지는 일들을 아이들에게 어디까지 보여줄 것인가에 대한 고민이 그 어느 때보다 깊었습니다. 아이들에게만큼은 세상의 밝은 면만 보여주고 싶단 마음이 언제나 앞서지만, 아이들은 때론 어른보다 훨씬 더 깊고 넓은 혜안을 갖고 세상을 바라볼 줄 안다는 사실 역시 잊지 않으려고 했습니다. 향후 우리 삶에 어떤 식으로든 영향을 미칠 수 있는 일들을 사실 그대로 알려주어야겠다는 마음으로 《똑똑한 초등신문 3》을 엮어냈습니다.

이 책은 어린이를 위한 책이지만, 어른과도 함께 얼마든지 생각을 펼쳐낼 수 있는 책입니다. 아이들과 함께 책에 수록된 기사를 읽으며 기사에 대해 어떻게 생각하는지 이야기 나눠보면 좋겠습니다. 이런 대화 속에서 우리 아이들이 어떤 생각을 하고 지내는지, 어디까지 생각이 뻗어있는지 살펴볼 수 있는 중요한 단서를 얻을 수 있기 때문입니다.

　더불어 《똑똑한 초등신문》 독자들이라면, 새로운 기사를 알게 되었다는 즐거움에서 더 나아가 이미 알고 있던 내용과 지금 알게 된 내용을 비교하는 힘을 길러갈 수 있기를 바랍니다. '지난 《똑똑한 초등신문》에서 읽은 사건이 이번엔 이렇게 달라졌구나', '그때 그 일이 지금 더 나빠졌구나, 혹은 더 좋아졌구나' 하는 발견을 통해서 말입니다. 또한 자신의 생각과 달리 쓰인 기사가 있다면 그것을 읽고 의문을 품을 수 있기를, 기사와 기사를 연결해 사고의 맥락을 넓혀나갈 수 있기를 바랍니다. 이 속에서 세상의 모든 일은 좋은 면과 나쁜 면을 동시에 가질 수도 있다는 열린 사고를 배워가고, 부정적인 일들도 거치는 과정에 따라 얼마든지 환하고 밝은 쪽으로 나아갈 수 있다는 희망을 발견하면 좋겠습니다.

　한 편의 기사를 읽고 그 속으로 깊숙이 걸어 들어가는 이와 같은 과정을 통해 아이들의 문해력은 훌쩍 자라날 것입니다. 《똑똑한 초등신문》을 징검다리 삼아, 우리 아이들이 더 깊은 읽기의 세계로 나아갈 수 있기를 바랍니다.

신효원

목차

머리말 《똑똑한 초등신문》을 징검다리 삼아 더 깊은 읽기의 세계로 나아가길 바랍니다 04

PART 1. 경제

- 01 십 대들의 놀이터, 다이소 가격의 수상한 비밀 14
- 02 우리가 지금 반찬 투정을 할 때가 아니에요 16
- 03 허리띠를 졸라맬게요, 이제 아무것도 안 사는 게 유행이거든요! 18
- 04 정 많은 초코파이가 지구를 130바퀴 돌았다는 소식을 전합니다 20
- 05 맥도날드 버거와 대파의 특별한 만남 22
- 06 똑같은 건 싫어요, 같은 메뉴도 다르게 먹을래요! 24
- 07 기후위기가 쏘아 올린 작은 공은 어디로 갔을까? 26
- 08 '미국'을 위한다지만, '미국' 사람들이 울상 짓고 있다는 이상한 소식 28
- 09 다정한 K-쌀, 아프리카를 구하러 달려갑니다 30
- 10 번쩍번쩍 금 사세요, 금! 금을 사세요! 32
- 11 팝콘 맛 나는 음료수를 마셔보고 싶다면, 당신은 OOO! 34
- 12 '메이드 인 코리아'가 사라질지도 모른다는 섬뜩한 이야기, 들어볼래요? 36
- 13 달콤했던 초콜릿이 씁쓸해진 까닭은 38
- 14 따라쟁이 펭귄은 친구 따라 강남 간다 40
- 15 한국을 찾은 외국인은 늘어도 '이것'은 늘지 않았다 42
- 16 잘 있어요, 일본·대만! 우리가 좀 앞서갈게요! 44

PART 2. 사회

- 17 캐치캐치 티니핑은 우리들의 새로운 초통령 48
- 18 한국도 이제 노벨 문학상 수상자를 가진 나라 50
- 19 시리, 너 진짜 우리 이야기 몰래 엿듣고 있었니? 52
- 20 51살 된 '바나나맛 우유'가 요즘 바빠진 이유 54
- 21 화를 잘 내는 사람이 되고 싶지 않다면 '이것'을 멀리하세요 56
- 22 징그럽다고 피하지 말아요, 전 영양 만점이거든요! 58

23 종이책을 사락사락 넘겨보세요! 근사한 일이 벌어진답니다 60
24 서로의 곁에 서서 힘이 되어주세요 62
25 따라쟁이가 넘쳐나는 세상, 여러분의 생각은 어떠십니까? 64
26 너도나도 다 하는 인스타그램, 어리니까 하지 말라고요? 66
27 한국인 45만 명이 사라졌다는 무시무시한 소식을 전합니다 68
28 나이와 성별에 따라 자주 쓰는 말이 다르다는 사실, 아십니까? 70
29 세상에서 가장 달콤한 불평등 72
30 세상에 디지털만 남으면 우린 어떡하나요 74
31 있지만 없는 아이들, 우리가 여기 있단 걸 잊지 말아주세요 76
32 2025년에 태어난 우리들을 베타세대라고 불러주세요 78
33 SNS에 지친 어른들은 어떻게 됐을까? 80
34 새롭게 태어난 우체통에 '이것'도 넣어주세요! 82
35 커피숍이 편의점보다 많은 곳, 바로 여깁니다! 84
36 나눠보세요, 우리에게 기적이 찾아온답니다 86
37 소 잃고 외양간 고쳐봐야, 도망간 소는 돌아오지 않는다 88

PART 3. 세계

38 467일 만의 휴전, 누구를 위한 전쟁이었을까요? 92
39 잠시만요, 이제 미국 빼고 우리끼리 무역할게요 94
40 그린란드, 미국이 가질게! vs. 무슨 소리! 거긴 덴마크 땅이거든? 96
41 그가 돌아왔다, 전 세계에 트럼프 폭풍이 몰아친다 98
42 미국과 중국에서 벌어진 전쟁의 이름을 맞혀보세요 100
43 별이 빛나는 밤하늘이 우리에게 중요하다는 사실을 잊지 마세요 102
44 시리아에도 따뜻한 봄이 올까요? 104
45 빨간 머리 주근깨 소녀 <말괄량이 삐삐> 아는 사람 손! 106
46 애플은 지키고 구글은 버린 그것이 뭐냐면요 108
47 이제는 석탄 공장과 헤어질 결심을 해야 할 시간 110

48 상처만 남은 우크라이나에도 희망은 찾아올까요? 112
49 미국이 자꾸 이러면 코카콜라 안 마시고, 스타벅스도 안 갈 겁니다 114
50 세계에서 '장'을 제일 잘 만드는 나라는 어디게요? 116
51 아프리카 Z세대가 거리로 나와 외치는 이야기를 들어주세요 118
52 갓 구운 바삭한 빵 위에 김치와 치즈를 올려 먹어보세요 120
53 한국에서 오래오래 살고 싶어요, K팝을 사랑하니까요! 122

PART 4. 과학

54 피자 소스에 접착제를 발라보세요, 피자치즈가 잘 붙는답니다! 126
55 한번 토라진 개미 마음 돌리기는 하늘의 별 따기 128
56 뜨거워도 너무 뜨거워진 지구, "이제 천천히 돌래요" 130
57 흙 만지고 놀아야 건강해지는 건 우주인도 마찬가지! 132
58 "사, 여기", 부리로 수줍게 건네는 새들의 선물 134
59 우유도 안 마시는 에베레스트산은 어째서 매년 쑥쑥 자라는 걸까? 136
60 하늘에 구름씨를 심어보세요 138
61 댐 필요하신 분? 잔망 루피 친구들이 무료로 출동해 드립니다 140
62 내 이름을 불러줘요, 코끼리인 내게도 이름이 있으니까요 142
63 "먼저 지나가세요"라며 자동차가 방긋 웃는다면 144
64 비슷한 듯 다른 황사와 미세먼지 차이를 아십니까? 146
65 우리의 생각을 AI에게 맡기면 벌어지는 일 148
66 향유고래 이야기 좀 들어보실래요? 150
67 토닥토닥, 내 마음을 알아주는 AI가 있다면 152
68 공룡이 사라진 그날, 지구에는 어떤 일이 벌어졌던 걸까 154
69 들쥐 씨, 귀여운 다람쥐 외모에 속지 마세요 156
70 네가 웃으면, 내 얼굴에도 웃음꽃이 절로 핀단다 158
71 우리 매미들이 왜 221년 만에 만났냐면요 160
72 그들은 왜 750km나 떨어진 곳에서 그 무거운 돌을 가져왔을까? 162

73 "내 친구 살려야 해!" 작은 쥐가 보여준 커다랗고 따뜻한 마음 **164**

74 번쩍번쩍 햇빛 나가신다, 길을 비켜라! **166**

75 옛날 옛적, 펭귄의 나라 남극이 울창한 숲이었다면 믿으시겠어요? **168**

PART 5. 환경

76 1분마다 축구장 5개가 타버렸다 상상해 보세요 **172**

77 1.5도를 넘긴 지구, 이제 공포영화가 시작되었어요 **174**

78 음식 속에 숨어있는 너는 누구냐 **176**

79 우리가 할머니 할아버지가 되면, 김치를 못 먹게 될 수도 있다는 슬픈 소식 **178**

80 바닷물에 잠겨버린 나의 고향, 이제 정말 안녕 **180**

81 나비야 나비야, 이리 날아 오너라 **182**

82 너무 더우니까요, 이번 생은 암컷으로 태어날게요 **184**

83 아이돌 포토 카드가 우리에게 남긴 것 **186**

84 다이빙을 시작하고 가장 슬픈 장면을 목격했습니다 **188**

85 지구가 뜨거워질수록 차가운 눈이 더 펑펑 내리는 까닭은 **190**

86 역사상 가장 뜨거운 여름, 이제 더는 안 돼요 **192**

87 도도새가 게으르고 멍청해서 멸종됐다 말하지 말아요 **194**

88 단풍나무가 사라진 가을을 맞이할 순 없어요 **196**

89 굿바이 스키장, 이제는 스키를 못 탈지도 몰라요 **198**

90 깊은 바닷속 보물을 캐느냐 마느냐, 그것이 문제로다 **200**

91 나무가 입맛을 잃으면 벌어지는 일 **202**

92 한국은 꼴찌, 영국은 1등인 그것은? **204**

93 핸드폰이 연기를 내뿜지 않아도 환경 오염 주범이 될 수 있다는 사실 **206**

94 소나무 한 그루 심을 준비 됐나요? 아니라면 옷 사기를 멈춰보세요 **208**

PART 6. 정치

95 아시아 최초 판결이 한국에서 나왔답니다 **212**

96 우리 서로 이렇게 미워해도 괜찮을까 **214**

97 총을 든 군인들이 국회를 둘러쌌던, 그날 밤 우리에게 벌어진 일 **216**

98 알록달록 반짝반짝 빛나는 우리들의 시민 의식 **218**

99 째깍째깍, 대통령의 탄핵 시계가 움직이기 시작했어요 **220**

100 4월 4일, 이날을 우리는 오래도록 기억하게 되겠죠 **222**

정답 **226**

신문어휘사전(수록 어휘: 651) **228**

01

경제

01 십 대들의 놀이터, 다이소 가격의 수상한 비밀
02 우리가 지금 반찬 투정을 할 때가 아니에요
03 허리띠를 졸라맬게요, 이제 아무것도 안 사는 게 유행이거든요!
04 정 많은 초코파이가 지구를 130바퀴 돌았다는 소식을 전합니다
05 맥도날드 버거와 대파의 특별한 만남
06 똑같은 건 싫어요, 같은 메뉴라도 다르게 먹을래요!
07 기후위기가 쏘아 올린 작은 공은 어디로 갔을까?
08 '미국'을 위한다지만, '미국' 사람들이 울상 짓고 있다는 이상한 소식
09 다정한 K-쌀, 아프리카를 구하러 달려갑니다
10 번쩍번쩍 금 사세요, 금! 금을 사세요!

11 팝콘 맛 나는 음료수를 마셔보고 싶다면, 당신은 OOO!
12 '메이드 인 코리아'가 사라질지도 모른다는 섬뜩한 이야기, 들어볼래요?
13 달콤했던 초콜릿이 씁쓸해진 까닭은
14 따라쟁이 펭귄은 친구 따라 강남 간다
15 한국을 찾은 외국인은 늘어도 '이것'은 늘지 않았다
16 잘 있어요, 일본·대만! 우리가 좀 앞서갈게요!

01. 십 대들의 놀이터, 다이소 가격의 수상한 비밀

배경지식

- **경기 불황**: 사회의 경제 활동이 활발하지 않아, 물가는 오르고 소득은 낮아지며 직장을 잃는 사람들이 늘어나는 상태를 말해요.
- **유통 단계**: 상품이 생산자로부터 소비자에게 이동하는 과정을 말해요. 보통 제조업자, 도매상, 소매상, 소비자의 순서를 따라요.

신문 읽기

다이소

1,000원으로도 살 수 있는 물건이 넘쳐나는 곳, 한 번 들어가면 구경하느라 정신이 팔려 왜 갔는지 잊어버리는 곳, 주머니가 가벼운 십 대들의 신나는 놀이터가 된 곳이 있어요.

그곳은 바로 다이소!

다이소는 경기 불황에도 소비자들의 사랑을 한 몸에 받고 있는데요, 그 이유는 바로 '가성비'에 있어요. 다이소에서 판매되는 제품들은 싼 가격에도 좋은 품질을 자랑하거든요. 가격보다 최소 2배 이상의 가치를 갖는 상품을 판매하는 것이 다이소의 목표라고 해요.

다이소 물건 가격의 비밀

다이소는 균일가 판매점으로 500원, 1,000원, 1,500원, 2,000원, 3,000원, 5,000원 이렇게 6가지 가격만 있어요. 싼 가격을 보고 '유통기한이 얼마 안 남았을 거다', '품질이 나쁠 거다'라고 의심하는 사람들도 있어요. 하지만 이는 사실이 아니에요. 과자 중량을 조절하고, 화장품 모델을 거의 쓰지 않아 광고와 마케팅 비용을 낮추고, 제조업체와 직접 거래해 유통 단계를 줄여서 가격을 낮춘 거거든요.

다이소는 과자, 포토 카드 보호 필름, 스티커, 유행하는 캐릭터 등 인기 제품을 용돈으로 부담 없이 살 수 있어 어린이들에게도 인기가 많아요. 또 외국인들도 가성비 넘치는 다이소의 매력에 푹 빠져, 이제 다이소는 빼놓을 수 없는 한국의 대표 관광 명소가 됐다고 해요. 저렴한데 품질도 좋은 다이소의 인기는 앞으로도 계속될 것으로 전문가들은 내다보고 있어요.

정리하기

◎ 다음 빈칸을 채우세요.

다이소는 모든 물건을 6가지 ☐☐ 로 판매하며 인기를 끌고 있어요.

◎ 맞으면 O, 틀리면 X 하세요.

1. 다이소는 가성비가 좋아 소비자들에게 인기가 많아요. ☐
2. 다이소에서 파는 물건 중 가장 높은 가격은 10,000원이에요. ☐
3. 다이소 물건은 유통 단계를 복잡하게 거친 뒤에 판매돼요. ☐

◎ 신문 어휘 풀이

- **가성비**: 어떤 상품에 대해 정해진 가격에서 기대할 수 있는 성능이나 효율의 정도
- **균일가**: 상품의 크기나 모양, 품질에 관계없이 일정하게 붙인 가격
- **중량**: 물건의 무거운 정도
- **조절하다**: 균형에 맞게 바로잡거나 상황에 알맞게 맞추다
- **비용**: 어떤 일을 하는 데 드는 돈
- **제조업체**: 물품을 대량으로 만드는 사업을 하는 단체
- **거래하다**: 돈이나 물건을 주고받거나 사고팔다
- **명소**: 이름이 널리 알려진 곳

토론하기

Q1 다이소는 어떻게 싼 가격에 품질 좋은 물건을 판매하는 걸까요?

_____

Q2 다이소가 초등학생에게 인기가 많은 이유가 뭐라고 생각해요?

_____

02 우리가 지금 반찬 투정을 할 때가 아니에요

배경지식
- **스태그플레이션**: 경기가 안 좋은 와중에도 물가가 계속 오르는 현상을 말해요. 경기가 좋아지지 않고 제자리에 머문다는 뜻의 스태그네이션(stagnation)과 물가 상승을 뜻하는 인플레이션(inflation)을 합한 말이에요.
- **물가 상승**: 여러 가지 물건의 평균적인 가격이 오르는 현상을 말해요.
- **소비 심리**: 소비자가 경기에 대해 느끼는 감각과 물건을 구매하고자 하는 욕구를 말해요.

신문 읽기

스태그플레이션 개념

물가가 크게 올라 중고 거래를 하는 사람이 늘고, 특가 상품을 판매하는 할인 매장에만 사람들이 몰리고 있대요.

물가가 올라도 너무 올랐어요

김밥 한 줄에 평균 3,500원, 편의점 도시락 가격도 5,000원을 훌쩍 넘어섰어요. 딸기는 한 달 사이 57.7%나 올랐고, 양배추값은 1년 전보다 54.9%, 당근은 35.7% 올랐고요. 이상기온과 폭설로 인해 채소와 과일 생산량이 큰 폭으로 감소한 데다 기름값까지 올라 농산품과 공산품 가격이 모두 오른 거죠. 한국은행은 2025년 경제성장률은 1.5%, 물가상승률은 1.9%로, 경제 성장보다 물가가 더 크게 오를 것으로 보인다고 말했어요.

경기는 나쁜데 물가가 오르면 벌어지는 일

보통 경기가 좋으면 사람들이 물건을 많이 사서 물가가 오르고요, 경기가 나쁘면 실업이 증가하고 소비가 줄어 물가가 오르지 않아요. 하지만 요즘의 문제는 경기가 안 좋은 상황에서도 물가가 오르고 있다는 거예요. 이런 상황을 '스태그플레이션'이라고 불러요. 스태그플레이션 상황이 벌어지면 일자리는 구하기 어렵고 소득이 줄어드는데 물가는 비싸져 생활이 매우 힘들어져요. 스태그플레이션은 기상 이변으로 식료품 생산 비용이나 석유 가격이 오를 때 일어나요. 물가가 크게 오른 데다 비상계엄으로 인한 불안한 나라 상황으로 소비자들의 소비 심리가 움츠러들어 불안정한 상태가 앞으로도 계속될 것으로 보여요.

정리하기

◎ 다음 빈칸을 채우세요.

□□□□□□ 이란 경기가 안 좋은 와중에도 물가가 계속 오르는 현상을 말해요.

◎ 맞으면 O, 틀리면 X 하세요.

1. 2025년은 경제성장률보다 물가상승률이 더 높을 것으로 예상돼요. □
2. 경기가 좋아지면 물가가 떨어지고 실업이 증가해요. □
3. 우리나라 경기는 조만간 다시 좋아질 것으로 예상돼요. □

◎ 신문 어휘 풀이

- **거래**: 돈이나 물건을 주고받거나 사고팖
- **공산품**: 공장에서 사람의 손이나 기계로 만든 상품
- **경제성장률**: 일정 기간 한 나라의 경제가 얼마나 성장했는지를 나타내는 비율
- **물가상승률**: 일정 기간 물가가 올라간 비율
- **경기**: 물건을 사고팔 때 나타나는 좋거나 나쁜 경제 활동 상태
- **실업**: 일자리를 잃거나 일할 기회를 얻지 못하는 상태
- **소비**: 물건이나 서비스 등을 돈을 주고 사는 것
- **기상 이변**: 보통 지난 30년간의 기상과 아주 다른 날씨 현상
- **비용**: 어떤 일을 하는 데 드는 돈
- **비상계엄**: 나라가 큰 혼란에 빠져 평소대로 나라를 다스리기 어렵다고 판단될 때, 대통령이 군대를 동원해 사회 질서를 유지하려는 일

토론하기

Q1 스태그플레이션 현상이 일어나는 이유가 무엇일까요?

Q2 스태그플레이션이 계속되면 어떤 일들이 일어날까요?

03

허리띠를 졸라맬게요, 이제 아무것도 안 사는 게 유행이거든요!

배경 지식

- **노바이 챌린지**: 생필품을 제외한 소비를 최대한 줄이고, 지금 있는 물건을 모두 쓸 때까지 새로운 소비를 절대 하지 않겠다는 챌린지예요.
- **불확실성**: 변화가 불규칙적으로 일어나, 미래에 어떤 일이 벌어질지 예상할 수 없는 상태를 말해요.
- **경기 침체**: 물건을 사고 파는 것이 활발하게 이루어지지 못하고 제자리에 머무르는 현상을 말해요.

신문 읽기

노바이 챌린지
출처_@abidaunton

소비를 적극적으로 줄여나가는 '노바이 챌린지'가 세계 곳곳에서 큰 인기를 얻고 있어요.

다 떨어질 때까지 새 물건을 사지 않겠어요!

현재의 즐거움을 위해 과소비하던 Z세대를 중심으로 노바이 챌린지가 유행하고 있어요. 노바이 챌린지는 생필품을 제외한 지출을 최대한 줄이고, 지금 쓰고 있는 물건이 다 떨어질 때까지 절대 새로 사지 않겠다는 챌린지예요. Z세대들은 SNS상에서 각자 절약 노하우를 공유하며 서로를 응원하고 있어요. 한국에서도 하루에 0원 쓰기 경험을 나누며 절약을 실천하는 젊은이들이 늘고 있어요. 실제로 '무지출', '무소비'와 관련한 용어 사용이 85% 늘었고, '플렉스', '욜로'와 관련한 내용은 12% 감소했대요. 또한 저축하는 젊은이들도 크게 늘고 있어요. 미국인을 대상으로 설문 조사를 실시한 결과, Z세대의 저축률이 다른 세대보다 더 높은 것으로 나타났어요.

불안하니까 아낄 수밖에요

Z세대 사이에서 노바이 챌린지가 유행하고 저축률이 높아진 까닭은 경제 상황

이 점점 더 악화되고 불확실성이 커지고 있기 때문이에요. 일자리를 찾기 어려운 데다 주택 가격도 계속 오르고 있으니까요. 전문가들은 노바이 챌린지와 같은 소비 트렌드는 경기 침체의 또 다른 모습이라며, 불안감이 높아진 만큼 소비는 움츠러들 수밖에 없다고 말했어요.

정리하기

◎ 다음 빈칸을 채우세요.

소비를 적극적으로 줄이는 ☐☐☐☐☐ 가 세계적으로 유행하고 있어요.

◎ 맞으면 O, 틀리면 X 하세요.

1. 노바이 챌린지는 생필품까지 포함해 모든 물건을 사지 않겠다는 챌린지예요. ☐
2. 한 설문조사에 따르면, 미국 Z세대가 다른 세대보다 저축률이 더 높았어요. ☐
3. 노바이 챌린지가 유행하는 이유는 경기 침체 때문이에요. ☐

◎ 신문 어휘 풀이

- **소비**: 물건이나 서비스 등을 돈을 주고 사는 것
- **과소비**: 자신의 소득에 비해 돈을 지나치게 많이 쓰거나 물건을 지나치게 많이 삼
- **생필품**: 일상생활에 꼭 필요한 물건
- **제외하다**: 어떤 대상이나 셈에서 빼다
- **지출**: 어떤 목적으로 쓰는 돈
- **공유하다**: 두 사람 이상이 어떤 것을 함께 가지고 있다
- **용어**: 어떤 분야에서 전문적으로 사용하는 말
- **플렉스**: 스스로 만족하기 위해서나 남들에게 자랑하기 위해서 값비싼 물건을 구입함
- **욜로**: 현재의 행복을 중요하게 여기는 생활 방식
- **악화되다**: 일이나 상황이 나쁜 방향으로 나아가다

토론하기

Q1 소비를 최대한 줄이고 저축은 최대한 늘리는 노바이 챌린지에 대해 어떤 생각이 들어요?

Q2 여러분은 어떤 소비가 현명한 소비 같아요? 여러분의 생각을 이야기해 보세요.

04. 정 많은 초코파이가 지구를 130바퀴 돌았다는 소식을 전합니다

배경 지식
- 수요: 어떤 물품이나 서비스를 사려고 하는 욕구를 말해요.
- 현지화 전략: 어떤 것을 그 지역의 상황이나 문화에 맞게 바꾸는 방법을 말해요.

신문 읽기

해외에서도 사랑받는 초코파이
출처_오리온 공식 홈페이지

초콜릿의 달콤함과 비스킷의 부드러움 그리고 마시멜로의 쫀득함이 입안 가득 퍼지는 과자, 초코파이가 2024년 한 해 전 세계에서 40억 개 이상 팔렸대요.

초코파이 이야기 들어볼래요?

초코파이는 약 2년간 연구 끝에 1974년 4월에 세상에 처음 등장했어요. 비스킷과 초콜릿, 마시멜로로 만든 과자는 처음이었기 때문에 출시되자마자 모든 연령층에서 큰 사랑을 받았어요. 1974년에 초코파이는 50원에 팔렸는데요, 당시에는 비싼 고급 과자였다고 해요. 그때는 짜장면 한 그릇 가격이 150원이었거든요.

초코파이 인기가 얼마나 많냐면요

초코파이의 2024년 판매량은 40억 3,000만 개였어요. 나라별 판매량을 보면 러시아에서 16억 개, 중국에서 10억 8,000만 개, 베트남에서 7만 개로 해외 수요가 매우 높아요. 지금까지 팔린 초코파이 총 판매량은 500억 개로 이는 지구 130바퀴를 돌 수 있는 양이래요.

초코파이는 러시아에서는 이미 국민 간식이 됐고, 베트남에서는 명절 선물뿐만 아니라 제사상에도 오를 만큼 큰 인기를 끌고 있어요. 초코파이가 전 세계인의 사랑을 받고 있는 것은 오리온의 성공적인 현지화 전략 덕분이에요. 오리온은 나라 특색에 맞춰 24개 종류의 초코파이를 개발했고요, 각 나라에서 공장을 운영하며 초코파이 공급량을 늘리고 있어요. 이제 초코파이는 한국인뿐만 아니라 세계인들이 가족, 친구와 함께 즐기는 과자가 된 거예요!

정리하기

◎ 다음 빈칸을 채우세요.

☐☐☐☐ 은 어떤 것을 그 지역의 상황이나 문화에 맞게 바꾸는 방법이에요.

◎ 맞으면 O, 틀리면 X 하세요.

1. 초코파이가 처음 출시되었을 때는 주로 어린이들에게 사랑받았어요. ☐
2. 초코파이는 2024년에 40억 개가 넘게 팔렸어요. ☐
3. 오리온은 다른 나라에도 공장을 여러 개 세워 운영하고 있어요. ☐

◎ 신문 어휘 풀이

- **출시되다:** 상품이 시중에 나오다
- **연령층:** 같은 나이 또는 비슷한 나이인 사람들의 집단
- **판매량:** 일정한 기간 동안 상품이 팔린 양
- **특색:** 보통의 것과 차이가 나게 다른 점
- **운영하다:** 관리하고 이끌어나가다
- **공급량:** 판매하기 위해서 시장에 내놓은 물품이나 서비스의 양

토론하기

Q1 초코파이가 세계 여러 나라에서 사랑받을 수 있는 이유가 무엇일까요?

Q2 여러분이 초코파이를 만든다면 어떤 맛으로 만들고 싶어요?

05 맥도날드 버거와 대파의 특별한 만남

배경 지식

- 로코노미: 지역을 뜻하는 로컬과 경제를 의미하는 이코노미를 합한 신조어로, 지역의 특색을 담은 제품을 만들어 판매하는 문화 현상이에요.

신문 읽기

출처_맥도날드 공식 홈페이지

순식간에 280만 개가 팔리며 단번에 버거 스타덤에 오른 주인공이 돌아왔습니다. 바로 맥도날드 진도 대파 크림 크로켓 버거예요.

대파 품은 버거, 그가 다시 돌아왔다!

맥도날드는 작년에 '버거 맛도 살리고 우리 농가도 살린다'라는 취지로 대파 버거를 출시했어요. 대파 버거와 같은 것을 로코노미라고 불러요. 로코노미란 지역을 뜻하는 로컬과 경제를 의미하는 이코노미를 합한 말로, 지역의 특색을 담은 제품을 만들어 판매하는 문화 현상이에요. 맥도날드뿐만 아니라, 다양한 식품업체에서 로코노미 열풍이 불고 있어요. 남해 마늘 바사삭 치킨, 이천 햅쌀 라떼, 옥천 단호박 라떼와 같은 식품이 그것이죠!

로코노미, 그거 다들 왜 하는 거죠?

한 설문조사에 따르면 응답자의 87.6%가 '다음에도 로코노미 제품을 소비할 의향이 있다'라고 밝혔어요. 로코노미 제품에 대한 반응이 이렇게 뜨거운 데는 여러 이유가 있어요. 우선, 원산지를 믿을 수 있어 마음 놓고 사먹을 수 있죠. 또 로코노미 제품은 지역 농산물을 활용할 뿐만 아니라, 지역 문화도 널리 알려 지역 경제와 이미지 개선에 긍정적인 영향을 미치고 있어요. 다시 말해, 로코노미 제품을 사는 것은 곧 지역 농부들과 지역 경제 활성화를 돕는 일이에요. 앞으로는 어떤 로코노미 제품들이 나와 지역 경제를 도울까요? 얼마나 다양한 제품들이 출시될지 기대됩니다.

정리하기

◎ 다음 빈칸을 채우세요.

☐☐☐☐ 덕분에 지역 특산물로 만든 음식이나 음료의 인기가 높아지고 있어요.

◎ 맞으면 O, 틀리면 X 하세요.

1. 로코노미 제품을 사면 우리나라 농부들을 도울 수 있어요. ☐
2. 로코노미 제품은 원산지를 믿고 살 수 있어요. ☐
3. 로코노미의 유행은 조만간 사그라들 것 같아요. ☐

◎ 신문 어휘 풀이

- 취지: 어떤 일의 근본이 되는 목적이나 매우 중요한 뜻
- 출시하다: 상품을 세상에 내보내다
- 현상: 현재 나타나 보이는 상태
- 의향: 무엇을 하려는 생각
- 원산지: 물건이 만들어진 곳
- 개선: 잘못된 것이나 부족한 것, 나쁜 것을 고쳐 더 좋게 만듦
- 활성화: 사회나 조직 등의 기능을 활발하게 함

토론하기

Q1 여러분도 로코노미 제품을 사본 적이 있나요?

Q2 맥도날드에서 새로운 로코노미 버거가 출시된다면 어떤 게 나오면 좋을까요?

06 똑같은 건 싫어요, 같은 메뉴라도 다르게 먹을래요!

배경 지식

✓ **토핑 경제:** 요리나 과자에 토핑을 얹는 것처럼, 소비자가 상품에 자신의 취향에 따라 이것저것 추가로 선택해 자신만의 제품을 만들어 소비하는 방식을 말해요.

신문 읽기

요아정(요거트 아이스크림의 정석)

친구는 '벌집꿀·바나나', 나는 '딸기·초코팝팝' 토핑 선택! 저마다 다른 요거트 아이스크림을 만들어 먹을 수 있는 요아정(요거트 아이스크림의 정석)은 2024년에 가장 사랑받았던 디저트예요.

'요아정'의 인기 비결은

다름 아닌 요거트 아이스크림에 50개가 넘는 토핑을 내 마음대로 골라 넣어 먹을 수 있다는 점이에요. 정해진 대로 먹는 것이 아니라, 좋아하는 토핑을 선택해 나만의 메뉴를 만들어 먹을 수 있다는 점이 젊은 사람들의 마음을 사로잡은 거죠. 마라탕 역시 재료를 직접 선택할 수 있다는 점에서 Z세대들로부터 인기를 끌고 있어요.

나만의 것을 가지고 싶은 마음

이처럼 나만의 메뉴를 만드는 상품이 인기를 얻고 있어요. 소비자들은 음식뿐만 아니라 패션, 가전제품에도 적극적인 선택을 통해 그들만의 상품을 만들어 써요. 티셔츠나 신발, 가방에 좋아하는 캐릭터의 와펜을 붙이거나 인형을 달고 가전제품에 다양한 색을 선택하는 방식으로요. 이러한 현상을 토핑 경제라고 부르는데요, 토핑 경제는 정해진 상품을 있는 그대로 구입하는 대신, 기본 형태에 다양한 토핑을 이리저리 선택해 자신에게 가장 좋은 조합을 만들어내는 것을 말해요.

과거 한국 소비자들은 남들이 가장 많이 산 상품을 따라 선택하는 경우가 많았지만, 이제는 달라졌어요. 같은 물건을 사더라도, 그 속에서 남들과 다르다는 것을 느끼고 싶어 하는 사람들이 많아진 거예요!

정리하기

◎ 다음 빈칸을 채우세요.

□□□ 란 소비자가 취향에 따라 자신만의 제품을 만들어 소비하는 것을 말해요.

◎ 맞으면 O, 틀리면 X 하세요.

1. 요아정과 마라탕이 인기를 끈 이유는 다양한 토핑을 마음대로 골라 넣을 수 있기 때문이에요. □
2. 토핑 경제는 음식에서만 보이는 소비 형태예요. □
3. 토핑 경제가 주목받는 이유는 완성된 채로 판매되는 기존 상품보다 더 싸기 때문이에요. □

◎ 신문 어휘 풀이

- **상품**: 사고파는 물건
- **방식**: 일정한 방법이나 형식
- **구입하다**: 물건 등을 사다
- **조합**: 여럿을 한데 모아 한 덩어리로 짬

토론하기

Q1 토핑 경제가 등장한 이유는 무엇일까요?

Q2 여러분은 토핑 경제가 반영된 상품을 사본 적이 있나요? 혹은 사고 싶은 것이 있나요?

07 기후위기가 쏘아 올린 작은 공은 어디로 갔을까?

배경지식
- 기후플레이션: 기후변화로 인한 자연재해나 극단적인 날씨로 농작물 생산이 감소해 식료품 물가가 오르는 현상을 말해요. 기후와 인플레이션의 합성어예요.
- 날씨 경영: 갑작스레 변하는 날씨를 꼼꼼히 분석하고 그에 맞춰 기업을 운영하는 것을 말해요. 날씨를 고려해 상품을 만들거나 파는 방식을 정해요.

신문 읽기

겨울철 대표 간식인 귤 가격이 크게 올랐어요. 귤뿐만 아니라 딸기, 김장을 위한 배추 가격도 급등했는데요, 무슨 일이 일어난 걸까요?

과일과 채소 가격이 치솟은 까닭은?

바로 이상기후 때문이에요. 지구 온난화로 인해 잦아진 폭염과 폭우가 농작물의 성장을 방해해, 농작물 수확량이 크게 감소한 거죠. 수확량이 줄어드니 농산물 가격은 급등했고요. 이처럼 이상기후 때문에 농작물 생산량이 줄어 농산물 가격이 크게 오르게 되는 것을 기후플레이션이라고 해요. 2024년 제주 감귤은 기후변화로 인해 생산량이 8.6% 줄어들었고 전년도에 비해 가격은 9.8% 올랐어요.

기후플레이션이 고약한 것은 모두에게 공평하지 않기 때문이에요

기후위기와 이로 인한 기후플레이션은 전 세계 공통적인 현상이지만 그 피해는 공평하지 않아요. 기후플레이션이 닥쳤을 때, 신선한 야채를 비롯해 사야 할 물품을 포기해야 하는 사람들은 주로 저소득층이기 때문이에요.

지구온난화는 점점 더 심해지고, 이상기후로 인한 기후플레이션은 더 자주 일어날 것으로 보여요. 기후플레이션 피해를 줄이기 위해서는 지구온난화를 늦추기 위한 노력과 더불어, 날씨를 **분석해** 농업 생산량을 **예측하고** 자연재해에 미리 대비하는 '**날씨 경영**'을 적극적으로 **도입해야** 해요.

정리하기

◎ 다음 빈칸을 채우세요.

☐☐☐☐☐ 은 기후변화로 인한 자연재해나 폭염과 같은 날씨 때문에 농작물 생산이 감소해 식료품 가격이 오르는 현상을 말해요.

◎ 맞으면 O, 틀리면 X 하세요.

1. 농작물의 수확량이 줄어들면 농산물의 가격이 올라가요. ☐
2. 기후플레이션으로 인해 전 세계 사람들이 모두 비슷한 정도의 피해를 입어요. ☐
3. 기후플레이션 피해를 줄이기 위해 '날씨 경영'을 서둘러 시작해야 해요. ☐

◎ 신문 어휘 풀이

- **급등하다**: 물건값이 갑자기 오르다
- **수확량**: 농작물을 거두어들인 양
- **저소득층**: 상대적으로 다른 사람보다 돈을 적게 버는 사회 계층
- **분석하다**: 더 잘 이해하기 위해 어떤 현상이나 사물을 여러 요소나 성질로 나누다
- **예측하다**: 앞으로의 일을 미리 추측하다
- **도입하다**: 기술, 이론 등을 들여오다

토론하기

Q1 감귤 가격이 오른 이유에 대해 설명해 보세요.

Q2 기후플레이션의 피해를 줄이려면 어떻게 해야 할까요?

08

'미국'을 위한다지만, '미국' 사람들이 울상 짓고 있다는 이상한 소식

배경 지식

- **관세 부과**: 국경을 통과할 때 붙는 세금을 관세라고 해요. 관세 부과는 외국에서 물건을 수입할 때 세금을 매겨서 내게 하는 것이에요.
- **부메랑 효과**: 어떤 일이 계획한 목적을 벗어나 불리한 결과로 되돌아오는 상황을 가리키는 말이에요.

신문 읽기

장난감 트럭
출처 통카 공식 홈페이지

미국에서 토마토, 아보카도를 포함한 농산물부터 장난감에 이르기까지 다양한 물품 가격이 크게 오를 것으로 전망돼요. 트럼프 미국 대통령이 캐나다와 멕시코, 중국에 높은 관세를 부과한다고 말했기 때문이에요.

관세를 부과하면 제품 가격이 올라요

다른 나라로부터 수입해 오는 물건에 관세를 부과하면, 그 물건값은 자연스레 비싸져요. 미국은 수입 채소 50%와 과일 40%를 모두 멕시코에서 들여오고 있기 때문에, 앞으로 미국에서 판매되는 채소와 과일값이 크게 오를 것으로 보여요. 이뿐만 아니라 장난감 가격도 줄줄이 인상될 거라고 해요. 미국에서 판매되는 장난감 80%를 중국에서 만들고 있거든요. 장난감 '통카' 트럭의 경우, 미국에서 매년 100만 대 이상 판매되는 인기 장난감인데요, 중국에 10% 관세를 부과하면 통카 트럭의 가격이 약 29.99달러에서 34.99~39.99달러로 인상될 거래요. 미국의 수입 의류 역시 30%가 중국산 제품이기 때문에 의류 가격도 오를 테고요.

삐~ 미국 여기저기에서 경고음이 울리고 있어요

앞으로 미국 경제가 어려워질 거라는 예측이 나오고 있어요. 트럼프 대통령이 다른 나라에 위협적으로 관세를 부과하면서 경제 불확실성을 키우고 있거든요. 미국 산업을 보호하기 위해 외국 상품에 높은 관세를 매겼지만, 이는 결국 인플레이션을 일으키고 소비를 둔화시켜 미국에 부메랑 효과로 돌아올 거라는 우려의 목소리가 커지고 있어요.

정리하기

◎ 다음 빈칸을 채우세요.

미국은 캐나다, 멕시코, 중국 등 다른 나라에 높은 ⬜ 를 ⬜ 한다고 발표했어요.

◎ 맞으면 O, 틀리면 X 하세요.

1. 미국이 수입하는 채소 중 절반 정도는 멕시코에서 온 거예요. ⬜
2. 미국의 장난감 가격은 올라가겠지만, 의류 가격은 그대로일 거예요. ⬜
3. 앞으로 미국의 경제는 좋아져 물건값이 싸질 거예요. ⬜

◎ 신문 어휘 풀이

- **전망되다**: 앞날이 미리 예상되다
- **부과하다**: 세금이나 벌금 등을 매겨서 내게 하다
- **인상되다**: 물건값이나 월급, 요금 등이 오르다
- **경제 불확실성**: 앞으로 경제 상황이 어떻게 변화할지 예측할 수 없어 확실하지 않은 상태
- **인플레이션**: 돈의 가치가 떨어져서 물건값이 계속 오르는 경제 현상
- **둔화시키다**: 반응이나 진행 속도를 느려지게 하다

토론하기

Q1 미국은 왜 다른 나라들에 높은 관세를 부과하는 걸까요?

Q2 미국의 관세 부과 정책이 부메랑 효과로 돌아오면, 앞으로 미국에 사는 사람들의 생활은 어떻게 바뀔까요?

09

다정한 K-쌀, 아프리카를 구하러 달려갑니다

배경 지식

- **K-라이스벨트(K-Rice Belt):** 한국의 벼 종자와 농사 방법을 아프리카에 전수하는 프로젝트예요. 아프리카의 식량 위기를 해결하기 위해 실행하고 있어요.
- **수출:** 국내의 상품이나 기술을 외국으로 팔아 내보내는 것을 말해요.
- **식량 위기:** 사람이 먹을 것이 모자라서 생기는 어려움을 말해요.

신문 읽기

한국의 농법을 교육받는 아프리카 농민들
출처_농림축산식품부 공식 유튜브

하루에 세 번 밥을 먹는다는 삼시세끼도 옛말이 됐어요. 통계 자료에 따르면, 한국 사람들이 이제 하루에 밥 한 공기도 채 안 먹는 것으로 나타났거든요. 삼시세끼 대신, 삼시'한'끼라는 말을 만들어야 할지도 모르겠어요.

쌀 대신 먹을 수 있는 것들이 너무 많아졌어요

수십 년 전만 해도 식사는 곧 쌀로 만든 밥을 먹는다는 의미였어요. 하지만 지금은 다른 나라 음식들을 여기저기서 쉽게 접할 수 있어, 밥 대신 먹을 수 있는 식사 종류가 다양해졌죠. 그래서 1994년 우리나라 국민 1인당 평균 식량용 쌀 **소비량**은 120.5kg였지만, 30년이 지난 2024년에는 55.8kg으로 뚝 떨어졌어요.

한국 쌀, 앞으로 어떻게 될까요?

다행히 한국 쌀의 새로운 역할이 시작되었어요. 식량이 부족한 아프리카인을 도울 수 있게 됐거든요. 정부는 **K-라이스벨트** 사업을 실행하고 있는데요, K-라이스벨트는 한국의 벼 **종자**와 농사 방법을 아프리카에 **전수하는** 프로젝트예요. 아프리카 **농가**에 우리나라 벼를 **수출**하고 농사법을 가르쳐 아프리카가 **식량 위기**를 극복하도록 돕는 거죠. 우리나라 농민들은 벼를 수출해서 좋고, 아프리카 농민들은 농사의 비법을 알 수 있으니 일석이조 효과를 얻을 수 있어요. 국제적인 식량 위기를 극복하기 위해 영웅처럼 나타난 K-라이스벨트! 앞으로는 어떤 활약을 할지 기대됩니다.

정리하기

◎ 다음 빈칸을 채우세요.

K-□□□□□란 한국의 벼 종자와 농사 방법을 아프리카에 전수하는 프로젝트를 말해요.

◎ 맞으면 O, 틀리면 X 하세요.

1. 우리나라 국민 1인당 평균 쌀 소비량은 30년 전에 비해 절반 가까이 떨어졌어요. □

2. K-라이스벨트 사업을 실행하는 이유는 아프리카가 식량 위기를 극복하도록 돕기 위해서예요. □

3. K-라이스벨트 사업을 통해 아프리카에 우리나라 쌀을 기부하게 돼요. □

◎ 신문 어휘 풀이

- **소비량**: 돈, 물건, 시간, 노력, 힘 등을 써서 없애는 양
- **종자**: 식물에서 나온 씨 또는 씨앗
- **전수하다**: 기술이나 지식 등을 전해주다
- **농가**: 농사를 짓는 사람의 가정
- **비법**: 남에게 알려지지 않은 특별한 방법
- **일석이조(一石二鳥)**: 돌 한 개를 던져 새 두 마리를 잡는다는 뜻으로, 동시에 두 가지 이익을 얻는다는 뜻

토론하기

Q1 우리나라 사람들의 쌀 소비량이 크게 줄어든 이유가 무엇일까요?

Q2 우리나라의 음식 중에 아프리카로 수출할 수 있는 것으로 또 어떤 것이 있을까요?

10 번쩍번쩍 금 사세요, 금! 금을 사세요!

배경 지식
- **자산**: 개인이나 기관, 단체가 가지고 있는, 경제적 가치가 있는 유형·무형의 재산을 말해요.
- **인플레이션**: 돈의 가치가 떨어져서 물건값이 계속 오르는 경제 현상을 말해요.

신문 읽기

금 자판기
출처_GS리테일 공식 홈페이지

태어난 지 한 해가 되는 날을 축하하며 사람들은 돌잔치 때 아기에게 금반지를 선물하곤 했는데요, 이제는 금반지 선물을 하기 어려워졌어요. 금값이 크게 올랐기 때문이에요.

반짝반짝 예쁘니까 금값이 오르는 거겠죠?

금이 예쁘다는 말은 금은 눈으로 직접 볼 수 있다, 즉 실물 가치를 갖고 있다는 것을 뜻해요. 또 금은 시간이 아무리 흘러도 변하지 않죠. 게다가 금은 얼마든지 많이 만들어낼 수 있는 화폐와 달리, 일 년 동안 채굴되는 양이 일정해요. 정해진 양만 생산된다는 점과 변하지 않는 실물 가치를 가졌다는 점이 금값 상승의 원인 중 하나죠. 또 다른 이유는 금은 화폐처럼 누군가가 만들어서 세상에 내놓은 것이 아니라는 점이에요. 예를 들어 화폐를 만든 국가가 망하면 화폐의 자산 가치는 사라져 버리지만, 금은 그럴 일이 없으니 그 어떤 자산보다도 안전해요.

금 인기가 하늘을 치솟을 땐 언제일까요?

전쟁 또는 재난이 닥치거나 물가가 급등하는 인플레이션과 같은 불안정한 상황에서예요. 이때는 돈의 가치가 크게 떨어지니, 안전한 자산인 금을 사려는 사람이 느는 것이죠.

지난 5년 사이 금값은 2배 가까이 올랐대요. 또 불안정한 경기가 계속되면서 소량의 금을 사 모으는 사람들이 늘고 있다고 해요. 특히 젊은 사람들 사이에서는 1g 이하의 순금 콩이나 편의점에 있는 금 자판기의 0.5g 골드바가 인기를 끌고 있어요.

정리하기

◎ 다음 빈칸을 채우세요.

금은 안전한 ☐☐ 이기 때문에, 물가가 오르는 불안정한 상황에서 인기가 높아져요.

◎ 맞으면 O, 틀리면 X 하세요.

1. 국가가 망하면 금의 가치도 사라져요. ☐
2. 금은 나라가 안정적일 때 인기가 높아져요. ☐
3. 최근에는 편의점 금 자판기에서도 금을 살 수 있어요. ☐

◎ 신문 어휘 풀이

- **실물 가치**: 실제로 만질 수 있고 가질 수 있는 자산이 지닌 가치
- **채굴되다**: 땅속에 묻혀 있는 광물 등이 캐내어지다
- **일정하다**: 변하지 않고 한결같다
- **상승**: 위로 올라감
- **급등하다**: 물건값이나 주식의 가격 등이 갑자기 오르다
- **경기**: 호황, 불황과 같은 경제 활동 상태
- **소량**: 적은 양

토론하기

Q1 왜 5년 사이에 금값이 2배나 올랐을까요?

Q2 여러분은 동전이나 지폐 같은 화폐가 더 좋은가요, 아니면 반짝반짝 빛나는 금이 더 좋은가요? 이유를 자유롭게 이야기해 보세요.

11 팝콘 맛 나는 음료수를 마셔보고 싶다면, 당신은 ○○○!

배경 지식

- **긱슈머(Geeksumer)**: 괴짜라는 뜻의 영어 '긱(Geek)'과 소비자라는 뜻의 '컨슈머(Consumer)'를 합한 신조어예요. 대중적이지 않은 아이템을 골라 자신을 표현하는 개성 있는 소비자들을 말해요.

신문 읽기

닥터페퍼
출처_코카콜라 공식 홈페이지

미국에서 가장 인기 많은 탄산음료는 코카콜라, 그 뒤를 잇는 것은 펩시였어요. 그런데 최근 닥터페퍼가 펩시를 제치고 당당히 2위 자리에 올랐다네요? 오랜 시간 변함없던 탄산음료 순위가 어떻게 해서 바뀐 걸까요?

요즘 누가 평범한 콜라 마셔요!

닥터페퍼는 무려 23가지 맛이 한데 어우러진 독특한 맛의 탄산음료예요. 닥터페퍼는 출시된 지 약 140년이라는 오랜 역사를 가졌지만, 콜라에 비해 그동안 소수에게만 사랑받아 왔어요. 2000년대 초반까지만 해도 탄산음료 시장에서 코카콜라, 펩시, 스프라이트, 다이어트 콜라 등에 한참 밀려있었으니까요. 하지만 최근 분위기가 달라졌어요. 독특한 개성을 추구하는 긱슈머들 덕분에 닥터페퍼의 인기가 치솟기 시작했거든요!

괴짜 소비자, 긱슈머를 아시나요?

긱슈머는 괴짜 소비자라는 뜻으로 대중적이지 않은 제품을 선택해 자신만의 개성을 표현하는 소비자를 말해요. 닥터페퍼는 긱슈머들을 만족시키기 위해 '닥터페퍼 마시멜로', '닥터페퍼 팝콘' 등 전에 없던 특이한 제품을 내놓았어요. 닥터페퍼에 피클을 넣어달라고 주문하는 영상이 SNS상에서 화제가 되면서 새로운 닥터페퍼 레시피를 만드는 챌린지가 유행하기도 했죠. 닥터페퍼는 개성을 추구하는 Z세대를 위한 신제품을 계속 개발해 나갈 예정이에요.

닥터페퍼 외에도 긱슈머를 위한 제품은 계속 출시되고 있어요. 앞으로 어떤 재미난 제품이 긱슈머들의 관심을 끌게 될지 기대됩니다!

정리하기

◎ 다음 빈칸을 채우세요.
최근 미국에서 닥터페퍼가 펩시보다 많이 팔리게 된 이유는 ☐☐ 때문이에요.

◎ 맞으면 O, 틀리면 X 하세요.
1. 닥터페퍼는 처음 나왔을 때부터 많은 사람이 좋아했어요. ☐
2. 긱슈머는 다른 사람들이 좋아하는 아이템을 함께 좋아하면서 자신의 취향을 나타내요. ☐
3. 닥터페퍼는 긱슈머의 취향에 맞는 제품들을 많이 출시했어요. ☐

◎ 신문 어휘 풀이
- 출시되다: 상품이 판매되기 시작하다
- 괴짜: 이상한 짓을 자주 하는 사람
- 대중적: 많은 사람들의 취향에 맞는

토론하기

Q1 남들은 좋아하지 않는 특이한 아이템이라는 이유로 물건을 산 적이 있나요?

Q2 여러분이 긱슈머를 위한 특이한 음료수를 만든다면 어떤 맛의 음료수를 만들고 싶나요?

12

'메이드 인 코리아'가 사라질지도 모른다는 섬뜩한 이야기, 들어볼래요?

배경지식

- **알·테·쉬**: 알리 익스프레스, 테무, 쉬인을 줄여서 부르는 말이에요. 중국에서 대량으로 만든 물건을 아주 싼 가격에 파는 온라인 쇼핑몰이에요.
- **이커머스**: 인터넷을 이용해 온라인에서 상품을 사고파는 일을 말해요.

신문 읽기

알리 익스프레스, 테무, 쉬인 로고

전 세계 소비자들이 가장 많이 이용한 온라인 플랫폼 상위 5개 중 3개를 중국의 알리 익스프레스, 테무, 쉬인이 차지했어요.

알·테·쉬 인기의 이유는 뭘까요?

알·테·쉬는 먼저 중국 플랫폼에 대한 한국 소비자들의 부정적인 인식을 없애고자 했어요. 친숙한 배우를 모델로 내세워 광고하면서 긍정적인 이미지를 얻으려고 애썼죠. 또 알·테·쉬는 부담없는 배송비와 제품 가격으로 소비자의 마음을 사로잡았어요. 해외 배송이지만 배송비가 저렴하고, 중국의 초저가 공장에서 대량 생산된 싼 물건들은 소비자가 가격 고민 없이 살 수 있는 것들이었죠.

그러나 알·테·쉬, 논란이 끊이지 않고 있어요

어린이 제품에도 유해 성분이 검출되는 등 제품 품질과 안정성 문제가 계속해서 나오고 있어요. 이뿐만이 아니에요. 알·테·쉬에서 판매되는 제품이 워낙 저렴하다 보니, 국내 온라인 쇼핑몰이나 중소기업 매출이 큰 폭으로 감소했어요. 국내 온라인 쇼핑몰과 의류, 신발 등을 생산하는 중소기업 폐업이 이어져, '메이드 인 코리아'가 사라질지도 모른다는 전망이 나오기 시작했어요.

한편 유럽연합은 중국산 값싼 제품에 대응하기 위해, 그동안 싼 수입품에는 매기지 않았던 관세를 이제부터는 부과하겠다고 했어요. 미국도 중국 이커머스에 관세를 매기겠다고 했고요. 유럽과 미국에서 물건 팔기가 어려워진 중국은 이제 한국에서 집중적으로 판매할 계획을 세우고 있어요. 중국 이커머스, 이대로 괜찮을까요?

정리하기

◎ 다음 빈칸을 채우세요.

인터넷을 이용해 온라인에서 상품을 사고파는 일을 ☐☐☐☐ 라고 해요.

◎ 맞으면 O, 틀리면 X 하세요.

1. 원래 소비자들은 중국 플랫폼에 좋은 인식을 가지고 있었어요. ☐
2. 알·테·쉬가 큰 인기를 끌면서 국내 쇼핑몰들의 매출이 줄어들었어요. ☐
3. 유럽과 미국은 관세를 올리면서 알·테·쉬를 경계하고 있어요. ☐

◎ 신문 어휘 풀이

- 인식: 무엇을 분명히 알고 이해함
- 초저가: 매우 낮은 가격
- 유해: 손상을 입히는 안 좋은 점이 있음
- 성분: 통일된 하나의 것을 구성하는 한 부분
- 검출되다: 어떤 성분 등이 검사를 통해 발견되다
- 매출: 물건을 파는 일
- 생산하다: 사람이 생활하는 데 필요한 물건을 만들다
- 폐업: 영업을 그만둠
- 대응하다: 어떤 일이나 상황에 알맞게 행동을 하다
- 수입품: 다른 나라로부터 사들여 오는 물품
- 관세: 해외 상품에 붙는 세금
- 부과하다: 세금이나 벌금 등을 매겨서 내게 하다

토론하기

Q1 논란이 많은 알·테·쉬, 계속 사용해도 괜찮을까요? 아니면 사용하면 안 되는 걸까요? 여러분은 어떻게 생각하는지 이야기해 보세요.

13. 달콤했던 초콜릿이 쓸쓸해진 까닭은

배경 지식
- **생산량**: 어떠한 것이 일정한 기간 동안 생산되는 수량을 말해요.
- **원자재**: 공업 생산의 원료가 되는 기본적인 재료를 말해요.

신문 읽기

코코아의 원재료인 카카오 콩

초콜릿의 원료가 되는 코코아 **생산량**이 줄어 가격이 크게 올랐어요. 이에 자연스럽게 초콜릿 가격도 **인상되었어요**.

코코아 가격이 많이 오른 이유는

서아프리카는 전 세계 코코아 생산량의 80%를 차지하는 나라인데요, 서아프리카에 가뭄과 홍수가 극심해 코코아 생산량이 **급격히** 줄었다고 해요. **이상기후**로 인해 **수확량**이 줄면서 가격이 **급등한** 것이죠. 이로써 코코아는 2024년 가격이 가장 많이 오른 **원자재**에 이름을 올렸어요. 2024년 한해에만 무려 172%나 **상승했거든요**.

코코아 가격이 올랐으니 농민들은 좋아하겠죠?

오히려 코코아 **재배**를 포기하는 농민들이 늘어나고 있대요. 코코아 가격이 올라가면 농민들의 수입이 늘 것 같지만, 아니에요. 정부가 **고정** 가격제 **정책**을 **시행하고** 있거든요. 고정 가격제는 코코아 가격이 불안정하게 변하는 것으로부터 농민들을 보호하기 위해 만들어진 정책이었지만, 고정 가격제 탓에 가격이 아무리 올라도 농민들은 어떤 혜택도 누리지 못하게 됐어요. 이뿐만 아니라 농민들은 기상 **악화**와 늘어나는 **병충해**로 고통받고 있어요. 서아프리카 농민들은 가난해서 병충해에 대비하기도 어렵고, 썩은 나무들은 베어내고 새 나무를 심을 수도 없으니까요. 이런 이유로 서아프리카 농민들은 코코아 재배를 그만두고 다른 **작물** 재배를 알아보고 있다고 해요. 농민들마저 코코아 재배를 포기하는 요즘, 초콜릿 가격은 앞으로 더 상승할 것으로 보여요.

정리하기

◎ 다음 빈칸을 채우세요.

서아프리카에서 주로 자라는 코코아의 ☐☐이 크게 줄었어요.

◎ 맞으면 O, 틀리면 X 하세요

1. 코코아 생산량은 이상기후와 큰 관계가 없어요. ☐
2. 코코아 가격이 상승했지만, 코코아 재배를 포기하려는 농민이 늘었어요. ☐
3. 고정 가격제 덕분에 서아프리카 농민들의 혜택이 늘었어요. ☐

◎ 신문 어휘 풀이

· **인상되다**: 물건값이나 월급, 요금 등이 오르다
· **급격히**: 변화의 속도가 매우 빠르게
· **이상기후**: 기온이나 강수량 따위가 정상적인 상태를 벗어난 상태
· **수확량**: 농작물을 거두어들인 양
· **급등하다**: 물건값이나 주식의 가격 등이 갑자기 오르다
· **상승하다**: 위로 올라가다
· **재배**: 식물을 심어 가꿈
· **고정**: 한번 정한 내용을 변경하지 않음
· **정책**: 정치적인 목적을 이루기 위한 방법
· **시행하다**: 실제로 행하다
· **악화**: 일이나 상황이 나쁜 방향으로 나아감
· **병충해**: 꽃이나 농작물 등이 균이나 벌레 때문에 입는 피해
· **작물**: 논밭에서 심어 가꾸는 곡식이나 채소

토론하기

Q1 코코아 가격이 오른 이유에 대해 설명해 보세요.

Q2 앞으로 코코아 가격이 계속 오른다면 어떤 일이 벌어질까요?

14. 따라쟁이 펭귄은 친구 따라 강남 간다

배경 지식

○ **희소성**: '희소'는 매우 적다는 뜻으로, '희소성'이란 사람들이 가지고 싶은 물건이 부족한 상태를 뜻해요. 사람들이 가지고 싶어 하는 물건이 적을수록 그 물건의 가치는 더 높아져요.

신문 읽기

펭귄 효과

무리 속에서 한 마리의 펭귄이 바다로 용감하게 뛰어들면 나머지 펭귄들도 너 나 할 것 없이 바다로 뒤따라 뛰어드는 장면을 본 적이 있어요?

용감한 펭귄 한 마리가 말합니다, "나를 따르라!"

펭귄은 겁이 많아서 **불확실한** 일에는 선뜻 먼저 나서지 않아요. 먹이가 필요해도 바다로 뛰어들까 말까 망설일 때가 많죠. 그런데 이때 용감하게 바다로 뛰어드는 펭귄 한 마리만 있으면 머뭇거리던 나머지 펭귄들이 뒤따라 바다로 뛰어든대요. 펭귄의 이런 '따라 하기' **습성**에 빗대어 '펭귄 효과'라는 말이 생겼어요. '펭귄 효과'는 누군가 특정 제품을 구매하면, 살까 말까 고민하던 사람들이 덩달아 **구매하는 현상**을 말해요. 먼저 바다로 뛰어든 용감한 펭귄을 부르는 말도 있는데요, 이 펭귄을 '퍼스트 펭귄'이라고 불러요. 어떤 일이 벌어질지 모르는 불확실한 상황에서 용기를 내어 가장 먼저 도전하는 사람을 가리키는 말이에요.

펭귄 효과 반대말은 백로 효과

백로를 본 적이 있어요? 새하얀 깃털을 온몸에 두르고 우아한 **자태**를 뽐내는 백로는 주로 혼자 다녀요. 먹이를 구할 때도요! 다시 말해 백로는 다른 백로들이 한다고 따라 하지 않는데요, 백로처럼 남들과는 다른 나만의 선택을 하는 것, 그러니까 인기 많은 상품을 구매하지 않고 희소성이 크고 차별화된 상품을 구매하려는 소비를 두고 '백로 효과'라고 불러요. 어떤 소비가 현명한 소비일까요? 여러분 생각은 어때요?

정리하기

◎ 다음 빈칸을 채우세요.

백로 효과는 남들과는 다르게 ☐☐☐ 이 큰 상품을 구매하려는 소비예요.

◎ 맞으면 O, 틀리면 X 하세요.

1. 펭귄은 다른 펭귄들의 행동과는 관계없이 독립적으로 움직여요. ☐
2. 불확실한 일에 용감하게 나서는 사람을 퍼스트 펭귄이라고 불러요. ☐
3. 백로 효과는 많은 사람들이 사는 상품은 구매하지 않는 소비예요. ☐

◎ 신문 어휘 풀이

- 불확실하다: 확실하지 않다
- 습성: 습관처럼 굳어져 버린 성질
- 구매하다: 상품을 사다
- 현상: 인간이 알아서 깨달을 수 있는, 사물의 모양이나 상태
- 자태: 어떤 모습이나 모양
- 차별화되다: 둘 이상의 대상이 등급이나 수준 등에 차이가 두어져서 구별된 상태가 되다
- 소비: 돈, 물건, 시간, 노력, 힘 등을 써서 없앰
- 현명하다: 마음이 너그럽고 슬기로우며 일의 이치에 밝다

토론하기

Q1 펭귄 효과와 백로 효과 중 어떤 소비가 더 현명한 소비 같아요? 그렇게 생각한 이유가 뭐예요?

Q2 여러분은 '퍼스트 펭귄'처럼 행동하는 사람을 본 적이 있나요? 그 사람은 어떤 사람이었나요?

---

15. 한국을 찾은 외국인은 늘어도 '이것'은 늘지 않았다

배경 지식

- 관광 수지: 관광 산업에서 생긴 총수입액과 총수출액을 한데 모아서 계산한 것을 말해요.
- 적자: 나간 돈이 들어온 돈보다 많아서 손해 본 돈을 말해요. 반대로 번 돈이 쓴 돈보다 많아 이익이 생겼을 때는 흑자라고 말해요.

신문 읽기

출국하는 한국인들
출처_여행신문 CB

2024년 외국인 관광객 수가 늘어나 관광 수입이 10%나 늘었지만, 우리나라 관광 수지 적자는 15조 원을 넘긴 것으로 나타났어요.

외국인 관광객이 늘었는데 왜 적자가 났을까요?

2024년 한국의 관광 수입은 전년보다 증가했지만, 이에 비해 관광 지출이 더 크게 늘며 적자가 발생했어요. 외국인 관광객이 우리나라에서 여행하면서 쓴 돈보다 우리 국민이 해외여행을 가서 쓴 돈이 더 많았기 때문이에요. 또한 한국은 전년보다는 관광 수입이 늘었지만, 여전히 코로나 이전 관광객 수를 회복하지 못했고 수익 또한 전만큼 내지 못한다고 해요. 세계 각국은 코로나 이후 관광객 수를 적극적으로 늘리며 관광 수익을 높이고 있는데 말이죠.

한국을 찾은 외국인이 늘어도 소용없었던 까닭은

2024년 관광 수지 적자가 컸던 이유로 먼저 국내 면세점의 외국인 매출액이 줄었다는 점과 크루즈 여행객이 늘어난 점을 들 수 있어요. 크루즈 여행객은 한국에 머무는 기간이 짧아 한국에서 소비를 별로 하지 않거든요. 또 중국 경기 침체로 중국인들의 해외여행 지출이 감소한 것도 원인 중 하나고요.

이에 대해 전문가들은 중국인 관광객에만 기대지 말고, 다양한 마케팅 전략과 관광 상품을 개발해 외국인 관광객을 늘려나가야 한다고 지적했어요.

정리하기

◎ 다음 빈칸을 채우세요.
  2024년 우리나라는 관광 수입보다 관광 지출이 더 늘어 ☐☐ 가 발생했어요.

◎ 맞으면 O, 틀리면 X 하세요.
  1. 2024년 한국의 관광 수입은 전년보다 줄고, 관광 지출은 늘었어요. ☐
  2. 한국은 코로나 이전의 관광객 수를 회복했어요. ☐
  3. 크루즈 여행객들은 여행지에서 소비를 많이 하지 않아요. ☐

◎ 신문 어휘 풀이
  - **수입**: 개인이나 국가, 단체가 벌어들이는 돈
  - **전년**: 이번 해의 바로 전의 해
  - **증가하다**: 수나 양이 더 늘어나거나 많아지다
  - **지출**: 어떤 목적으로 쓰는 돈
  - **수익**: 일이나 사업 등에서 얻은 이익
  - **각국**: 각각의 여러 나라
  - **매출액**: 물건을 팔아 생긴 금액
  - **경기 침체**: 물건을 사고파는 것이 활발하게 이루어지지 못하고 제자리에 머무름
  - **감소하다**: 양이나 수가 줄어들다
  - **전략**: 정치, 경제 등의 사회적 활동을 하는 데 필요한 방법과 계획

토론하기

Q1 더 많은 외국인 여행객이 한국에 오게 하려면 어떻게 해야 할까요?

16

잘 있어요, 일본·대만! 우리가 좀 앞서갈게요!

배경 지식

◆ 1인당 국내 총생산(GDP): 일정 기간 한 나라 안에서 생산한 모든 상품과 서비스의 가치를 합한 결과를 인구수로 나눈 것을 말해요.

신문 읽기

서울 야경

2024년 한국의 1인당 국내 총생산(GDP)이 일본과 대만을 앞질렀어요.

조금씩 성장하고 있는 한국

2024년 한국의 1인당 국내 총생산(GDP)은 전년보다 1.28% 증가한 3만 6,024달러로 추산돼요. 이에 비해 일본은 3만 2,859달러, 대만은 3만 3,234달러를 기록했고요. 한국은 2016년에 처음으로 3만 달러를 넘어섰고 그 후로 올랐다 내렸다 반복하다가 2022년 이후로는 계속 조금씩 증가하고 있어요.

GDP가 늘면 사람들의 월급도 늘어날까요?

1인당 GDP가 늘었다고 해서 사람들의 월급이 오르지는 않아요. 1인당 GDP는 한 나라에서 생산한 모든 상품과 서비스 가치를 합한 결과를 인구수로 나눈 것이라서, GDP에는 한 가정의 소득뿐만 아니라 기업과 정부가 버는 돈까지 더해지거든요. 따라서 1인당 GDP는 한 나라의 경제 수준을 나타내는 지표로 여겨지지만, 실제 국민 소득을 보여주지는 않아요. 특히 한국처럼 수출을 많이 하는 나라는 개인이 벌어들이는 돈과 1인당 GDP의 차이가 클 수 있어요. 실제로 2024년 1인당 GDP가 오른 이유도 수출이 증가했기 때문이었고요.

1인당 GDP가 실제 국민 소득을 보여주지는 않지만, GDP는 한 나라의 경제 규모나 활동을 파악하는 데 중요한 역할을 해요. GDP는 경제 발전을 점검하기 위해서 반드시 살펴보아야 하는 지표인 거죠!

정리하기

◎ 다음 빈칸을 채우세요.

2024년, 우리나라의 1인당 ☐☐☐☐ 은 일본과 대만을 앞섰어요.

◎ 맞으면 O, 틀리면 X 하세요.

1. 2024년 우리나라 1인당 국내 총생산(GDP)은 2023년보다 떨어졌어요. ☐
2. 1인당 국내 총생산(GDP)이 늘어나면, 개인이 벌어들이는 소득도 높아져요. ☐
3. 1인당 국내 총생산(GDP)을 통해 한 나라의 경제 규모나 발전을 살펴볼 수 있어요. ☐

◎ 신문 어휘 풀이

- **전년**: 이번 해의 바로 전의 해
- **추산되다**: 짐작으로 미루어 계산되다
- **증가하다**: 수나 양이 더 늘어나거나 많아지다
- **생산하다**: 사람이 생활하는 데 필요한 물건을 만들다
- **지표**: 방향이나 목적, 기준 등을 나타내는 표지
- **실제**: 있는 그대로의 상태나 사실
- **소득**: 일정 기간 정해진 일을 하고 그 대가로 받는 수입
- **규모**: 물건이나 현상의 크기나 범위
- **파악하다**: 어떤 일이나 대상의 내용이나 상황을 확실하게 이해하여 알다
- **점검하다**: 낱낱이 검사하다

토론하기

Q1 우리나라의 1인당 국내 총생산(GDP)이 2024년에 증가한 이유가 뭐예요?

_____

Q2 1인당 국내 총생산(GDP)이 증가하면 어떤 점이 좋을까요?

_____

02

사회

17 캐치캐치 티니핑은 우리들의 새로운 초통령
18 한국도 이제 노벨 문학상 수상자를 가진 나라
19 시리, 너 진짜 우리 이야기 몰래 엿듣고 있었니?
20 51살 된 '바나나맛 우유'가 요즘 바빠진 이유
21 화를 잘 내는 사람이 되고 싶지 않다면 '이것'을 멀리하세요
22 징그럽다고 피하지 말아요, 전 영양 만점이거든요!
23 종이책을 사락사락 넘겨보세요! 근사한 일이 벌어진답니다
24 서로의 곁에 서서 힘이 되어주세요
25 따라쟁이가 넘쳐나는 세상, 여러분의 생각은 어떠십니까?
26 너도나도 다 하는 인스타그램, 어리니까 하지 말라고요?

27 한국인 45만 명이 사라졌다는 무시무시한 소식을 전합니다
28 나이와 성별에 따라 자주 쓰는 말이 다르다는 사실, 아십니까?
29 세상에서 가장 달콤한 불평등
30 세상에 디지털만 남으면 우린 어떡하나요
31 있지만 없는 아이들, 우리가 여기 있단 걸 잊지 말아주세요
32 2025년에 태어난 우리들을 베타세대라고 불러주세요
33 SNS에 지친 어른들은 어떻게 됐을까?
34 새롭게 태어난 우체통에 '이것'도 넣어주세요!
35 커피숍이 편의점보다 많은 곳, 바로 여깁니다!
36 나눠보세요, 우리에게 기적이 찾아온답니다
37 소 잃고 외양간 고쳐봐야, 도망간 소는 돌아오지 않는다

17 캐치캐치 티니핑은 우리들의 새로운 초통령

배경지식

- 지식재산권(Intellectual Property Right): 문학, 예술, 연출, 공연, 음반, 방송, 발명 등과 같은 지적 활동으로 인하여 발생하는 모든 권리를 말해요.

신문 읽기

애니메이션 영화 <사랑의 하츄핑> 포스터
출처_SAMG 공식 홈페이지

애니메이션 영화 <사랑의 하츄핑>을 보기 위해 극장을 찾은 관객 수가 무려 120만 명을 넘었대요. 큰 인기를 끈 뽀로로와 헬로카봇의 관객 수도 100만 명을 넘어서지 못했는데 말이에요!

사랑의 하츄핑에 마음을 빼앗긴 까닭은

TV 만화 <캐치! 티니핑>을 기억하시나요? <사랑의 하츄핑>은 티니핑 시리즈를 영화로 만든 것인데요, 로미 공주와 하츄핑이 서로 친구가 되어가는 이야기를 담고 있어요. 이 만화가 큰 인기를 끈 까닭은 어린이와 어른이 모두 공감할 수 있는 이야기와 캐릭터가 나와, 함께 감동하며 볼 수 있다는 점이었어요. 티니핑 캐릭터 장난감이나 학용품 역시 큰 인기를 얻고 있어요. 티니핑의 다섯 번째 시리즈 <슈팅스타 캐치! 티니핑>의 주제곡도 '핑크퐁 아기 상어'를 제치고 인기 동요 1위를 차지했죠.

K-애니메이션의 인기, 언제부턴가요?

그동안 K-애니메이션은 큰 성장을 이뤄왔어요. 2003년에 탄생해 뽀통령이라는 별명을 얻은 뽀로로와 '아기 상어 뚜루루뚜루'라는 노래로 전 세계적인 인기를 얻은 핑크퐁과 아기 상어가 그 주인공이죠. 그 뒤를 이은 티니핑은 중국과 일본으로도 진출하며 K-애니메이션의 인기를 이끌고 있어요.

20년 이상 꾸준한 인기를 얻고 있는 뽀로로와 4년 넘게 인기를 끌고 있는 티니핑! 수십 년간 인기를 끌어온 바비 인형이나 디즈니 캐릭터처럼, 티니핑이 한국의 대표 지식재산권(IP)이 되어 전 세계에서 오래 사랑받길 바라요.

정리하기

◎ 다음 빈칸을 채우세요.

　　□□□□ 은 문학, 예술, 연출, 공연, 음반, 방송, 발명 등과 같은 지적 활동으로 인하여 발생하는 모든 권리를 말해요.

◎ 맞으면 O, 틀리면 X 하세요.

1. 티니핑은 어린이보다 어른들한테서 인기를 더 끌었어요. □
2. <사랑의 하츄핑>보다 <뽀로로>를 보러 간 관객 수가 더 많았어요. □
3. 한국 애니메이션은 그동안 꾸준한 발전을 해왔어요. □

◎ 신문 어휘 풀이

- **관객**: 운동 경기, 영화, 연극, 음악회, 무용 공연 등을 구경하는 사람
- **차지하다**: 사물이나 공간, 지위 등을 자기 몫으로 가지다
- **진출하다**: 어떤 방면으로 활동 범위나 세력을 넓혀 나아가다

토론하기

Q1 <사랑의 하츄핑>이 관객들에게 큰 사랑을 받은 이유가 뭐예요?

―――――――――――――――――――――――――――

Q2 여러분이 가장 좋아하는 만화나 캐릭터는 뭐예요? 그 만화와 캐릭터의 어떤 점이 여러분의 마음을 사로잡았어요?

―――――――――――――――――――――――――――

18

한국도 이제
노벨 문학상 수상자를 가진 나라

배경지식

- **한강**: 한강 작가님은 1970년 광주에서 태어나, 1993년 시인이 되었다가 2년 후에 소설가로 등단했어요. 시처럼 아름다운 문장과 독특한 작품 내용으로 주목받아 왔어요.
- **노벨 문학상**: 노벨상은 인류가 더 나은 삶을 살 수 있도록 큰 업적을 세운 사람이나 단체에 주는 상이에요. 6가지의 분야로 나누어 수상하는데, 그중 하나가 문학상이에요.
- **5·18 광주 민주화 운동**: 1980년 5월 18일 광주에서 일어난 민주화 운동을 말해요. 당시 군인들의 폭력에 시위하던 많은 사람이 죽거나 다쳤어요.
- **제주 4·3 사건**: 광복 후 유엔에서 남한 단독 선거 결정이 내려지자, 통일을 원하던 제주 사람들이 이에 반대하며 1948년 4월 3일에 시위를 벌였어요. 군인들이 무력으로 진압하여, 수많은 제주도 사람들이 주민들이 죽거나 다친 사건이에요.

신문 읽기

한강 작가
출처_노벨상 공식 인스타그램

한강!

2024년 10월 10일 오후 8시, 스웨덴에서 울려 퍼진 이 두 글자에 한국 사람들의 마음은 기쁨으로 벅차올랐어요.

한국 사람 모두가 환호성을 지른 까닭은

우리나라에서 드디어 **노벨 문학상 수상자**가 탄생했기 때문이에요. 그 주인공은 바로 한강! 한강 작가님이에요. 한 해 동안 전 세계의 작가 중 단 한 사람에게만 주어지는 노벨상을 한강 작가님이 수상한 거죠! 이제껏 노벨 문학상 수상자 총 121명 가운데 여성 작가는 단 18명으로, 한강 작가님이 그 18번째 여성 수상자예요. 한강 작가님은 한국인으로서도 최초지만, 아시아 여성 작가로서도 최초의 노벨 문학상 수상자예요. 한국인의 노벨상 수상은 지난 2000년에 김대중 대통령이 노벨 평화상을 받은 것에 이어 두 번째예요.

얼마나 멋진 작품이길래 노벨 문학상을 받았을까요?

한강 작가님의 수상 이유에 대해 노벨 문학상 심사위원들은 모두 역사적 비극을 시처럼 아름다운 문장으로 표현했기 때문이라고 말해요. 《소년이 온다》에서는 1980년 5·18 광주 민주화 운동에서 비롯된 가슴 아픈 역사를 다루었고요, 《작별하지 않는다》에서는 제주 4·3 사건의 슬픔과 상처를 아름다운 문장으로 그려냈어요.

이제 한국 문학은 전 세계적인 인정을 받았어요. 노벨 문학상 수상을 계기로 앞으로 한국 사람들이 책 읽는 삶과 더 가까워지길 기대해요!

정리하기

◎ 다음 빈칸을 채우세요.

한강 작가님은 2024년 ☐☐☐☐을 수상했어요.

◎ 맞으면 O, 틀리면 X 하세요.

1. 한국의 노벨 문학상 수상은 이번이 두 번째예요. ☐
2. 노벨 문학상은 주로 남성 작가가 많이 받았어요. ☐
3. 한강 작가님의 작품은 시처럼 아름다운 문장으로 쓰였어요. ☐

◎ 신문 어휘 풀이

- 수상자: 상을 받는 사람
- 비극: 견딜 수 없을 정도로 슬프고 끔찍한 일
- 인정: 어떤 것이 확실하다고 여기거나 받아들임
- 계기: 어떤 일이 일어나거나 결정되도록 하는 원인이나 기회

토론하기

Q1 한국인 최초 노벨 문학상 수상 소식을 듣고 어떤 기분이 들었어요?

Q2 여러분이 최고라고 생각하는 작가님이 있어요? 누구예요? 왜 그렇게 생각해요?

19

시리, 너 진짜 우리 이야기 몰래 엿듣고 있었니?

배경지식

- **집단 소송**: 어떤 행위나 사건으로 많은 사람들이 비슷한 피해를 입었을 때, 단체로 소송을 하는 것을 말해요. 소송은 사람들 사이에 일어난 다툼을 법에 따라 판결해 달라고 법원에 요구하는 일이에요.
- **시리**: 핸드폰, 컴퓨터를 비롯한 전자기기를 제조하고 판매하는 대기업 애플에서 만든 AI 음성 비서예요.

신문 읽기

아이폰의 음성 비서, 시리

나이키 운동화 이야기를 친구와 나눈 뒤 얼마 지나지 않아 핸드폰에 나이키 운동화 광고가 떴다면? 다른 사람과 나눈 이야기에 등장한 장소나 물건이 매번 핸드폰 속 광고로 뜬다면 어떨까요? 어쩐지 오싹한데요, 이는 모두 아이폰 사용자들이 경험한 이야기예요.

시리, 내 이야기 몰래 엿들은 거야?

미국에서 아이폰 사용자들이 애플을 상대로 집단 소송을 제기한 사건이 벌어졌어요. 아이폰 사용자들은 애플이 아이폰 속 음성 비서 시리를 통해 사람들의 개인 정보를 몰래 수집했다고 판단했기 때문이에요. 시리를 부르지도 않았는데, 시리를 제멋대로 활성화해 사용자들의 개인적인 대화를 엿듣게 하고, 이 내용을 다른 기업에 제공해서 광고에 활용했다는 거죠. 이에 애플은 소송을 건 소비자들에게 합의금으로 약 1,400억 원을 지급하기로 했어요.

그렇다면 애플은 시리가 엿들은 걸 인정하는 건가요?

애플 측이 소비자들에게 합의금을 지급한 이유는 시리가 엿들은 것을 인정하는 것이 아니라, 법적 소송을 빠르게 끝내기 위해서라고 해요. 애플은 시리가 녹음한 내용이 광고에 사용됐거나 다른 기업에 팔린 적이 단 한 번도 없었다고 강하게 주장하고 있어요. 또 시리는 사용자 개인 정보를 철저히 보호하도록 만들어졌다고도 말했죠.

진실은 무엇일까요? 그것이 무엇이든 간에, AI 시대에 기업들은 소비자들의 개인 정보가 유출되지 않도록 그 어느 때보다 주의를 기울여야겠어요.

정리하기

◎ 다음 빈칸을 채우세요.

미국 아이폰 사용자들이 애플을 상대로 ☐☐☐ 을 제기했어요.

◎ 맞으면 O, 틀리면 X 하세요.

1. 아이폰 사용자들은 애플이 개인 정보를 몰래 이용했다고 생각했어요. ☐
2. 애플은 시리가 엿듣지 않았기 때문에 소비자들에게 합의금을 주지 않았어요. ☐
3. 애플은 시리가 녹음한 내용이 광고에 사용된 적이 없다고 주장했어요. ☐

◎ 신문 어휘 풀이

- **제기하다**: 소송을 일으키다
- **개인 정보**: 이름, 전화번호, 주민 등록 번호 등 개인을 구별해서 알아볼 수 있는 정보
- **수집하다**: 흩어져 있던 것을 거두어 모으다
- **활성화하다**: 기능을 활발하게 하다
- **제공하다**: 무엇을 내주거나 가져다주다
- **합의금**: 둘 이상의 당사자가 서로 의견을 일치시키기 위해 적절하게 정한 금액
- **지급하다**: 돈이나 물건 등을 정해진 만큼 내주다
- **인정하다**: 어떤 것이 확실하다고 여기거나 받아들이다
- **법적**: 법에 따른
- **유출되다**: 귀한 물건이나 정보 등이 불법적으로 외부로 나가버리다

토론하기

Q1 친구와 무심코 나눈 대화 속에 나온 물건이나 장소가 핸드폰 속 광고로 뜬다면 어떤 기분이 들까요?

Q2 AI가 사람들의 말을 엿듣는다면, 어떤 일이 벌어질까요?

20

51살 된 '바나나맛 우유'가 요즘 바빠진 이유

배경지식

- **국가등록문화유산**: 만들어진 지 50년이 지난 문화유산 중, 국가유산청이 잘 보호해야 한다고 판단한 문화유산이에요.
- **국가유산**: 사람의 힘이나 자연적으로 만들어진 문화적 사물 중에서 보존·계승할 가치가 있는 유산을 말해요. 문화유산, 무형유산, 자연유산 등이 있어요.

신문 읽기

바나나맛 우유
출처_빙그레 공식 홈페이지

2025년, 51살을 맞는 바나나맛 우유. 지금까지 약 95억 개가 팔렸고 현재도 하루 평균 80만 개가 팔리는 인기 상품, 바나나맛 우유가 요즘 바빠졌어요. '바나나맛 우유' 용기가 국가등록문화유산으로 등재될 준비를 하고 있거든요!

바나나맛 우유 용기 디자인에 숨겨진 비밀을 아시나요?
바나나맛 우유가 만들어진 1974년에 바나나는 비싼 고급 과일이었어요. 바나나로 만든 고급 우유 이미지를 잘 담아내기 위해서는 차별화된 용기가 필요했죠. 그 당시 때마침 관계자가 도자기 박람회를 관람하며 달항아리를 보게 됐는데요, 그때 본 달항아리에서 용기 디자인의 영감을 얻었대요. 이렇게 바나나맛 우유 용기는 달항아리를 모티브 삼아 단지 모양으로 만들어진 거예요!

그런데 공장에서 만들어진 제품이 문화유산이 될 수 있을까요?
국가등록문화유산에 지정되기 위해서는 만들어진 지 50년이 지난 것, 역사·문화·예술·사회·생활 등 분야에서 상징이 될 만한 가치가 있어야 해요. 현재까지 국가등록문화유산으로 등재된 공산품으로는 현대 포니 자동차, 금성 세탁기가 있어요. 포니 자동차는 한국의 첫 독자 생산이라는 점에서, 금성 세탁기는 한국 최초 세탁기라는 점에서 한국 산업 발전을 상징하기 때문에 유산으로서의 가치를 인정받았어요. 50년간 유지돼 온 달항아리 모양 바나나맛 우유 용기도 문화적 가치를 인정받아 국가유산이 될 수 있을까요? 그 결과가 궁금해집니다.

정리하기

◎ 다음 빈칸을 채우세요.

바나나맛 우유 용기는 ☐☐☐☐☐☐☐ 으로 등재될 준비를 하고 있어요.

◎ 맞으면 O, 틀리면 X 하세요.

1. 바나나맛 우유가 출시되었을 시기에는 바나나가 귀한 과일이었어요. ☐
2. 바나나맛 우유의 용기는 달항아리에서 영감을 받아 제작되었어요. ☐
3. 우리나라에서 국가등록문화유산으로 지정된 공산품은 아직 없어요. ☐

◎ 신문 어휘 풀이

- 용기: 물건을 담는 그릇
- 등재되다: 이름이나 어떤 내용이 적혀 올려지다
- 차별화: 둘 이상의 대상 사이에 등급이나 수준의 차이를 두어서 구별되게 만듦
- 영감: 새로운 것을 만드는 활동과 관련한 기발하고 좋은 생각
- 모티브: 예술에서, 작품을 만들고 표현하게 된 출발점
- 단지: 윗부분이 짧고 가운데 부분이 불룩한 작은 항아리
- 지정되다: 특별한 자격이나 가치가 있는 것으로 정해지다
- 상징: 일정한 형태를 지니지 않은 것을 눈으로 볼 수 있도록 나타낸 것
- 공산품: 공장에서 사람의 손이나 기계로 만든 상품
- 독자: 남에게 의지하지 않는 자기 혼자
- 유지되다: 어떤 상태나 상황 등이 그대로 이어져 나가다

토론하기

Q1 바나나맛 우유 용기가 국가등록문화유산으로 지정될까요? 여러분의 생각을 이야기해 주세요.

Q2 바나나맛 우유 외에도 국가등록문화유산으로 지정되었으면 하는 것이 있나요?

21 화를 잘 내는 사람이 되고 싶지 않다면 '이것'을 멀리하세요

배경 지식

- **악순환**: 나쁜 일이 나쁜 결과를 내고 또 그 결과가 원인이 되어 다시 나쁜 결과를 내는 현상이 계속 되풀이되는 것을 말해요.

신문 읽기

태블릿을 보는 아이

스마트 기기를 자주 사용하지 말라는 이야기를 들은 적이 있어요? 재미있는 영상으로 우리를 늘 즐겁게 해주는 이 훌륭한 기기를 대체 왜 멀리하라고 할까요?

이 연구 결과를 한번 보세요

캐나다의 한 연구팀은 미취학 어린이의 부모 315명을 대상으로 3년간 태블릿 사용 시간과 분노, 좌절 표현의 연관성을 조사했어요. 아이들이 일주일간 태블릿을 보는 시간은 3.5세에 평균 6.5시간, 4.5세에 6.7시간, 5.5세에 7시간 정도였는데요, 하루 태블릿 사용 시간이 1시간 정도 더 많았던 어린이는 1년 후 분노와 좌절 표현이 22%나 더 늘어난 것으로 나타났어요. 더 큰 문제는 분노를 자주 느낀 어린이들의 태블릿 사용 시간이 점점 더 증가했다는 점이에요. 즉, 태블릿 사용으로 어린이들은 쉽게 화가 나고, 그럴수록 태블릿 사용이 더 늘어나는 악순환이 반복되는 거죠.

이제, 태블릿 사용을 줄여야 해요

태블릿과 같은 스마트 기기 사용은 어린이들의 감정 조절을 어렵게 할 뿐만 아니라, 지능과 감각 처리 능력에도 악영향을 미친다고 해요. 유아기에 태블릿을 자주 보면 뇌 기능 발달이 늦어지고, 특정 활동에 집중하지 못하거나 무관심해지는 모습을 보였거든요. 전문가들은 전달되는 정보와 자극에 적절하게 반응하고 분노와 좌절을 조절할 줄 아는 능력은 매우 중요한 능력이라고 말했어요. 스마트 기기 사용이 행복한 삶에 방해물이 된다는 사실을 잊지 말아야 해요.

정리하기

◎ 다음 빈칸을 채우세요.

태블릿 사용이 늘수록 어린이들은 쉽게 화가 나고 그럴수록 태블릿 사용이 늘어나는 ☐☐☐ 이 반복돼요.

◎ 맞으면 O, 틀리면 X 하세요.

1. 태블릿을 오래 사용한 어린이들은 그렇지 않은 어린이보다 부정적인 감정 표현을 더 자주 해요. ☐
2. 분노를 쉽게 느끼게 된 어린이들은 태블릿과 멀어졌어요. ☐
3. 유아기에 스마트 기기를 많이 보면 뇌가 발달하는 데 도움이 돼요. ☐

◎ 신문 어휘 풀이

- **미취학**: 아직 학교에 들어가지 못함
- **연관성**: 둘 이상의 사물이나 현상 등이 서로 관계를 맺는 특성이나 성질
- **증가하다**: 수나 양이 더 늘어나거나 많아지다
- **처리**: 순서나 방법에 따라 정리해 마무리함
- **악영향**: 나쁜 영향
- **조절하다**: 균형에 맞게 바로잡거나 상황에 알맞게 맞추다

토론하기

Q1 태블릿을 사용한 어린이들은 왜 감정을 조절하기 어려워지는 걸까요?

Q2 여러분은 스마트 기기를 언제, 얼마나 사용해요? 스마트 기기를 어느 정도 사용하는 게 좋을지 가족과 함께 사용 규칙을 만들어보세요.

22. 징그럽다고 피하지 말아요, 전 영양 만점이거든요!

배경지식

- **식량난**: 식량이 모자라서 생기는 어려움을 말해요. 기후변화와 토양 오염으로 농경지가 감소하고, 사용할 수 있는 물의 양이 줄고 있기 때문에 머지않은 미래에 전 세계가 식량난을 겪을 수 있다고 해요.

신문 읽기

식용 귀뚜라미

세계 인구는 계속 늘어나고 있지만, 기후위기로 인해 농작물 생산량은 줄어들고 있어 식량난을 걱정하는 전문가들이 늘고 있어요.

식량난의 해결사로 나선 것은 바로

'곤충'이에요. 곤충은 단백질과 무기질 등의 영양분이 풍부하고, 더불어 생산 과정이 친환경적이며 경제적이기 때문에 훌륭한 식량자원이 될 수 있대요. 예를 들어 소고기 100g에는 단백질이 20g 있는데요, 거저리 유충 100g에는 단백질 50g이, 메뚜기 100g에는 단백질이 70g이나 들어있어요. 또 가축을 키울 때보다 곤충은 사료 양도 적게 들고 사육 기간도 짧아요. 온실가스 배출량 역시 훨씬 적은 편이에요.

아무리 그래도 곤충을 먹는다는 건 상상하기 힘든데요

현재 한국에서 식품 원료로 인정된 곤충은 메뚜기, 말린 누에, 번데기, 그리고 다양한 곤충의 유충 등이 있어요. 유충을 많이 이용하는 까닭은 곤충이 애벌레 상태일 때 단백질 함량이 가장 높기 때문이에요. 식용 곤충은 가루로 만들어 빵, 죽, 젤리, 양갱 등 다양한 식품을 만드는 데 쓸 수 있어요.

식용 곤충에는 경제적, 영양적 장점이 많고 심지어 환경에도 도움이 되지만, 식용 곤충에 대해 **거부감**을 느끼는 소비자가 여전히 많아요. 소비자들의 **인식**을 바꿔 나가기 위해 정부는 다양한 홍보와 식품 개발에 힘쓰고 있다고 해요.

정리하기

◎ **다음 빈칸을 채우세요.**

곤충은 영양분이 풍부하고, 온실가스 배출량도 적어서 □□ 의 해결책으로 주목받고 있어요.

◎ **맞으면 O, 틀리면 X 하세요.**

1. 곤충은 단백질은 풍부하지만 무기질은 부족해요. ☐
2. 곤충은 애벌레 상태일 때보다 다 컸을 때 더 단백질이 많아요. ☐
3. 소비자들은 식용 곤충에 대해 거부감을 느껴요. ☐

◎ **신문 어휘 풀이**

- **단백질**: 생물의 세포를 구성하며 에너지를 공급하는 주요 물질
- **무기질**: 칼슘, 물 등과 같이 주로 생명체의 골격, 혈액 등에 포함되어 있는 무기물
- **유충**: 알에서 나와 다 자라지 않은 벌레
- **사육**: 어린 가축이나 짐승이 자라도록 먹여 기름
- **배출량**: 어떤 물질을 안에서 밖으로 내보내는 양
- **함량**: 물질에 들어 있는 어떤 성분의 양
- **거부감**: 어떤 것을 받아들이고 싶지 않은 느낌
- **인식**: 사물을 분별하고 판단하여 앎

토론하기

Q1 이 기사를 읽고 식용 곤충에 대해 어떤 생각이 들어요?

_____

Q2 여러분은 곤충 빵, 죽, 젤리, 양갱 중에 어떤 식품이 가장 궁금한가요? 먹어보고 싶은 마음이 드나요, 아니면 거부감이 드나요?

_____

23. 종이책을 사락사락 넘겨보세요! 근사한 일이 벌어진답니다

배경 지식

✓ **문해력**: 글을 읽고 이해하는 능력을 말해요.

신문 읽기

종이책을 읽는 아이

통계청 자료에 따르면 한국인 절반은 1년에 책을 한 권도 안 읽는대요. 한국, 노벨 문학상 작가가 나온 나라가 맞나요?

책을 읽어야 하는 진짜 이유를 들어보세요

읽기 뇌 분야의 세계적 연구자인 메리앤 울프는 독서는 인류 역사상 최고의 발명품이라고 말했어요. 사람들은 독서할 때 글자를 읽고, 의미를 이해하고 **문맥**을 파악하고 무궁무진한 상상력의 힘으로 머릿속에서 이야기를 그려나가요. 이 과정에서 다양한 뇌 **영역**들은 엄청난 속도로 서로 도와가며 활발하게 움직이는데요, 뇌의 이러한 움직임이 사람의 **사고 능력**을 놀라울 만큼 크게 키운대요. 이와 관련해 어린이와 청소년이 디지털 기기를 오래 볼수록 집중력과 성적이 나빠지고, 깊게 책을 읽는 습관을 들일수록 성적이 오른다는 연구 결과도 있어요.

종이책을 사락사락 넘겨보세요

한편 스페인 발렌시아대학의 연구팀은 디지털 독서와 종이책 독서의 효과를 비교했어요. 그 결과, 종이책 독서가 디지털 독서보다 **독해력** 향상에 더 큰 효과가 있는 것으로 나타났어요. 또한 스웨덴, 핀란드, 노르웨이와 같은 북유럽 국가에서는 이전에 학교에서 디지털 책을 활용했지만, 이제 종이책을 다시 사용하기 시작했대요. 디지털 책 사용을 한 후로 학생들의 산만함이 늘었고 문해력을 포함한 학업 성취도가 떨어졌기 때문이에요. 하면 할수록 똑똑해지는 종이책 독서, 그동안 매일 하지 않았다면, 이제 시작해 보는 건 어떨까요?

정리하기

◎ 다음 빈칸을 채우세요.

종이책을 읽으면 책을 읽고 이해하는 능력인 ☐☐ 향상에 큰 도움이 돼요.

◎ 맞으면 O, 틀리면 X 하세요.

1. 독서를 하면 뇌가 활발하게 움직이고 사고 능력이 크게 발달해요. ☐
2. 종이책 독서를 할 때보다 디지털 독서를 할 때 독해력이 더 크게 향상돼요. ☐
3. 디지털 책을 사용한 학생들은 문해력과 학업 성취도가 올랐어요. ☐

◎ 신문 어휘 풀이

- **문맥**: 서로 이어져 있는 문장의 앞뒤 의미 관계
- **영역**: 힘, 생각, 활동 등이 영향을 끼치는 분야나 범위
- **사고 능력**: 마음이나 감정의 상태 또는 지식을 통해 문제를 해결하는 정신적 능력
- **독해력**: 글을 읽어서 뜻을 이해하는 능력
- **성취도**: 목적한 것을 이룬 정도

토론하기

Q1 여러분은 한 달에 종이책을 얼마나 자주, 많이 읽어요?

_____

Q2 여러분은 스마트폰, 태블릿 PC, 전자책 리더기 등으로 책을 읽어본 적이 있어요? 있다면 종이책보다 더 좋았는지, 또는 별로였는지 이야기해 보세요.

_____

24

서로의 곁에 서서 힘이 되어주세요

배경 지식

● 트라우마: 어떤 사건이나 사고에 강한 충격을 받고 난 뒤, 그때의 감정이 계속 떠오르며 커다란 불안을 느끼는 것을 말해요.

신문 읽기

합동 분향소
출처_서울시 공식 페이스북

2024년 12월은 아픔으로 얼룩진 시간이었어요. 12월 3일 비상계엄 사태에 이어 예상치 못한 여객기 참사까지, 대한민국은 깊은 슬픔에 잠겼어요.

많은 사람들이 슬픔에 빠졌어요

비행기 사고와 같은 대형 재난은 사회 전체에 큰 상처를 남긴다고 전문가들은 말해요. 사람들의 마음에 남겨진 깊은 상처를 트라우마라고 부르는데요, 자신이 직접 경험한 일뿐만 아니라 다른 사람에게 일어난 사건을 보는 것만으로도 트라우마가 생길 수 있어요. 2024년 12월, 우리나라는 비상계엄 선포로 사회적 불안감이 이미 높아진 상태였는데 연이어 여객기 참사까지 발생해, 시민들이 집단 트라우마에 시달리고 있다는 진단이 나왔어요.

이 슬픔을 어떻게 통과해 나갈 수 있을까요?

2014년, 네덜란드를 떠나 말레이시아로 향하던 여객기가 미사일에 격추당하는 사고가 벌어졌어요. 이 참사로 네덜란드인 196명이 목숨을 잃었어요. 이때 네덜란드는 국가 애도 기간을 선포하고 국왕과 총리가 공항으로 나가 유족들 한 명 한 명을 안아주며 슬픔을 함께 나눴어요. 또 운구차가 고속도로를 지나갈 때, 시민들도 나와 꽃을 던지며 함께 슬퍼했어요. 이처럼 사람들이 함께 애도하는 일은 트라우마를 극복하는 데 매우 중요하다고 전문가들은 말해요.

트라우마는 혼자만의 힘으로 이겨내기 어려워요. 우리가 서로의 아픔을 존중하고 안아주며 함께 손을 잡아줄 때, 사람들은 슬픔을 딛고 일어설 힘을 낼 수 있어요.

정리하기

◎ 다음 빈칸을 채우세요.

어떤 사건이나 사고에 큰 충격을 받은 뒤, 그때 감정이 계속 떠오르며 불안을 느끼는 것을 ☐☐☐ 라고 해요.

◎ 맞으면 O, 틀리면 X 하세요.

1. 나라에 큰 재난이 일어나면 많은 사람들이 트라우마에 시달릴 수 있어요. ☐
2. 자신이 직접 경험한 일에 대해서만 트라우마가 생겨요. ☐
3. 네덜란드 국왕은 여객기 참사 유족들을 한 명 한 명 위로했어요. ☐

◎ 신문 어휘 풀이

- **12·3 비상계엄 사태:** 2024년 12월 3일 오후 10시 27분경 윤석열 전 대통령이 비상계엄을 선포하면서 시작돼 12월 4일 오전 4시 30분까지 이어진 계엄령
- **여객기:** 사람을 태워 나르는 비행기
- **참사:** 견딜 수 없을 정도로 슬프고 끔찍한 일
- **대형:** 같은 종류의 사물이나 일 가운데 크기나 규모가 큰 것
- **재난:** 뜻하지 않게 일어난 불행한 사고나 고난
- **선포:** 어떤 사실이나 내용을 공식적으로 세상에 널리 알림
- **격추당하다:** 날아가는 비행 물체가 공격을 받아 떨어지다
- **애도:** 사람의 죽음을 슬퍼함
- **유족:** 죽은 사람의 남아 있는 가족
- **운구차:** 시신을 넣은 관을 옮기는 차

토론하기

Q1 우리나라 사람들이 집단 트라우마를 겪고 있다고 전문가들이 말한 이유가 뭐예요?

Q2 주위에 슬퍼하는 사람이 있다면 어떤 위로를 해줄 것 같아요?

25. 따라쟁이가 넘쳐나는 세상, 여러분의 생각은 어떠십니까?

배경 지식
- **카피캣**: 시장에서 소비자들에게 인기가 있거나 잘 팔리는 제품을 그대로 모방하여 만든 제품을 말해요.
- **스타트업**: 참신한 아이디어나 기술을 바탕으로 설립된 새로운 기업을 말해요.
- **지식재산권**: 문학, 예술, 연출, 공연, 음반, 방송, 발명 등과 같은 지적 활동으로 인하여 발생하는 모든 권리를 말해요.

신문 읽기

불닭볶음면
출처_삼양식품 공식 홈페이지

삼양식품의 불닭볶음면이 국내외에서 큰 인기를 얻자, 이를 모방한 카피캣 제품들이 쏟아져 나오고 있어요.

이렇게 베껴도 괜찮은 거예요?

경쟁 기업에 의해 기술이나 디자인을 침해당한 기업이 2024년 역대 최고 수준을 기록했어요. 모방 제품을 만들어내는 이유는 간단해요. 시장에서 인기를 얻고 있는 제품과 유사한 제품을 만들어, 판매량을 늘려서 이득을 보려는 거죠. 이들은 인기 제품의 디자인 및 구성을 그대로 차용해요. 삼양식품 까르보 불닭볶음면의 분홍색 포장과 캐릭터를 유사하게 사용해 논란을 일으킨 제품도 있었죠. 이 문제는 식품업계만의 문제가 아니에요. 한 스타트업 기업이 개발한 인공지능 쓰레기통을 그대로 베낀 듯한 모방품이 우후죽순으로 나오기도 했고요, 베스트셀러 책의 제목과 기획, 형식을 그대로 베낀 책들도 넘쳐나고 있죠.

카피캣은 윤리와 양심의 문제예요

경쟁 기업이 아이디어를 베껴가는 바람에 선두 기업이 피해를 받는다 해도, 법적으로 보호받을 방법이 없대요. 전문가들은 모방 제품을 마구 만들어내는 카피캣 때문에, 개발자들이 새로운 시도를 할 의욕을 잃는 것은 아주 큰 문제라고 말해요.

또 지식재산권 문제에 정부가 적극적으로 대응해야 한다고 지적했어요. 카피캣은 도덕과 윤리가 있느냐 없느냐의 문제예요. 새롭고 다양한 아이디어가 거침없이 개발될 수 있도록 윤리적인 상도를 존중하는 문화가 널리 퍼져야 해요.

정리하기

◎ 다음 빈칸을 채우세요.

불닭볶음면이 큰 인기를 얻자, 이를 모방한 ☐☐ 제품이 출시되고 있어요.

◎ 맞으면 O, 틀리면 X 하세요.

1. 기술이나 디자인을 침해당하는 일이 점점 늘어나고 있어요. ☐
2. 카피캣 문제는 식품업계에서만 일어나고 있어요. ☐
3. 카피캣 때문에 피해를 입은 기업은 정부에게 도움을 요청할 수 있어요. ☐

◎ 신문 어휘 풀이

- **모방하다**: 다른 것을 본뜨거나 남의 행동을 흉내 내다
- **침해당하다**: 다른 사람이 땅이나 권리, 재산 등을 범하여 해를 입다
- **역대**: 이전부터 이어 내려온 여러 대
- **유사하다**: 서로 비슷하다
- **차용하다**: 어떤 형식이나 이론 등을 받아들여 쓰다
- **우후죽순**: 비가 온 뒤에 여기저기 솟는 죽순이라는 뜻으로 어떤 일이 한때에 많이 생겨나는 것을 비유적으로 이르는 말
- **형식**: 겉으로 나타나 보이는 모양
- **선두**: 줄이나 활동 등에서 맨 앞
- **법적**: 법에 따른
- **도덕**: 한 사회의 사람들이 말, 행동, 믿음의 좋고 나쁨을 판단하는 정신적 기준
- **윤리**: 사람으로서 마땅히 지켜야 할 바람직한 행동 기준
- **상도**: 상업 활동에서 지켜야 할 도덕

토론하기

Q1 카피캣 제품을 만들어내는 사람들에게 어떤 이야기를 해주고 싶어요?

26 너도나도 다 하는 인스타그램, 어리니까 하지 말라고요?

배경 지식

- 메타 플랫폼스(Meta Platforms): 2004년 마크 저커버그가 세운 미국의 IT 대기업이에요. 페이스북과 인스타그램을 만들어 운영하고 있어요.

신문 읽기

페이스북, 인스타그램, X(구 트위터) 로고

아이들의 SNS 활동을 금지하기 위해 전 세계 여러 나라들이 법까지 만들고 있다고 합니다. 대체 왜 그런 걸까요?

아이들을 지키기 위해 칼을 뽑은 나라들

2023년 10월, 미국의 41개 주 정부가 인스타그램을 운영하는 회사 메타 플랫폼스를 상대로 소송을 냈어요. 인스타그램이 청소년에게 큰 정신적 피해를 준다는 이유였죠. 인스타그램은 SNS 중독을 유발하고, 유해한 내용을 쉽게 접하게 하거든요.

미국 플로리다주에서는 만 14세 미만은 SNS 계정을 만들 수 없도록 금지했고요, 호주에서는 전 세계 최초로 2024년 11월에 만 16세 미만 아이들의 SNS 사용을 금지하는 법안이 통과됐어요. 이와 더불어 프랑스는 일부 학교에서 시범 운영하고 있던 교내 스마트폰 금지 정책을 모든 초등학교와 중학교에 도입하려고 검토 중이에요. 세계는 지금, SNS와 스마트폰의 악영향으로부터 아이들을 지켜내기 위해 온 힘을 다하고 있어요.

왜 이렇게까지 아이들의 SNS 활동을 막냐고요?

많은 이유가 있지만, 그중에서도 가장 중요한 원인이 있어요. SNS와 스마트폰이 아이들의 건강한 정신적 성장을 가로막는 커다란 걸림돌이 된다는 이유죠. 프랑스 교육부 장관은 아이들이 SNS에 꼼짝없이 사로잡힌 지금을 국가적 위기 상황이라고까지 언급했어요. 아이들의 SNS 중독과 그에 따른 문제가 커지고 있는 만큼, 우리나라에서도 적절한 해결 방법이 필요한 때예요.

정리하기

◎ 다음 빈칸을 채우세요.

미국의 41개 주 정부는 청소년의 정신 건강에 큰 피해를 준다는 이유로 ☐☐ ☐☐☐☐ 를 상대로 소송을 냈어요.

◎ 맞으면 O, 틀리면 X 하세요.

1. 프랑스의 모든 초등학교와 중학교에서 스마트폰 사용이 금지되었어요. ☐
2. 호주에서는 만 16세 미만 아이들의 SNS 사용을 금지하는 법안이 통과됐어요. ☐
3. 아이들의 SNS 활동을 금지하는 이유는 아이들의 건강한 성장을 위해서예요. ☐

◎ 신문 어휘 풀이

- **소송**: 사람들 사이에 일어난 다툼을 법에 따라 옳고 그름을 결정해 달라고 법원에 부탁하는 것
- **유발하다**: 어떤 것이 원인이 되어 다른 일을 일어나게 하다
- **유해하다**: 어떤 것을 상하거나 나빠지게 하다
- **법안**: 법으로 만들고자 하는 사항을 정리해 국회에 제출하는 문서나 안건
- **시범**: 모범이 되는 본보기를 보임
- **도입하다**: 기술, 이론 등을 들여오다
- **검토**: 내용을 자세히 따져봄
- **악영향**: 나쁜 영향

토론하기

Q1 SNS를 이용해 본 적이 있나요? SNS의 장점과 단점에는 무엇이 있는 것 같아요?

Q2 여러분은 10대의 SNS 활동을 금지한 것에 대해 찬성하나요, 아니면 반대하나요? 이유를 이야기해 보세요.

27. 한국인 45만 명이 사라졌다는 무시무시한 소식을 전합니다

배경 지식

- **OECD(경제협력개발기구)**: 경제 성장과 인류의 더 나은 삶을 위해 1961년에 만들어진 국제기구예요. 총 38개의 나라가 회원국으로 가입되어 있고, 우리나라는 1996년에 가입했어요.
- **인구절벽**: 일을 할 수 있는 나이의 사람들(15세~64세)이 빠른 속도로 줄어드는 현상을 말해요.
- **인구 오너스**: 오너스(Onus)는 부담이라는 뜻으로, 일하는 사람이 줄어들면서 경제를 성장시키는 힘이 적어지는 현상을 말해요. 일하는 사람이 늘어나면서 자연스럽게 경제가 성장하는 인구 보너스(Bonus)와 반대되는 개념이에요.

신문 읽기

인구절벽

OECD가 한국의 저출산 현상이 계속 이어진다면 향후 60년 이후에는 인구 절반이 줄어들 것이라는 무시무시한 경고를 했어요.

지난 5년간 45만 명의 한국인들이 사라졌어요

2024년에는 출생아 수가 조금 늘긴 했지만, 그럼에도 새로 태어나는 아이보다 사망하는 인구가 더 많아 인구 자연 감소는 5년째 계속되고 있어요. 지난 5년간 전체 인구의 약 0.9%에 해당하는 인구, 약 45만 명이 줄었어요. 일할 수 있는 인구 비율이 급격히 떨어지는 인구 절벽이 이제 정말 우리들의 현실이 되었어요.

인구 보너스 시대여, 안녕

OECD는 출산율 감소가 전 세계적인 현상이지만 그중에서도 한국이 가장 낮은 출산율을 기록하고 있다고 지적했어요. 2082년에는 한국 전체 인구의 약 58%가 65세 이상 노인이 될 거라고 예측했어요.

이제 한국은 일할 사람이 늘어 경제가 저절로 커졌던 '인구 보너스' 시대가 끝나고, 일할 사람이 줄어들어 경제 성장이 둔화되는 '인구 오너스' 시대에 들어섰어요. 인구 오너스는 오랫동안 이어진 저출산 현상과 급속한 고령화가 원인이에요. 인구 오너스 시대로 들어서면 기술을 배워 일할 사람도, 돈을 쓰는 사람도, 세금을 낼 사람도 줄어들기 때문에 심각한 경기 침체로 이어질 수 있어, 현실적인 대책을 시급하게 마련해야 해요.

정리하기

◎ 다음 빈칸을 채우세요.

☐☐☐☐는 일하는 사람이 줄어들면서 경제를 성장시키는 힘이 적어지는 현상을 말해요.

◎ 맞으면 O, 틀리면 X 하세요.

1. 지난 5년 동안 전체 인구의 1%가 넘는 인구가 줄어들었어요. ☐
2. 2082년이 되면 한국 인구의 절반 이상이 65세가 넘은 노인일 거예요. ☐
3. 인구 오너스는 저출산과 고령화 때문에 일어난 현상이에요. ☐

◎ 신문 어휘 풀이

- **저출산**: 한 사회에서 일정 기간 동안 아기를 낳는 비율이 낮은 현상
- **출생아**: 새로 태어난 아이
- **사망하다**: 사람이 죽다
- **감소**: 양이나 수가 줄어드는 것
- **해당하다**: 어떤 범위나 조건 등에 바로 들어맞다
- **출산율**: 아기를 낳는 비율
- **둔화되다**: 반응이나 진행 속도가 느려지다
- **급속하다**: 매우 빠르다
- **고령화**: 한 사회의 전체 인구 중 노인의 인구 비율이 높아지는 것
- **경기 침체**: 물건을 사고파는 거래가 활발하게 이루어지지 않고 제자리에 머무는 것

토론하기

Q1 인구가 급격히 줄어들면 어떤 문제가 생길까요?

28. 나이와 성별에 따라 자주 쓰는 말이 다르다는 사실, 아십니까?

배경 지식

- **국립국어원**: 국어의 발전과 국민의 언어생활 향상을 위한 사업을 하고 연구하는 국가 기관이에요.
- **호칭**: 이름을 지어 부르는 것, 혹은 그 이름 자체를 말해요.

신문 읽기

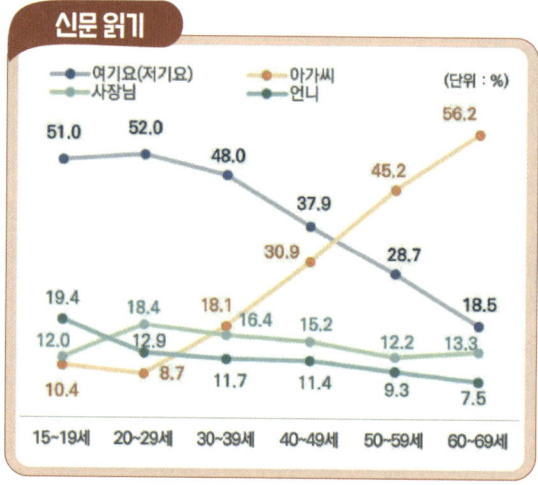

젊은 여성 판매 직원을 부르는 말
출처_국립국어원

사람들이 자주 쓰는 말은 나이와 성별에 따라 어떤 차이가 있을까요?

나이에 따라 자주 쓰는 말이 달랐어요!

국립국어원은 지난 2024년 전국 15세~69세 남녀 3,000명을 대상으로 국어 사용을 어떻게 하고 있는지 조사했어요. 먼저 윗사람의 질문에 대답할 때 쓰는 말로는 '네'가 55.8%로 가장 많았고 '예'가 19.9%, 그다음으로 '넵', '옙'과 '넹'이 뒤를 이었어요. 하지만 15~19세를 중심으로 살펴보면 '넵', '옙', '넹'을 사용하는 사람 수는 전체의 40%를 넘는 것으로 나타났어요. 젊은 여성 판매 직원을 부를 때도 연령에 따라 다르게 불렀어요. 50대 이상은 '아가씨'라는 호칭을 많이 썼지만, 20대의 절반 이상은 '여기요', '저기요'라는 호칭을 썼고 '사장님'이라고 부른다는 대답도 많았어요. 젊을수록 중립적인 표현을 더 선호했다는 걸 알 수 있어요. 또 강조할 때 쓰는 말도 나이에 따라 달랐어요. 30대 이상은 '정말', '진짜', '너무' 등을 자주 썼지만

20대 이하에서는 '완전', '짱' 등을 많이 썼어요.

성별에 따라 이런 말을 다르게 썼어요

결혼한 남성의 경우, 배우자를 소개할 때 외래어인 '와이프'를 가장 많이 썼지만, 여성의 경우 '남편'이라는 호칭을 가장 많이 썼다고 해요. 이를 통해 사람들이 사용하는 어휘는 연령, 성별에 따라 달라진다는 것을 알 수 있었어요.

정리하기

◎ 다음 빈칸을 채우세요.

20대 절반 이상은 가게에서 직원을 부를 때 중립적인 ☐☐ 을 더 많이 썼어요.

◎ 맞으면 O, 틀리면 X 하세요.

1. 같은 상황이라면 나이에 상관없이 자주 사용하는 말이 같아요. ☐
2. 50대 이상인 사람보다 20대인 사람들이 중립적인 말을 더 많이 써요. ☐
3. 배우자를 말할 때 자주 쓰는 표현은 성별에 따라 달라요. ☐

◎ 신문 어휘 풀이

- 중립적: 어느 한쪽에 치우치지 않고 중간 입장에 서는 것
- 배우자: 부부 중 한쪽에서 본 상대방
- 외래어: 다른 나라에서 들어온 말로 국어처럼 쓰이는 단어

토론하기

Q1 여러분은 대답할 때 보통 어떤 말을 많이 써요?

_____

Q2 나이에 따라 자주 쓰는 말이 다른 이유는 무엇일까요?

_____

29 세상에서 가장 달콤한 불평등

배경 지식
- **불평등**: 차별이 있어 평등하지 않다는 의미예요. 불평등은 사회, 경제, 교육 등 다양한 곳에서 일어나요.
- **당**: 일반적으로는 단맛을 지닌 물질을 말해요. 화학적으로는 물에 녹으면 단맛이 나는 것을 '당'이라고 해요.

신문 읽기

네슬레 로고

불평등이 달콤할 수 있을까요? 세계적인 식품업체 네슬레가 부자 나라에는 당이 적거나 안 들어간 식품을, 가난한 나라에는 당이 많이 들어간 식품을 팔아왔다는 충격적인 사실이 밝혀졌어요.

가난한 나라일수록 설탕을 쏟아부은 네슬레

스위스의 두 시민단체는 네슬레가 저소득 국가에 당이 많이 들어간 식품을 훨씬 더 많이 팔았다는 내용의 보고서를 발표했어요. 예를 들어 네슬레는 중·저소득 국가에 파는 시리얼 1인분에는 평균 4g의 당을 넣었는데요, 에티오피아·인도·방글라데시 등의 국가에는 최대 6g까지 넣었고, 필리핀에는 7.3g이나 넣었어요. 이에 반해 영국과 독일에 판 시리얼에는 당이 전혀 들어 있지 않았어요. 스위스 시민단체는 네슬레가 가난한 나라의 어린이 비만을 늘게 하고 어린이 입맛을 어릴 때부터 단 것에 길들였다고 강하게 비판했어요.

달콤한 만큼 위험한 당

실제로 당은 어린아이의 건강에 치명적일 수 있어요. 과도한 당 섭취는 소아비만으로 이어질 가능성이 크거든요. 특히 어렸을 때 늘어난 지방 세포는 어른이 되어도 쉽게 사라지지 않아 각종 성인병으로도 이어질 수 있어요.

인도와 방글라데시 그리고 필리핀이 네슬레 어린이 식품을 조사하겠다고 밝히자, 네슬레는 이제야 이들 나라의 어린이 식품에서 당을 <u>단계적</u>으로 줄이겠다고 발표했어요.

정리하기

◎ **다음 빈칸을 채우세요.**

　네슬레가 가난한 나라에만 ☐ 이 많은 식품을 팔아 비난받고 있어요.

◎ **맞으면 O, 틀리면 X 하세요.**

1. 네슬레는 영국과 독일에 판매한 시리얼에 특히 당을 많이 넣었어요. ☐
2. 네슬레는 저소득 국가 어린이들의 입맛을 단 것에 길들였어요. ☐
3. 인도, 방글라데시, 필리핀은 네슬레 어린이 식품의 수입을 막기로 했어요. ☐

◎ **신문 어휘 풀이**

- <u>저소득</u>: 벌이가 적음
- <u>치명적</u>: 생명이 위험할 수 있는 것
- <u>과도하다</u>: 정도가 지나치다
- <u>섭취</u>: 영양분 등을 몸속에 받아들임
- <u>지방</u>: 에너지를 공급하고, 피부·근육·간 등에 저장돼 비만의 원인이 되는 물질
- <u>세포</u>: 생물체를 이루는 기본 단위
- <u>성인병</u>: 중년 이후의 사람들에게 생기는 여러 가지 병
- <u>단계적</u>: 일의 순서나 과정에 따르는 것

토론하기

Q1 왜 네슬레는 가난한 나라에 파는 식품에만 당을 많이 넣었을까요?

Q2 어린이 식품에 당이 지나치게 많이 들어가면 안 되는 이유는 뭔가요?

30

세상에 디지털만 남으면 우린 어떡하나요

배경지식

- **디지털 소외계층:** 디지털 기술을 잘 활용하는 사람들과 달리, 키오스크나 스마트폰 같은 디지털 기술을 사용하는 데 어려움을 겪는 사람들을 말해요. 노인·장애인·어린이가 포함될 수 있어요.

신문 읽기

키오스크
출처_롯데 GRS 공식 홈페이지

여러분은 혹시 가게의 키오스크가 너무 높아서 주문하기 힘들었던 적이 있나요? 아니면 키오스크로 어떻게 주문해야 할지 몰라 곤란했던 적은요? 사람 대신 주문을 받아주는 키오스크가 부쩍 늘었지만, 이용하기가 어려워 어쩔 수 없이 발길을 돌리는 사람들이 있다고 합니다.

디지털이 사람들의 삶을 편리하게 만들어줬다고요?

이제 기차표를 사야 할 때 굳이 기차역으로 가지 않아도 돼요. 스마트폰만 있으면 집에서도 얼마든지 예매할 수 있으니까요. 디지털은 이렇게 우리의 삶을 편리하게 만들어줬지만, 반대로 이전보다 삶이 더 불편해진 사람들도 있답니다. 바로 디지털 소외계층이에요. 디지털 소외계층은 스마트폰에 익숙하지 않아서, 키오스크 화면이 너무 높이 있어서, 결제하는 방법이 너무 복잡해서 가게에 들어가는 것조차 망설이기도 해요.

소외된 사람들을 지켜보고만 있을 순 없어요!

디지털 소외계층을 위해 발 빠르게 기술이나 제도를 도입하는 착한 기업들이 나타났어요. 롯데리아에서는 2024년 8월 모든 사람이 쉽게 사용할 수 있는 배려형 키오스크를 도입한다고 발표했어요. 결제하는 방식을 간단하게 바꾸고, 점자까지 추가했다고 해요. 또, 야구단 롯데 자이언츠는 2024년 4월부터 디지털 예매에 **취약한** 사람들을 위해 **일부** 표는 현장에서만 판매하고 있어요. 이제 이렇게 디지털 사회에서 소외되는 사람들을 돕고 배려할 수 있는 방법을 다양하게 연구해야 될 때예요.

정리하기

◎ 다음 빈칸을 채우세요.

키오스크가 많이 생겨나면서 ☐☐☐☐☐ 은 불편함을 겪고 있어요.

◎ 맞으면 O, 틀리면 X 하세요.

1. 디지털 소외계층에는 노인만 있어요. ☐
2. 모든 사람이 사용할 수 있는 배려형 키오스크에는 점자가 추가됐어요. ☐
3. 현장에서 표를 판매하는 것은 디지털 소외계층을 위한 일이에요. ☐

◎ 신문 어휘 풀이

- **예매하다**: 때가 되기 전에 미리 사다
- **결제하다**: 물건의 값을 내고 거래를 끝내다
- **도입하다**: 기술이나 물건 같은 것을 들여오다
- **점자**: 손가락으로 더듬어 읽도록 만든 시각 장애인을 위한 문자
- **취약하다**: 어떤 일을 할 때 순조롭게 진행하지 못하고 약하다
- **일부**: 한 부분이나 전체를 여럿으로 나눈 얼마

토론하기

Q1 여러분은 키오스크를 사용해 본 적이 있나요? 있다면 키오스크를 사용하기 어려웠던 적은요?

Q2 여러분은 사람과 만나 직접 결제하는 방법이 좋은가요? 아니면 키오스크나 스마트폰으로 결제하는 방법이 좋은가요? 이유를 설명해 보세요.

31 있지만 없는 아이들, 우리가 여기 있단 걸 잊지 말아주세요

배경지식

- **미등록 이주아동**: 외국인 부모와 함께 한국에 들어왔거나 한국에서 태어난 아동 중에 부모가 한국에서 머물 자격을 잃었거나 받지 못해 서류상 존재하지 않는 아동을 말해요.
- **체류권**: 외국인이 일정 기간 우리나라에 머무를 수 있도록 국가가 준 권리를 말해요.
- **인권 사각지대**: 관심이나 영향이 미치지 못해, 인권이 제대로 보장되지 않는 곳을 비유적으로 이르는 말이에요.

신문 읽기

국내 미등록 이주아동 현황
2~3만명

국내 미등록 이주아동 현황
출처_미등록아동지원센터

우리나라에 있는 **미등록 이주아동**이 약 2만 명으로 **추산된다**고 해요. 미등록 이주아동이라 불리는 이 아이들은 누구일까요?

우리 곁에 함께 살아가고 있지만 서류에는 없는 아이들

미등록 이주아동이란 외국인 부모와 함께 한국에 왔거나 한국에서 태어난 아동 중에, 부모가 한국에서 머물 자격을 잃어 **서류**상 존재하지 않는 아동을 말해요. 이 아이들은 한국인은 물론 외국인으로도 등록되어 있지 않아요. 그래서 자신의 이름으로 된 핸드폰을 만들 수도 없고, 병원에 갈 수도 없고, 심지어 인터넷 사이트에서 간단한 회원 가입도 할 수 없어요.

하지만 미등록 이주아동은 인생의 전부를 한국에서 보낸 경우가 많아요. 말하는 것도, 생각하는 것도 모두 한국인과 다름없죠. 이런 미등록 이주아동의 **인권**을 보호하기 위해 2021년 정부는 이들에게 **체류권**을 임시로 **부여했어요**. 하지만 이 **정책**은 2028년 3월까지로 연장되었을 뿐, 근본적인 해결책은 여전히 만들어지지 않았어요.

미등록 이주아동도 한국에서 일하고 싶어요

정부는 지방에서 일할 사람이 부족해 외국인 노동자를 위한 정책을 많이 **시행하**

고 있어요. 그런데 정작 우리나라에서 오래 살아온 미등록 이주아동들은 성인이 되어도 한국에서 취업하기 어려운 상황이에요. 한국에서 태어나고 자란 아이들이 한국에서 머무를 권리는 없는 걸까요? 이들이 인권 사각지대에서 벗어날 순 없을지 함께 해결책을 찾아나가야 해요.

정리하기

◎ 다음 빈칸을 채우세요.

☐☐☐☐☐ 이란 외국인 부모가 한국에서 머물 자격을 잃었거나 받지 못해 서류상 존재하지 않는 아동을 말해요.

◎ 맞으면 O, 틀리면 X 하세요.

1. 미등록 이주아동은 자기 이름으로 된 핸드폰은 만들 수 없지만, 병원에는 쉽게 다닐 수 있어요. ☐
2. 미등록 이주아동의 체류권에 대한 근본적인 해결책이 마련됐어요. ☐
3. 우리나라에서 미등록 이주아동이 취업하기에는 어려움이 많아요. ☐

◎ 신문 어휘 풀이

- **추산되다**: 짐작으로 미루어 셈하다
- **서류**: 글자로 기록한 문서
- **인권**: 인간으로서 당연히 가지는 기본적인 권리
- **부여하다**: 가치, 권리, 의미, 임무 등을 지니게 하거나 그렇다고 여기다
- **정책**: 정치적인 목적을 이루기 위한 방법
- **시행하다**: 실제로 행하다
- **사각지대**: 섰을 때 사물이 눈으로 보이지 않는 위치로, 관심이나 영향이 미치지 못하는 구역을 비유적으로 이르는 말

토론하기

Q1 미등록 이주아동은 왜 서류상으로 존재하지 않는 아이들이 되었어요?

_____

Q2 미등록 이주아동이 한국에서 계속 살아갈 수 있도록 어떤 도움을 줄 수 있을까요?

_____

32

2025년에 태어난 우리들을 베타세대라고 불러주세요

배경 지식

✅ **베타세대**: 2010년부터 2024년까지 태어난 알파세대의 뒤를 이어, 2025년부터 2039년까지 태어나는 세대를 부르는 말이에요.

신문 읽기

세대 구분법

알파세대가 끝나고 이제 새로운 세대가 시작되었어요. 2025년부터 시작해 2039년까지 태어나는 아기들, 그들을 이제 **베타세대**라고 부르기로 했대요!

새롭게 태어날 베타세대야, 안녕! 반가워!

알파와 베타세대를 구분한 학자는 마크 맥크린들이라는 호주의 사회 연구학자예요. 그는 Z세대 이후부터는 알파벳을 쓰지 않고 그리스 문자 알파와 베타를 사용해 세대를 구별했는데요, 이는 알파, 베타세대가 그 이전 세대들과는 완전히 다른 세상에서 살아갈 것으로 예상했기 때문이에요. 이들은 태어나는 순간부터 디지털 환경에서 자라나, 과거 세대와는 전혀 다른 환경에서 자라날 테니까요.

22세기를 살아갈 베타세대들은 이런 특징이 있대요

알파세대가 태어날 때부터 스마트폰·스마트패드 등 디지털 환경에 둘러싸여 자라난 첫 세대라면, 베타세대는 AI 기술을 **자유자재**로 다루고 일상에서 **인공기술**을 자연스럽게 누리는 첫 세대가 될 거예요. 베타세대는 2035년이 되면 전 세계 인구의 16%를 **차지하게** 될 것이며, 대부분의 베타세대들은 22세기가 시작되는 2101년을 넘어 살아갈 것으로 **전망해요**.

베타세대들의 부모는 대개 MZ세대예요. 전문가들은 MZ세대들은 평등과 친환경을 중요시하기 때문에 베타세대 역시 다양하고 폭넓은 사고방식을 갖출 것으로 예상된대요. 또 베타세대는 이를 바탕으로 기후변화와 급변하는 시대를 잘 적응해 나가야 한다고도 강조했어요.

정리하기

◎ 다음 빈칸을 채우세요.

알파세대의 뒤를 이어 2025년부터 2039년까지 태어나는 세대를 ☐☐☐ 라고 불러요.

◎ 맞으면 O, 틀리면 X 하세요

1. 베타세대는 AI 기술을 다루는 데 익숙할 거예요. ☐
2. 2035년이면 전 세계 인구 중에 베타세대가 차지하는 비율이 15%가 넘어요. ☐
3. 베타세대는 이전 세대보다 더 좁은 사고방식을 가질 것으로 예상돼요. ☐

◎ 신문 어휘 풀이

- **자유자재**: 거침없이 자기 마음대로 할 수 있음
- **인공기술**: 자연적인 것이 아니라 사람의 힘으로 만들어낸 기술
- **차지하다**: 일정한 공간이나 비율을 이루다
- **전망하다**: 앞날을 미리 예상하다
- **사고방식**: 어떤 문제에 대하여 생각하는 방법이나 태도
- **급변하다**: 상황이나 상태가 갑자기 달라지다

토론하기

Q1 Z세대 이후로 알파세대와 베타세대에는 알파벳을 쓰지 않는 이유가 무엇인가요?

_____

Q2 베타세대가 성인이 될 때쯤엔 어떤 세상이 되어있을 것 같아요?

_____

33. SNS에 지친 어른들은 어떻게 됐을까?

배경 지식

- **아보하**: '아주 보통의 하루'라는 뜻이에요. '소소하고 확실한 행복'의 줄임말 '소확행'을 대신해 새롭게 등장했어요. 누군가에게 보여주기 위해서가 아니라, 나의 내면을 위해서 살아가는 삶의 태도를 말해요.

신문 읽기

'피크민' 캐릭터
출처_닌텐도 공식 홈페이지

멍한 얼굴에서 왠지 모를 귀여움이 느껴지는 한 캐릭터. 이 캐릭터가 나오는 게임이 3년 만에 역주행을 하며 커다란 인기를 누리고 있어요.

이 게임이 뭐길래 큰 인기를 끌고 있을까요?

이 게임의 이름은 '피크민 블룸'. 많이 걸으면 걸을수록 다양한 캐릭터, 즉 피크민을 얻을 수 있는 간단한 게임이에요. 한 분석 업체에 따르면, 2024년 11월에 피크민 블룸을 이용한 사람이 무려 40만 명을 넘었다고 해요. 그렇다면 어른들은 왜 이 게임에 푹 빠지게 된 걸까요? 저마다 사정은 다르지만, 입을 모아 "경쟁에 지쳤기 때문"이라고 말해요. 경쟁이 주는 피로감과 패배감을 더는 느끼고 싶지 않은 거예요.

경쟁에 지친 어른들 사이에서 새롭게 등장한 유행어

지난 몇 년 동안 '소소하지만 확실한 행복'이라는 뜻인 '소확행'이 유행이었어요. 일상에서 작은 것에 감사하고 기뻐하자는 삶의 태도인데, 어느 순간부터 '소확행'의 의미가 조금씩 바뀌기 시작했어요. 일부 사람들이 값비싼 옷, 최고급 호텔 등 소소하다고 볼 수 없는 것들을 SNS에 '소확행'이라는 이름으로 자랑했죠. 그래서 어른들이 새롭게 선택한 것은 '아보하'예요. '아보하'는 '아주 보통의 하루'를 줄인 말로, 남에게 자랑하기 위해서가 아니라 나의 내면을 위해서 스스로에게 집중하는 삶의 태도를 뜻해요. 전문가들은 앞으로 '아보하'를 위한 게임이나 상품이 더 많이 나올 것으로 전망한대요.

정리하기

◎ 다음 빈칸을 채우세요.

SNS에서 '소확행'의 뜻이 달라지면서 ☐☐☐ 라는 줄임말이 새롭게 유행하고 있어요.

◎ 맞으면 O, 틀리면 X 하세요.

1. 2024년 11월에 피크민 블룸을 한 사람은 40만 명이 넘어요. ☐
2. 경쟁과 자랑에 지친 어른들 사이에서 '아보하'가 유행하기 시작했어요. ☐
3. 어른들이 피크민 블룸을 하는 이유는 경쟁을 즐기기 위해서예요. ☐

◎ 신문 어휘 풀이

· **역주행**: 발매되고 어느 정도의 시간이 지난 뒤에 다시 인기를 끄는 것
· **분석**: 더 잘 이해하기 위해서 어떤 것을 여러 요소나 성질로 나눔
· **업체**: 이익을 얻기 위해 어떤 사업을 하는 단체
· **경쟁**: 어떤 분야에서 이기거나 앞서려고 서로 겨룸
· **피로감**: 몸이나 정신이 지쳐서 힘든 느낌
· **패배감**: 싸움이나 경쟁 등에서 이길 자신이 없어 힘이 빠지는 느낌. 또는 싸움이나 경쟁 등에서 진 뒤에 느끼는 절망감이나 부끄러움
· **소소하다**: 평범하고 대수롭지 않다
· **내면**: 겉으로 잘 드러나지 않는 사람의 정신이나 마음속

토론하기

Q1 어른들은 왜 피크민 블룸 게임에 빠지게 되었어요?

Q2 가족에게 아보하가 무엇인지 설명하세요. 그리고 남과의 경쟁 대신, 자신에게 집중하기 위해 무엇을 하면 좋을지 가족과 이야기를 나눠보세요.

34. 새롭게 태어난 우체통에 '이것'도 넣어주세요!

배경지식

- **에코 우체통**: 우편뿐만 아니라 약과 다 쓴 커피 캡슐을 넣을 수 있는 새로운 우체통이에요. 약과 다 쓴 커피 캡슐, 그리고 우편은 분리될 수 있게 입구가 두 개로 나뉘어져 있어요.

신문 읽기

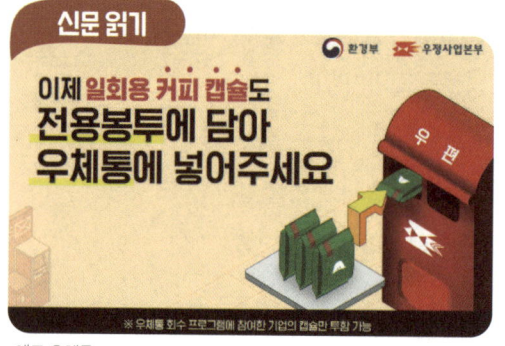

에코 우체통
출처_우정사업본부 공식 홈페이지

길거리를 오가다 '빨간 우체통'을 본 적이 있어요? 우체통은 지난 40년간 사람들에게 종이 편지를 전달해 주었는데요, 요즘은 사람들이 주로 이메일, 카카오톡을 이용해 우체통을 사용하는 사람이 크게 줄었다고 해요.

종이 편지 보내는 사람이 없으면 우체통은 뭐 하죠?

그래서 우체통은 모습과 기능에서 큰 변신을 시도했어요. 우체통의 얇고 좁은 입구가 커다랗게 바뀌었거든요. 우체통 입구는 우체국에 있는 2호 상자까지 들어가는 크기로 커졌다고 해요. 그동안은 편지만 보낼 수 있었는데 이제 우체통을 통해서 택배도 부칠 수 있게 된 거죠!

또 하나의 변화가 더 있어요. 새로운 우체통은 다 못 먹은 약과 다 쓴 일회용 커피 캡슐도 받아준다는 사실! 혹시 커피와 약이 우편과 섞여 소중한 편지를 훼손하면 어떡하냐고요? 걱정하지 마세요. 우편과 소포만 받는 입구, 약과 캡슐을 받는 입구를 각각 따로 만들어놨어요. 이렇게 다시 태어난 '에코 우체통'은 먼저 서울에 약 90개를 설치한 뒤, 2025년부터 전국에 차근차근 설치할 예정이라고 해요.

에코 우체통에 '이렇게' 하면 큰일 나요

　에코 우체통의 입구가 커지면서 혹시 쓰레기를 버리는 사람이 있을까 걱정되시나요? 만약 쓰레기가 버려져 우편물이 훼손되면 처벌받게 될 거라고 하니, 쓰레기를 버리는 일은 없도록 해야겠어요.

　40년 만에 새로운 모습으로 변신한 우체통! 에코 우체통의 앞으로의 역할이 기대됩니다.

정리하기

◎ 다음 빈칸을 채우세요.

　우체국은 기존에 있던 우체통을 ☐☐☐ 으로 변경한다고 발표했어요.

◎ 맞으면 O, 틀리면 X 하세요.

1. 우체통의 모양이 변한 건 40년 만의 일이에요. ☐
2. 에코 우체통은 약, 커피 캡슐, 편지를 다 따로 받을 수 있도록 입구가 3개로 만들어졌어요. ☐
3. 에코 우체통은 전국적으로 설치된 상태예요. ☐

◎ 신문 어휘 풀이

- **훼손하다**: 무너뜨리거나 깨뜨려 못 쓰게 만들다
- **소포**: 조그맣게 포장한 물건
- **처벌**: 범죄를 저지른 사람에게 국가나 특정 기관이 주는 제재나 벌

토론하기

Q1 우체통을 이용해 본 적이 있나요? 없다면 가족들에게 우체통을 이용해 본 적이 있는지 물어보세요.

Q2 우체통의 변신을 어떻게 생각해요? 어떤 장단점이 있을까요?

35. 커피숍이 편의점보다 많은 곳, 바로 여깁니다!

배경 지식

- **치킨게임**: 경쟁 상황에서 서로 양보하지 않고 어느 한쪽이 이길 때까지, 피해를 무릅쓰고 끝까지 치열하게 경쟁하는 것을 말해요. 한 자동차 게임에서 싸움을 먼저 피한 사람을 치킨(겁쟁이)이라고 부른 것에서 유래했어요.

신문 읽기

커피 전문점 수 > 편의점 수

국내 커피 전문점 수가 CU, GS25, 세븐일레븐, 이마트24 등의 편의점 매장을 합친 수보다 2배 더 많다고 해요!

우리나라에 커피숍이 얼마나 많냐면

지난 1999년 스타벅스가 한국에서 처음 문을 연 이후, 2000년대부터 커피 전문점은 우후죽순 생기기 시작했어요. 통계청에 따르면 2016년에 5만여 개였던 것이 6년 만에 2배 가깝게 늘어나, 전국 커피 전문점 수가 10만 개를 돌파한 것으로 나타났어요. 또한 커피 브랜드 수는 886개로 치킨 브랜드 수보다 200개 넘게 더 많대요.

문을 닫는 커피 전문점도 수없이 많아요

2023년에는 처음으로 커피 수입량이 줄었어요. 그럼에도 커피 프랜차이즈 업계는 매장 수를 늘려가며 경쟁을 계속해 나가고 있어요. 이는 커피를 마시는 사람은 더 늘지 않았는데, 커피 전문점 수만 증가했다는 뜻이에요. 이로써 매장에서 벌어들이는 수익성은 자연스럽게 떨어지고 있어요. 이에 대해 전문가들은 국내 커피 전문점 업계가 치킨게임을 이어가며 과잉 경쟁하고 있다고 지적했어요. 옆 커피숍과 경쟁을 이어가며 버티다 결국 폐업하는 가게도 크게 늘고 있고요. 지난 10년 동안 폐업 카페 수는 181%나 급증했다고 해요.

커피 전문점은 언제까지 늘어날까요? 커피 시장이 정체된 상황에서도 사람들은 매장 늘리기 경쟁을 계속해 나갈까요? 누구를 위한 치킨게임인지 곰곰이 생각해 봐야 해요.

정리하기

◎ 다음 빈칸을 채우세요.

□□□□ 이란 누가 이기나 팽팽하게 대립하는 상황에서 서로 양보하지 않고 어느 한쪽이 이길 때까지 피해를 무릅쓰고 경쟁하는 것을 말해요.

◎ 맞으면 O, 틀리면 X 하세요.

1. 우리나라에 커피 전문점은 10만 개 넘게 있어요. □
2. 커피를 마시는 사람이 늘어나서 커피 전문점의 수도 늘고 있어요. □
3. 지나친 경쟁 때문에 폐업하는 커피숍이 늘었어요. □

◎ 신문 어휘 풀이

- **국내**: 나라의 안
- **매장**: 물건을 파는 곳
- **우후죽순**: 어떤 일이 한때에 많이 생겨나는 것을 비유적으로 이르는 말
- **통계청**: 통계의 기준 설정과 인구 조사 및 각종 통계에 관한 일을 하는 국가 기관
- **돌파하다**: 정해진 목표나 이전의 기록을 넘어서다
- **수입량**: 다른 나라로부터 상품이나 기술 등을 국내로 사들이는 양
- **업계**: 같은 산업에서 일하는 사람들의 활동 분야
- **수익성**: 이익을 얻을 수 있는 정도
- **과잉**: 수량이나 정도가 필요로 하는 것보다 지나치게 많아서 남음
- **지적하다**: 잘못된 점이나 고쳐야 할 점을 가리켜 말하다
- **폐업**: 영업을 그만둠
- **급증하다**: 짧은 기간 안에 갑자기 늘어나다
- **정체**: 성장하거나 발전하지 못하고 일정한 정도에 그침

토론하기

Q1 커피를 마시는 사람이 줄고 있는데도 커피숍은 왜 자꾸 생겨나는 것 같아요?

36 나눠보세요, 우리에게 기적이 찾아온답니다

배경지식

● 퍼네이션: '재미있다'라는 뜻의 영어 펀(Fun)과 '기부'라는 뜻의 도네이션(Donation)을 합친 말로, 쉽고 재미있게 참여하는 놀이형 기부를 말해요.

신문 읽기

퍼네이션

놀면서 기부도 할 수 있다면 어떨까요? 최근 놀이와 기부를 함께 하는 사람들이 늘었다고 해요!

우리도 신나고 재미있는 기부를 해볼까요?

놀이하며 기부하는 '퍼네이션'이 인기를 얻고 있어요. 퍼네이션은 '재미있다'라는 뜻의 영어 펀(Fun)과 '기부'라는 뜻의 도네이션(Donation)을 합친 말로, 한국말로는 '놀이형 기부'라고 불러요. 대표적인 예로 '기부런'이 있는데요, 이는 뛴 거리에 따라 기부하는 활동을 말해요. 식수가 부족한 아프리카 아이들을 위한 달리기 캠페인도 있었어요. 이 캠페인 참가비는 아프리카 어린이들에게 식수를 제공하는 데 쓰였어요. 이뿐만 아니라 콘서트 티켓이나 영화표 한 장당 일정 금액을 기부금으로 모아 의미 있는 일에 사용하기도 해요.

그런데 기부 문화는 언제부터 생겼을까요?

기부는 그리스·로마 시대에서부터 시작됐는데요, 당시에는 귀족들이 개인 재산을 나랏일에 기부하는 전통이 있었어요. 그들은 기부금이 어려운 사람을 위해 쓰이는 것을 보고 보람을 느꼈대요. 이러한 기부 문화는 19세기 미국에서 널리 퍼졌어요. 철강왕 앤드류 카네기는 번 돈은 사회로 돌아가야 한다면서 전 재산 95%를 사회에 환원했어요.

현재 미국은 세계에서 기부 문화가 가장 잘 발달한 나라가 되었어요. 부자뿐만 아니라 일반인들도 생활 속에서 시시때때로 기부하는 문화가 자리 잡았거든요. 퍼네이션으로부터 출발해 우리도 일상 속 기부 문화가 자리 잡기를 바라요.

정리하기

◎ 다음 빈칸을 채우세요.

쉽고 재미있게 참여하는 놀이형 기부인 ☐☐☐ 을 하는 사람들이 늘고 있어요.

◎ 맞으면 O, 틀리면 X 하세요.

1. 뛴 거리에 따라 기부하는 활동은 퍼네이션에 해당돼요. ☐
2. 기부 문화는 그리스·로마 시대에서부터 시작됐어요. ☐
3. 기부 문화가 발달한 미국에서는 부자들만 기부해요. ☐

◎ 신문 어휘 풀이

- **기부**: 다른 사람이나 기관, 단체 등을 도울 목적으로 돈이나 재산을 대가 없이 내놓음
- **식수**: 먹을 수 있는 물
- **제공하다**: 무엇을 내주거나 가져다주다
- **일정**: 어떤 것의 크기, 모양, 범위, 시간 등이 하나로 정해져 있음
- **앤드류 카네기**: 자신의 회사를 세계적인 규모로 키운 19세기 미국의 기업인
- **환원하다**: 원래의 상태로 다시 돌아가게 하다

토론하기

Q1 여러분도 참여하고 싶은 퍼네이션이 있나요? 재미있게 기부할 수 있는 방법이 떠오른다면 이야기해 보세요.

37. 소 잃고 외양간 고쳐봐야, 도망간 소는 돌아오지 않는다

배경지식

✓ **하인리히 법칙**: 큰 재앙이 일어나기 전에는 반드시 여러 번의 작은 사고가 일어난다는 법칙을 말해요. 작은 사고 원인을 파악해 미리 대비해 두면, 나중에 일어날 큰 사고를 예방할 수 있어요.

신문 읽기

하인리히 법칙

2018년부터 2024년 연말까지 전북에서 일어난 지진은 무려 200건이 넘는대요. 하지만 아직 큰 피해는 없었으니 없던 일처럼 쓱 넘어가도 되지 않을까요?

사소한 사고를 무시하지 마세요

1931년 미국의 허버트 윌리엄 하인리히라는 사람이 미국에서 일어난 7만 5,000건의 산업재해를 분석했어요. 그 결과 그는 큰 재해와 작은 재해, 사소한 사고 발생은 1:29:300의 비율로 나타난다는 것을 발견했어요. 즉, 대형 사고가 발생하기 전에 같은 원인으로 수십 차례의 작은 사고와 수백 개의 조짐이 나타난다는 것이죠. 이러한 비율을 '하인리히 법칙'이라고 부르는데요, 이는 어쩌다가 일어나는 큰 재앙은 없다는 말로, 큰 재앙이 일어나기 전에는 반드시 사소한 사고가 반복된다는 뜻이에요. 별일 아닌 것처럼 보이는 작은 사고도 허투루 보고 넘기면 안 된다는 거죠.

잃은 소를 되찾을 순 없어요

참사는 대부분 사소한 사고가 일어났을 때 그 원인을 제대로 파악하지 않거나 무시하기 때문에 일어나요. 따라서 작은 사고가 일어났을 때 사고 원인을 찾아 잘못된 점을 고쳐나간다면 대형 참사는 미리 예방할 수 있어요.

전북 지역에서 계속해서 지진이 일어나고 있어요. 소 잃고 외양간을 고쳐본들 소용이 없어요. 한국도 이제 지진에서 안전한 나라가 아니라는 점을 되새기고 큰 사고를 미리 예방해 나가야 겠어요.

정리하기

◎ 다음 빈칸을 채우세요

□□□□□ 은 큰 재앙이 일어나기 전에는 반드시 사소한 사고가 반복된다는 법칙이에요.

◎ 맞으면 O, 틀리면 X 하세요

1. 하인리히라는 사람은 큰 사고가 1번 일어나기 전에 조짐이 약 300번 보인다고 주장했어요. □
2. 커다란 사고는 아무 예고 없이 어느 날 갑자기 일어나요. □
3. 작은 사고들이 계속 일어나는 것을 무시하면 곧이어 큰 사고가 일어날 수 있어요. □

◎ 신문 어휘 풀이

- **산업재해**: 작업 환경이나 작업 중의 행동 때문에 일어난 뜻밖의 사고로 입은 신체적, 정신적 피해
- **분석하다**: 더 잘 이해하기 위해서 어떤 현상이나 사물을 여러 요소나 성질로 나누다
- **조짐**: 좋거나 나쁜 일이 생길 분위기가 보이는 현상
- **참사**: 비참하고 끔찍한 일

토론하기

Q1 대형 참사가 일어나기 전에 이를 예방할 수 있는 방법은 무엇인가요?

_____

Q2 우리나라에서 일어날지도 모르는 큰 지진을 대비하기 위해 우리는 무엇을 할 수 있을까요?

_____

03

세계

38 467일 만의 휴전, 누구를 위한 전쟁이었을까요?
39 잠시만요, 이제 미국 빼고 우리끼리 무역할게요
40 그린란드, 미국이 가질게! vs. 무슨 소리! 거긴 덴마크 땅이거든?
41 그가 돌아왔다, 전 세계에 트럼프 폭풍이 몰아친다
42 미국과 중국에서 벌어진 전쟁의 이름을 맞혀보세요
43 별이 빛나는 밤하늘이 우리에게 중요하다는 사실을 잊지 마세요
44 시리아에도 따듯한 봄이 올까요?
45 빨간 머리 주근깨 소녀 <말괄량이 삐삐> 아는 사람 손!
46 애플은 지키고 구글은 버린 그것이 뭐냐면요
47 이제는 석탄 공장과 헤어질 결심을 해야 할 시간

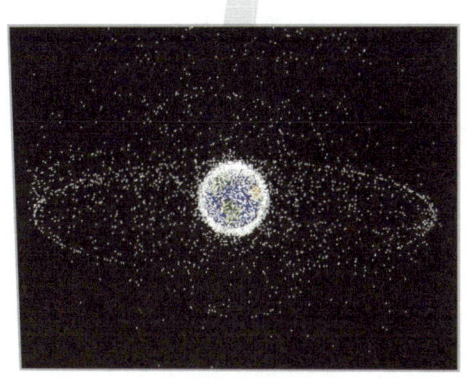

48   상처만 남은 우크라이나에도 희망은 찾아올까요?
49   미국이 자꾸 이러면 코카콜라 안 마시고, 스타벅스도 안 갈 겁니다
50   세계에서 '장'을 제일 잘 만드는 나라는 어디게요?
51   아프리카 Z세대가 거리로 나와 외치는 이야기를 들어주세요
52   갓 구운 바삭한 빵 위에 김치와 치즈를 올려 먹어보세요
53   한국에서 오래오래 살고 싶어요, K팝을 사랑하니까요!

38

467일 만의 휴전, 누구를 위한 전쟁이었을까요?

배경 지식

- **이스라엘-하마스 전쟁**: 2023년 10월 7일 시작된 이스라엘과 팔레스타인 하마스의 전쟁이에요. 전쟁을 하는 이유에는 종교, 역사, 영토의 문제가 복잡하게 얽혀 있어요.
- **가자지구**: 이스라엘이 차지한 지역 내 약 200만 명의 팔레스타인 사람들이 모여 사는 지역이에요. 이스라엘-하마스 전쟁에서 가장 핵심이 되는 지역이에요.

신문 읽기

구호품과 전기 공급이 차단된 가자지구
출처_REUTERS

2025년 1월 15일, 이스라엘과 팔레스타인의 하마스가 전쟁을 치른 지 467일 만에 휴전하기로 했어요.

이스라엘과 하마스는 전쟁을 멈추기로 했어요

이스라엘-하마스 전쟁은 2023년 10월 7일에 하마스가 이스라엘 남부를 공격하면서 시작됐어요. 이에 이스라엘이 맞대응하면서 15개월이 넘게 격렬한 전쟁이 이어졌어요. 수많은 사상자가 발생한 가운데, 2025년 1월 15일, 이스라엘과 하마스는 미국·이집트·카타르의 중재로 휴전에 합의했어요. 이스라엘과 하마스는 42일 동안 전쟁을 멈추고, 적군을 교환하기로 했어요. 아울러 가자지구 주민에게 원활하게 제공되지 못한 구호품 공급을 늘리고 잿더미가 된 가자지구를 국제사회가 돕기로 했어요. 팔레스타인 정부에 따르면, 전쟁으로 주민 4만 6,707명이 숨지고 11만 265명이 다쳤다고 해요. 이들 대부분은 아무런 죄가 없는 민간인이었죠.

짧았던 휴전이 끝나고 다시 시작된 고통

휴전 소식에 가자지구 주민들은 눈물을 흘리며 기뻐했고 국제사회도 휴전을 환영했어요. 그러나 기쁨도 잠시, 휴전이 끝나자마자 이스라엘은 가자지구 구호품과 전기 공급을 막고 폭격을 다시 시작했어요. 그럼에도 가자지구 주민들은 부서진 건물을 치우고 학교에서 다시 수업을 하는 등 무너진 삶을 일으키려고 노력하고 있어요. 가자지구 주민들은 언제쯤 전쟁의 공포에서 벗어날 수 있을까요? 하루빨리 이곳에 평화가 찾아오길 전 세계가 바라고 있어요.

정리하기

◎ 다음 빈칸을 채우세요.

☐☐☐☐ 는 팔레스타인에서 약 200만 명의 주민이 거주하며, 이스라엘-하마스 전쟁에서 핵심이 되는 지역이에요.

◎ 맞으면 O, 틀리면 X 하세요.

1. 이스라엘-하마스 전쟁은 시작된 지 15개월 만에 완전히 끝났어요. ☐
2. 그동안 가자지구 주민들은 구호품을 충분히 받아왔어요. ☐
3. 이스라엘-하마스 전쟁으로 인해 죄없는 많은 사람들이 숨지거나 다쳤어요. ☐

◎ 신문 어휘 풀이

- **하마스**: 이스라엘에 맞서며 가자지구를 다스리는 팔레스타인의 무장 단체
- **휴전**: 전쟁을 일정한 기간 동안 멈추는 일
- **맞대응**: 상대의 위협적인 행동이나 태도에 맞서서 행동함
- **사상자**: 죽거나 다친 사람
- **중재**: 다투는 사람들 사이에 끼어들어 당사자들을 화해시킴
- **합의하다**: 서로 의견이 일치하다
- **원활하다**: 막힘이 없이 순조롭고 매끄럽다
- **구호품**: 재난이나 재해를 당한 사람을 돕기 위한 물품
- **공급**: 요구나 필요에 따라 물건이나 돈 등을 제공함
- **민간인**: 관리나 군인이 아닌 일반인

토론하기

Q1 이스라엘과 하마스는 왜 전쟁을 한 걸까요?

_____

Q2 이스라엘과 하마스의 전쟁을 멈출 수 있는 방법에는 무엇이 있을까요?

_____

39

잠시만요, 이제 미국 빼고 우리끼리 무역할게요

배경 지식

- **관세**: 나라 간의 무역을 할 때 수입하는 해외 상품에 붙는 세금을 의미해요.
- **세계무역기구(WTO)**: 더 나은 무역으로 전 세계의 경제 발전을 이루기 위해 운영되는 국제기구예요. 1995년 1월 1일 정식으로 세워졌으며, 164개국이 가입되어있어요.
- **무역협정**: 나라와 나라 사이 수출과 수입을 할 때 지켜야 할 조건을 정하고 이 조건에 따라 거래하기로 약속하는 것을 말해요.

신문 읽기

"맥도날드에 가지 않고, 테슬라 자동차도 사지 않겠어요."

사람들이 미국에 화가 난 까닭은

2025년 2월, 미국 트럼프 대통령이 캐나다와 멕시코에 25% 관세를, 중국에 10% 관세를 추가로 부과하겠다고 밝혔거든요. 트럼프 대통령은 현재 유럽연합에도 관세 부과를 예고한 상태고요. 이 같은 미국의 일방적인 관세 부과에 각 나라들은 반발하고 나섰어요. 캐나다는 미국에서 들여오는 자동차, 철강, 과일과 채소, 커피, 의류 등에 보복 관세를 매기겠다고 말했어요. 중국도 석탄과 석유 등 미국산 수입품에 10~15% 보복 관세를 추가로 부과하겠다고 발표했죠. 또한 중국은 미국의 일방적인 관세 부과가 세계무역기구(WTO)의 규칙을 심하게 어기고 있다면서 세계무역기구에 소송을 제기하겠다는 뜻도 밝혔어요.

세계는 지금 미국 없는 무역을 찾고 있어요

트럼프 대통령은 미국의 이익을 위해 여러 나라에 관세를 부과했어요. 그런데 그 결과 세계 여러 나라들이 미국을 빼놓고 경제적으로 서로 돕기 시작했어요. 유럽과 아시아, 남미가 미국을 제외한 채 무역협정을 맺고 있거든요.

트럼프 대통령이 일으킨 관세 전쟁, 이 전쟁은 과연 누구를 위한 걸까요? 전문가들은 세계에서 가장 어리석은 전쟁이 일어나고 있다고 말하고 있어요.

정리하기

◎ 다음 빈칸을 채우세요.

☐☐ 란 나라 간의 무역을 할 때 수입하는 해외 상품에 붙는 세금을 말해요.

◎ 맞으면 O, 틀리면 X 하세요.

1. 미국의 트럼프 대통령은 캐나다에 관세를 25% 부과하겠다고 말했어요. ☐
2. 미국이 여러 나라에 관세를 추가로 부과하자 다른 나라들은 이를 반발 없이 받아들였어요. ☐
3. 관세 전쟁으로 유럽, 아시아, 남미, 그리고 미국이 다 함께 무역협정을 하자는 해결책이 제시됐어요. ☐

◎ 신문 어휘 풀이

- **부과하다**: 세금이나 벌금 등을 매겨서 내게 하다
- **일방적**: 어느 한쪽이나 한편으로 치우친 것
- **반발하다**: 어떤 상태나 행동 등에 대하여 반대하다
- **보복**: 남에게 해를 입은 것에 대한 복수로 상대방에게도 그만큼의 해를 입힘

토론하기

Q1 만약 우리나라로 들어오는 해외 물품들의 가격이 갑자기 오른다면 어떨 거 같아요?

Q2 트럼프 대통령이 여러 나라에 관세를 추가로 부과하는 것은 좋은 선택일까요, 잘못된 선택일까요? 자유롭게 생각을 이야기해 보세요.

40. 그린란드, 미국이 가질게! vs. 무슨 소리! 거긴 덴마크 땅이거든?

배경 지식

● **그린란드**: 유럽과 북미 대륙 사이에 위치한 세계에서 가장 큰 섬으로 덴마크 자치령이에요. 국토 85%가 얼음으로 덮여 경작이 가능한 땅은 2%밖에 안 되지만 천연자원이 풍부해 세계의 주목을 받고 있어요.

신문 읽기

그린란드 위치

그린란드를 미국 땅으로 만들고 싶다고 한 트럼프 미국 대통령의 말에 덴마크가 발끈하고 나섰어요.

그린란드는 어떤 곳이길래 이런 말이 오가는 거죠?

그린란드는 한반도의 거의 10배에 달하는 세계에서 가장 큰 섬이에요. 1721년에 덴마크 식민지가 된 그린란드는요, 1953년에 덴마크 지역의 하나가 되었다가 2009년에 자치권을 가지게 됐어요. 그린란드에는 석유와 천연가스, 석탄, 희토류 등 지하자원이 무궁무진하게 땅속에 묻혀있어요. 전 세계에서 가장 중요하다고 여겨지는 광물 50개 중 43개가 매장되어 있죠. 또한 그린란드는 북극과 북미를 이어주는 중요한 바닷길이에요. 기후변화로 북극의 얼음이 녹고 항해가 쉬워지면 그린란드의 중요성은 더욱 높아질 거예요.

그런데 미국이 갖고 싶다고 하면 그린란드는 미국 땅이 되는 건가요?

그린란드는 현재 덴마크 자치령이에요. 덴마크 정부는 미국이 아무리 강한 나라라고 해도 제멋대로 그린란드를 가질 수 없으며, 그린란드 사람들도 미국인이 되고 싶어 하지 않는다고도 말했죠.

그러나 정작 그린란드 사람들은 미국인이 되기도, 덴마크인이 되기도 싫다고 말합니다. 독립을 통해 '그린란드' 사람이 되고 싶다고 말했죠. 그린란드의 미래는 앞으로 어떻게 될까요? 어떤 결정이 내려지든, 그린란드 국민들의 뜻에 따라야 하지 않을까요?

정리하기

◎ 다음 빈칸을 채우세요.

☐☐☐☐는 유럽과 북미 대륙 사이에 위치한 세계에서 가장 큰 섬으로 덴마크 자치령이에요.

◎ 맞으면 O, 틀리면 X 하세요.

1. 그린란드는 한반도보다 무려 10배 정도 넓은 섬이에요. ☐
2. 그린란드는 2009년 덴마크로부터 독립해 하나의 국가가 되었어요. ☐
3. 미국이 힘을 쓰면 그린란드를 미국의 땅으로 만들 수 있어요. ☐

◎ 신문 어휘 풀이

- **달하다**: 어떠한 정도, 수준, 수량, 상태, 정도 등에 이르다
- **식민지**: 힘이 센 다른 나라에게 정치적, 경제적으로 지배를 받는 나라
- **자치권**: 스스로 지역을 다스리며 행정 업무를 할 수 있는 권리
- **희토류**: 안정적이면서 열과 전기가 잘 통하는 희귀한 지하자원
- **지하자원**: 철, 석탄, 석유 등과 같은, 땅속에 묻혀있는 자원
- **무궁무진하다**: 끝이나 다하는 것이 없다
- **광물**: 금, 은, 철 등과 같은 금속을 포함하는 자연에서 생기는 무기 물질
- **매장되다**: 땅속에 묻히다
- **자치령**: 넓은 자치권을 얻어 중앙 정부의 간섭을 받지 않는 땅

토론하기

Q1 트럼프 대통령은 왜 그린란드를 미국 땅으로 만들고 싶다고 말했을까요?

Q2 여러분이 만약 그린란드 사람이면 어떨 것 같아요? 계속 덴마크 자치령인 게 좋을지, 미국이 되는 게 좋을지, 혹은 독립해서 하나의 나라가 되는 게 좋을지 이야기해 보세요.

41 그가 돌아왔다, 전 세계에 트럼프 폭풍이 몰아친다

배경 지식

- **파리 기후변화협정**: 2015년 12월 프랑스 파리에서 열린 UN 기후변화 회의에서 195개국이 함께 약속한 것으로, 지구온난화를 막고 기후변화에 대처하기 위해 온실가스를 줄이자는 내용이에요. 2016년 11월 4일부터 공식적으로 국제법이 되었어요.
- **미국 우선주의**: 미국의 이익을 가장 중요하게 생각하는 외교정책을 말해요.

신문 읽기

도널드 J. 트럼프
미국 45대&47대 대통령
출처_백악관

도널드 트럼프 대통령이 4년 만에 제47대 미국 대통령이 되어 돌아왔어요.

미국이 제일 중요해, 미국을 다시 위대하게 만들겠어!

2025년 1월 20일, 트럼프 대통령의 취임식이 열렸어요. 트럼프 대통령은 이날 연설에서 미국을 다시 위대하게 만들어 미국의 황금시대를 열어가겠다고 했어요. 트럼프 대통령은 '임기 중 하루도 빼놓지 않고 미국의 이익을 가장 먼저 생각하겠다'라고도 말했죠. 먼저 미국 국민을 부유하게 만들기 위해 외국에 관세와 세금을 부과하겠다고 했어요. 또 트럼프 대통령은 환경 보호를 위해 전기차를 늘려나가겠다던 바이든 전 대통령의 정책도 없애겠다고 했어요. 이뿐만이 아니에요. 지구온난화에 대응하기 위해 맺은 파리 기후변화협정에도 탈퇴하겠다고 서명했지요.

트럼프 폭풍이 몰아친다, 전 세계가 초긴장 상태

트럼프 대통령은 모든 나라에 10% 또는 20%의 관세를 부과하고 중국에는 이보다 더 높은 관세를 매기겠다고 말했어요. 또한 트럼프 대통령은 우크라이나 무기 지원을 멈추겠다고 선언했죠.

미국 우선주의를 무엇보다 중시하는 트럼프. 앞으로 미국은 어떤 정책을 펼쳐나갈까요? 전문가들은 트럼프 대통령으로 인해 전 세계 안보와 국제 무역 질서에 커다란 변화가 일어날 것으로 전망하고 있어요.

정리하기

◎ 다음 빈칸을 채우세요.

미국의 이익을 가장 중요하게 생각하는 외교정책을 ☐☐☐☐ 라고 말해요.

◎ 맞으면 O, 틀리면 X 하세요.

1. 트럼프 대통령은 이번에 처음으로 미국 대통령이 되었어요. ☐
2. 트럼프 대통령은 환경 보호를 위한 정책을 많이 만들 예정이에요. ☐
3. 미국에 수출하는 기업들은 높아진 관세로 힘들어질 거예요. ☐

◎ 신문 어휘 풀이

- **취임식**: 새로 맡은 일을 시작할 때 관련이 있는 사람들을 모아놓고 진행하는 행사
- **이익**: 물질적으로나 정신적으로 보탬이나 도움이 되는 것
- **부유하다**: 살림이 아주 넉넉할 만큼 재물이 많다
- **관세**: 나라 간의 무역을 할 때 수입하는 해외 상품에 붙는 세금
- **부과하다**: 세금이나 벌금 등을 매겨서 내게 하다
- **정책**: 정치적인 목적을 이루기 위한 방법
- **탈퇴하다**: 소속해 있던 조직이나 단체에서 관계를 끊고 나오다
- **선언하다**: 국가나 집단이 자기의 의견이나 주장을 공식적으로 널리 알리다
- **중시하다**: 매우 크고 중요하게 여기다
- **안보**: 안전을 보장하는 것
- **무역**: 나라와 나라 사이에 서로 물건을 사고파는 일
- **전망하다**: 앞날을 미리 예상하다

토론하기

Q1 미국 우선주의 정책은 뭐예요?

_____

Q2 미국이 미국만 생각하는 정책을 펼치면 어떤 일이 생길까요?

_____

42

미국과 중국에서 벌어진 전쟁의 이름을 맞혀보세요

배경지식

- **기술 패권 전쟁**: 패권이란 어떤 분야에서 최고의 자리를 차지하여 가지는 권리와 힘을 말해요. 즉 기술 패권 전쟁은 국가 사이에서 최고의 기술을 빠르게 만들기 위해 벌이는 경쟁이라는 뜻이에요.
- **딥시크**: AI를 연구하고 개발하는 중국의 기업이자 그 기업에서 개발한 생성형 AI의 이름이에요.
- **생성형 AI**: AI 중에서도 글이나 이미지, 음악 등을 새롭게 만들어낼 수 있는 AI를 말해요.

신문 읽기

오픈 AI, 딥시크 로고

미국과 중국은 지금, 그 어느 때보다 살벌한 전쟁을 벌이고 있어요.

총 들고 싸우는 전쟁이 일어난 건가요?

아니요, 미국과 중국은 지금 반도체, AI 기술 분야에서 서로 더 우수한 기술로 세계 최고 자리를 차지하기 위해 치열하게 경쟁하고 있어요. 즉, 치열한 기술 패권 전쟁을 벌이고 있는 거죠. 이제까지는 미국이 반도체와 AI 기술에서 세계 최고 자리를 차지하고 있었지만, 중국이 그 뒤를 바짝 뒤따르고 있어요. 설립한 지 2년도 안 된 중국의 인공지능(AI) 스타트업이 최근 딥시크를 개발하기도 했어요. 딥시크는 미국 오픈AI의 최신 모델과 비슷한 성과를 내는 생성형 AI인데요, 미국 개발 비용의 10분의 1밖에 안 되는 돈으로 상당히 짧은 시간 내에 개발해 내서 전 세계를 깜짝 놀라게 했어요.

이 전쟁은 앞으로 어떻게 될까요?

중국이 딥시크를 개발하면서 앞으로 미·중 기술 패권 전쟁은 더욱 치열해질 것으로 예상돼요. 트럼프 미국 대통령은 미국이 아무 제한 없이 AI를 자유롭게 개발

할 수 있도록 하는 동시에 중국에는 더 강한 제재를 할 것으로 보여요.

우리가 미래 사회에서 살아남느냐, 아니냐는 AI와 반도체 기술에 달려있어요. 미국과 중국이 치열한 기술 경쟁을 벌이고 있는 지금, 한국도 하루빨리 기술 개발을 서둘러야 해요.

정리하기

◎ 다음 빈칸을 채우세요.

누가 더 우수한 기술을 갖느냐와 관련해 경쟁하는 것을 ☐☐☐☐이라고 해요.

◎ 맞으면 O, 틀리면 X 하세요.

1. 미국과 중국은 영토를 넓히기 위해 전쟁을 벌이고 있어요. ☐
2. 지금까지는 중국이 미국보다 기술이 더 앞서나가고 있어요. ☐
3. 얼마 전 중국 기업은 딥시크라는 생성형 AI를 개발해 냈어요. ☐

◎ 신문 어휘 풀이

- **살벌하다**: 말이나 행동 또는 분위기가 매우 사납고 무섭다
- **반도체**: 여러 상태에 따라 전기가 통하기도 하고 안 통하기도 하는 물질
- **분야**: 여러 갈래로 나누어진 범위나 부분
- **치열하다**: 타오르는 불꽃같이 몹시 사납고 세차다
- **설립하다**: 단체나 기관 등을 새로 만들어 세우다
- **스타트업**: 사업을 시작한 지 얼마 안 된 기업
- **성과**: 어떤 일을 이루어 낸 결과
- **비용**: 어떤 일을 하는 데 드는 돈
- **제재**: 법이나 규정을 어겼을 때 국가가 처벌이나 금지 등을 행함

토론하기

Q1 미국과 중국 중 누가 기술 패권 전쟁에서 이길 것 같아요? 왜 그렇게 생각해요?

43. 별이 빛나는 밤하늘이 우리에게 중요하다는 사실을 잊지 마세요

배경 지식

- **스타링크:** 스페이스X가 운영하는 위성 인터넷 서비스로 전 세계에 고속 인터넷을 제공하는 것을 목표로 하고 있어요. 러시아 침공 직후 우크라이나에 스타링크 서비스를 무료로 제공해 화제가 되었어요.
- **일론 머스크:** 우주와 관련된 사업을 하는 스페이스X와 자동차를 만드는 테슬라의 CEO예요.
- **스페이스X:** 미국 테슬라의 CEO인 일론 머스크가 2002년 설립한 미국의 민간 우주 개발업체예요.
- **우주쓰레기:** 우주 공간을 떠도는 다양한 크기의 인공적인 모든 물체들로, 수명을 다한 인공위성이나 로켓이 부서지고 남은 물체를 말해요.

신문 읽기

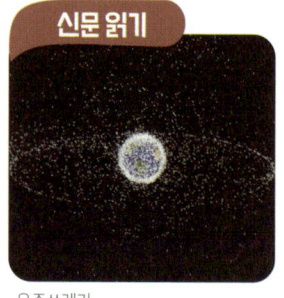

우주쓰레기
출처_NASA

우·러 전쟁 직후, 러시아는 우크라이나의 인터넷 통신망을 망가뜨렸는데요, 그럼에도 우크라이나 사람들은 인터넷을 이용해 정보를 주고받을 수 있었다고 해요!

우크라이나 사람들이 인터넷을 사용할 수 있었던 것은 스타링크 덕분이었어요. 스타링크는 일론 머스크가 설립한 스페이스X가 운영하는 위성 인터넷 서비스로, 지구 궤도에 작은 위성을 띄워 올려 언제 어디에서나 인터넷을 쓸 수 있게 해요. 현재 102개국, 300만여 명이 스타링크로 인터넷을 이용하고 있어요. 우리나라에도 스타링크가 도입되면 먼바다에 나가 있는 선원들도, 비행기 안에서도 고속 인터넷을 사용할 수 있게 돼요. 현재 지구 궤도를 돌고 있는 스타링크 위성은 약 7,000개로 전체 인공위성 중 약 60%를 스타링크가 차지하고 있어요. 스타링크 위성은 앞으로 최대 4만 2,000개까지 발사될 예정이라고 해요.

그런데 이렇게 많은 스타링크, 괜찮은 걸까요?

과학자들은 길에 자동차가 많아지면 교통사고가 늘듯, 우주상에서도 위성 교통

사고가 잦아질 것으로 예상해요. 위성끼리 부딪치며 생긴 파편 등으로 우주쓰레기도 늘 테고, 우주쓰레기가 인공위성과 충돌하면 위성은 손상을 입게 되고요. 또한 스타링크 위성 때문에 생기는 반사광과 전파 간섭은 우주 관측을 어렵게 만들어요.

과학자들은 어둡고 조용한 하늘을 보호해야 한다고 한목소리로 말해요. 인터넷 사용이 편리해졌다고 마냥 좋아할 수만은 없겠어요.

정리하기

◎ 다음 빈칸을 채우세요.

수명을 다한 위성이나 위성 파편 등을 ☐☐☐☐ 라고 불러요.

◎ 맞으면 O, 틀리면 X 하세요.

1. 우리나라에도 스타링크가 있다면 비행기에서도 고속 인터넷을 할 수 있어요. ☐
2. 현재 우주에 있는 스타링크 위성은 약 4만 2,000개예요. ☐
3. 우주에 위성이 많아지면 위성끼리 부딪히는 일이 늘어날 수도 있어요. ☐

◎ 신문 어휘 풀이

- **통신망**: 통신 설비를 갖춘 컴퓨터를 이용해 서로 연결해 주는 조직이나 체계
- **운영하다**: 조직이나 기구 등을 관리하고 이끌어나가다
- **위성**: 지구 같은 행성을 돌면서 관찰할 수 있도록 로켓을 이용하여 쏘아 올린 물체
- **궤도**: 사물이 따라서 움직이는 정해진 길
- **도입되다**: 기술, 이론 등이 들어오다
- **파편**: 깨지거나 부서진 조각
- **반사광**: 다른 물체의 표면에 부딪쳐서 나아가던 방향이 반대 방향으로 바뀌는 빛
- **전파**: 물체 안에서 전류가 진동함으로써 밖으로 퍼지는 파동
- **관측**: 눈이나 기계로 자연 현상을 자세히 살펴보아 어떤 사실을 짐작하거나 알아냄

토론하기

Q1 우주에 쓰레기가 많아지면 어떤 문제가 생길까요?

Q2 스타링크 위성이 더 많아지면 어떤 장단점이 생길까요?

44. 시리아에도 따듯한 봄이 올까요?

배경 지식

- **시리아**: 인구 약 2,000만 명이 사는 이슬람 국가예요. 오랜 독재와 종교적인 갈등으로 2011년 내전이 시작되었다가 약 13년 만에 끝났어요.
- **아랍의 봄**: 2010년 12월 북아프리카 튀니지에서 시작돼 아랍·중동 국가 및 북아프리카로 퍼져나간 반정부 시위 운동이에요. 정부 부패와 타락, 빈부 격차, 높은 청년 실업률로 인한 대중의 분노 등이 발생 원인이에요.

신문 읽기

시리아 내전으로 고통받는 어린이

시리아를 잔혹하게 통치해 왔던 아사드 정권이 2024년 12월 8일 붕괴됐어요.

아사드 정권이 누구길래 이렇게 못되게 굴었어요?

아사드 정권은 1971년부터 53년간, 아버지와 아들이 2대에 걸쳐 시리아를 움켜쥐고 독재 정치를 했어요. 지난 2010년에는 부패한 정부에 반대하는 시위 운동인 '아랍의 봄'이 중동 여러 나라로 퍼져나갔는데요, 시리아도 '아랍의 봄' 운동을 계기로 정부에 반대하는 시위를 시작했어요. 시리아 반정부 시위는 13년간 격렬한 내전으로 이어졌고, 아사드 정권은 정부에 반대하는 사람들을 잔혹하게 괴롭혔어요. 내전 동안 아사드 정권 때문에 사망한 사람이 60만 명, 고통을 견디다 못해 시리아를 떠난 난민은 약 630만 명으로 추정돼요.

이렇게 나쁜 정권은 결국 힘을 잃고 말아요

오랜 내전으로 시리아 경제는 매우 나빠졌지만, 아사드 정권은 러시아와 이란의 지원을 받으며 힘을 유지했어요. 그러나 2022년, 우·러 전쟁이 일어나 러시아의 지원이 크게 줄어들자, 아사드 정권은 힘을 잃기 시작했어요. 이때 시리아 반군이 공격을 시작했고, 아사드 정권은 붕괴하고 말았어요. 이제 시리아에는 그동안 볼 수 없었던 펩시 같은 수입 식품이 판매되기 시작했고요, 한국 정부도 시리아와 수교를 맺기 위해 준비하고 있어요. 시리아에 봄이 찾아온 걸까요? 그러나 국제사회는 시리아 반군이 통치 능력을 제대로 갖추고 있을지 여전히 걱정스러운 눈으로 바라보고 있어요.

정리하기

◎ 다음 빈칸을 채우세요.

2대에 걸쳐 ☐☐를 독재한 아사드 정권이 자리에서 물러났어요.

◎ 맞으면 O, 틀리면 X 하세요.

1. 시리아 정부에 반대하는 시위가 시작된 이유는 정부가 부패했기 때문이에요. ☐
2. 아사드 정권이 힘을 잃은 이유는 러시아의 지원이 줄었기 때문이에요. ☐
3. 이제 시리아는 완전히 안정된 상태예요. ☐

◎ 신문 어휘 풀이

- **통치하다**: 나라나 지역을 맡아 다스리다
- **붕괴되다**: 무너지고 깨지게 되다
- **독재**: 한 나라의 권력을 한 사람이 모두 차지하고 자기 마음대로 하는 정치
- **부패하다**: 정치가 잘못된 길로 빠져들다
- **시위**: 많은 사람들이 원하는 것을 내걸고 행진을 하며 의사를 표시하는 행동
- **반정부**: 기존 정부나 정부가 하는 일에 반대함
- **내전**: 한 나라 국민들끼리 편이 갈라져서 싸우는 전쟁
- **난민**: 전쟁이나 재해 등으로 집이나 재산을 잃은 사람
- **유지하다**: 어떤 상태나 상황 등을 그대로 이어나가다
- **반군**: 정부나 지도자를 몰아내려고 전쟁을 일으키는 군대
- **수교**: 두 나라가 외교 관계를 맺음

토론하기

Q1 시리아에 관한 가장 최근 기사를 부모님과 함께 검색해 보고 읽어보세요. 시리아에는 정말 봄이 찾아왔나요?

45

빨간 머리 주근깨 소녀 〈말괄량이 삐삐〉 아는 사람 손!

배경 지식

● 아스트리드 린드그렌(1907~2002): 스웨덴을 대표하는 아동문학 작가예요. 첫 작품 '말괄량이 삐삐'로 큰 사랑을 받으면서 작품 활동을 시작했어요. 1958년 '어린이책의 노벨상'이라고 불리는 안데르센상을 수상했어요. 어린이 인권과 관련된 활동도 활발히 하며 100권이 넘는 작품을 남겼어요.

신문 읽기

아스트리드 린드그렌 작가

"어렸을 때 아스트리드 린드그렌의 '사자 왕 형제의 모험'을 좋아했어요. 저에게 큰 영감을 준 작가예요." 한강 작가는 한 인터뷰에서 이렇게 말했어요.

아스트리드 린드그렌 작가가 어떤 분이냐면요

스웨덴을 대표하는 아동문학 작가예요. '말괄량이 삐삐', '사자왕 형제의 모험' 등 100여 권이 넘는 작품을 남겼고, 90여 개 언어로 번역됐어요. 1958년에는 '어린이책의 노벨상'이라고 불리는 안데르센상을 수상했죠. 스웨덴 정부는 작가가 세상을 떠난 뒤, '아스트리드 린드그렌상'을 만들었어요. 린드그렌상은 안데르센상과 더불어 세계에서 가장 권위 있는 아동문학상이죠. 2020년에 '구름빵'의 백희나 작가가 한국 최초로 이 상을 받았어요.

린드그렌과 관련한 자료들은 유네스코 세계기록유산으로 지정됐을 뿐만 아니라 그는 삐삐와 함께 스웨덴 화폐에도 그려져 있어요. 린드그렌은 아동 인권에도 앞장서, 스웨덴은 1979년 세계 최초로 가정 내 체벌을 법으로 금지한 나라가 됐어요.

린드그렌의 〈말괄량이 삐삐〉를 읽어봤어요?

〈말괄량이 삐삐〉는 작가가 침대에 누워만 있는 아픈 딸에게 들려주기 위해 지은 이야기였어요. 양 갈래로 묶은 빨간 머리에 짝짝이 긴 스타킹을 신은 독특한 성격의 삐삐 이야기는 TV 시리즈와 애니메이션으로 제작돼 전 세계적인 인기를 끌었어요. 한편 한강 작가가 좋아한 '사자왕 형제의 모험'은 두 형제가 겪은 모험 이야기로, 판타지 아동문학의 대표로 꼽혀요.

정리하기

◎ 다음 빈칸을 채우세요.

☐☐☐☐ ☐☐☐ 작가는 '말괄량이 삐삐'를 쓴 스웨덴을 대표하는 아동문학 작가예요.

◎ 맞으면 O, 틀리면 X 하세요.

1. '말괄량이 삐삐'는 애니메이션으로도 제작되어 널리 사랑받았어요. ☐
2. 아스트리드 린드그렌 작가는 1958년에 노벨 문학상을 받았어요. ☐
3. 린드그렌 작가와 관련된 자료들이 유네스코 세계기록유산으로 지정되었어요. ☐

◎ 신문 어휘 풀이

- **영감**: 새로운 것을 만드는 활동과 관련한 기발하고 좋은 생각
- **수상하다**: 상을 받다
- **권위**: 어떤 분야에서 사회적으로 인정을 받을 만한 지식, 기술 또는 실력
- **유네스코 세계기록유산**: 망가지거나 없어질 위기에 처한 기록물의 보존과 이용을 위해 유네스코에서 선정한, 가치 있고 귀중한 기록유산
- **인권**: 인간으로서 당연히 가지는 기본적인 권리
- **체벌**: 때리거나 운동장을 뛰게 하는 등 몸에 직접 고통을 주어 벌함
- **독특하다**: 다른 것과 비교하여 특별하게 다르다
- **제작되다**: 재료가 쓰여 새로운 물건이나 예술 작품이 만들어지다
- **대표**: 전체의 상태나 특징을 어느 하나로 잘 나타내는 것

토론하기

Q1 아스트리드 린드그렌 작가의 작품을 읽어본 적이 있어요?

Q2 여러분이 읽었던 아동문학 중에 가장 좋았던 작품은 무엇인가요?

46. 애플은 지키고 구글은 버린 그것이 뭐냐면요

배경 지식

- **DEI 정책**: DEI는 Diversity(다양성), Equity(형평성), Inclusion(포용성)을 의미해요. 성별, 인종, 종교, 출신, 정체성, 장애 등에 따라 오랫동안 차별당한 소수자들에게 더 많은 혜택을 줘서 모두가 평등한 세상을 만들기 위한 정책이에요.
- **차별**: 성별, 인종, 종교, 출신, 정체성, 장애 등을 기준으로 어떤 집단을 무시하거나 불리하게 대하는 것을 말해요.

신문 읽기

출처_The Independent Alligator

미국 기업들이 트럼프 대통령의 지시에 따라 DEI 정책을 서둘러 없애고 있지만, 애플만은 DEI 정책을 지키기로 했대요.

DEI 정책이 뭐길래 트럼프 대통령이 싫어해요?

DEI 정책은 소수자를 보호하기 위한 정책을 말해요. 그동안 인종과 성별로 차별받아 온 소수자에게 혜택을 줘서 평등을 이루자는 게 이 정책의 목표예요. 그러나 트럼프 대통령은 DEI 정책은 비효율적인 데다, 오히려 백인과 남성을 역차별한다면서 폐기해야 한다고 말했어요. 트럼프 대통령은 흑인과 여성 장군을 해임하기까지 했죠. 트럼프 대통령의 뜻에 따라 메타, 구글, 오픈AI와 같은 기업들은 다양성 정책을 폐기하기 시작했어요. 디즈니도 영화에 쓰여있던 인종차별 경고문을 삭제했죠. 그간 디즈니는 영화 속에 차별적인 내용이 있으면 그것을 알리며 다양성과 평등의 가치를 추구해 왔는데 말이에요.

더 살기 좋은 세상이 될까요? 그렇지 않을까요?

트럼프 대통령은 정부 공식 문서나 웹사이트 등에서 쓰는 용어 중 다양성, 형평성, 포용성과 관련 있는 말을 모두 삭제하라고도 했어요. 인종차별, 성평등, 기후위기, 다문화, 소수자 등과 같은 말들을요. 한편 트럼프 대통령이 당선된 이후 온라인상에서 아시아인에 대한 비방 및 혐오 표현은 66%나 급증했어요. 트럼프 1기 (2017~2021) 때 서로를 증오하는 마음이 커져 범죄가 역대 최고치를 기록했다는데요, 앞으로 미국은, 세계는 어떻게 될까요?

정리하기

◎ 다음 빈칸을 채우세요.

트럼프 대통령이 미국의 ☐☐☐☐ 을 폐기하고 있어요.

◎ 맞으면 O, 틀리면 X 하세요.

1. 트럼프 대통령은 DEI 정책이 효율적이라고 말했어요. ☐
2. 미국 기업 대부분은 DEI 정책을 계속 지키고 있어요. ☐
3. 트럼프 대통령이 당선된 이후로 아시아 사람들을 비방하는 표현이 늘었어요. ☐

◎ 신문 어휘 풀이

- **소수자**: 사회에서 다수의 사람들이 지니고 있는 특징과 구별되는 특징을 가진 집단
- **비효율적**: 들인 노력에 비해 성과가 만족스럽지 못한 것
- **역차별**: 부당한 차별을 받는 쪽을 보호하기 위해서 마련한 제도나 장치가 너무 강해서 오히려 반대편을 차별하는 것
- **폐기하다**: 효과를 없어지게 하다
- **해임하다**: 어떤 지위나 맡은 임무를 그만두게 하다
- **형평성**: 어느 한쪽으로 기울거나 치우치지 않고 균형을 이루는 성질
- **포용성**: 남을 넓은 마음으로 감싸주거나 받아들이는 성질
- **다문화**: 한 사회 안에 여러 민족이나 여러 나라의 문화가 섞여 있는 것
- **비방**: 남을 깎아내리거나 해치는 말을 함
- **혐오**: 싫어하고 미워함
- **역대**: 이전부터 이어 내려온 여러 대

토론하기

Q1 DEI 정책 폐기에 대해서 어떻게 생각해요? 여러분의 생각과 그 이유를 설명해 보세요.

47 이제는 석탄 공장과 헤어질 결심을 해야 할 시간

배경 지식

- **산업혁명**: 18세기 중반, 영국에서 시작됐어요. 몇 명의 사람들이 모여 물건을 만들던 가내 수공업이 대규모 기계 공업으로 바뀐 커다란 변화를 말해요.
- **화석연료**: 아주 옛날에 살았던 생물이 땅속에 묻힌 뒤 화석같이 굳어져, 오늘날 연료로 이용되는 물질을 말해요. 화석연료에는 석탄·석유 등이 있어요.

신문 읽기

영국의 랫클리프 온 소어 발전소
출처_PA MEDIA

2024년 9월 30일 전 세계가 주목하는 역사적인 사건이 벌어졌어요. 영국이 142년 만에 석탄 **화력 발전소** 문을 완전히 닫았거든요.

이게 왜 역사적인 사건이죠?

세계 최초로 석탄 화력 발전소를 열어 **대규모** 석탄을 사용하기 시작한 **산업혁명**의 나라, 영국이 석탄을 사용하지 않기로 했기 때문이에요. 지금까지 영국에서 태운 석탄은 모두 46억, **배출한 탄소량**은 104억 톤이에요. 이는 대부분의 국가에서 생산한 석탄보다 많은 양이에요. 2010년만 해도 영국의 **재생에너지** 사용 **비율**은 7%밖에 되지 않았고, 2012년에도 석탄은 영국 **전력**의 39%나 **차지했지만**, 노력 끝에 2024년 **상반기**에는 재생에너지 사용 비율이 50%를 넘었대요. 영국은 더 나아가 2050년까지 모든 국가 산업에서 탄소 배출을 0으로 만들겠다는 목표 아래, 석탄 발전소 문을 굳게 닫았어요.

이제, 석탄과 작별 인사를 할게요

영국이 석탄 발전소 **가동**을 멈춘 것은 기후변화의 원인이 되는 탄소 배출을 줄이고 재생에너지 사용을 적극적으로 늘려나가기 위해서예요. 석탄은 태울 때 **온실가스**가 가장 많이 나오는 **화석연료**거든요.

그렇다면 한국은 어떨까요? 영국과는 달리, 한국은 석탄 사용을 줄여나가려는 구체적인 계획이 아직 없을뿐더러 새로운 발전소를 더 짓고 있어요. 다양한 국가가 석탄 사용을 멈추려고 노력하는 지금, 이제 우리도 서둘러 석탄과 헤어질 결심을 해야 할 때예요.

정리하기

◎ 다음 빈칸을 채우세요.

영국은 기후변화의 원인이 되는 탄소 배출을 줄이기 위해 ☐☐☐ ☐☐☐ 가동을 멈추었어요.

◎ 맞으면 O, 틀리면 X 하세요.

1. 영국은 세계 최초로 석탄 화력 발전소를 만들었어요. ☐
2. 영국은 2000년대 초부터 재생에너지를 많이 사용했어요. ☐
3. 영국은 탄소 배출을 줄여나가기 위해 석탄 화력 발전소 문을 닫았어요. ☐

◎ 신문 어휘 풀이

- **화력 발전소**: 석탄, 석유, 천연가스 따위를 태울 때 나오는 열의 힘을 이용해 전류를 일으켜 사람들에게 공급하는 곳
- **대규모**: 어떤 것의 크기나 범위가 큼
- **배출하다**: 안에서 만들어진 것을 밖으로 밀어 내보내다
- **탄소량**: 탄소(숯이나 석탄의 구성 원소)의 양
- **재생에너지**: 계속 사용해도 거의 무한으로 다시 얻을 수 있는 에너지
- **비율**: 기준이 되는 수나 양에 대한 어떤 값의 비
- **전력**: 전류가 일정한 시간 동안 하는 일
- **차지하다**: 일정한 공간이나 비율을 이루다
- **상반기**: 한 해나 일정한 기간을 둘로 나눌 때 앞의 절반 기간
- **가동**: 기계 등이 움직여 일함
- **온실가스**: 지구 대기를 오염시켜 온실 효과를 일으키는 가스를 모두 이르는 말

토론하기

Q1 왜 영국의 모든 석탄 화력 발전소가 문을 닫았을까요?

48 상처만 남은 우크라이나에도 희망은 찾아올까요?

배경 지식
- **우크라이나-러시아 전쟁**: 2022년 2월 24일 러시아가 우크라이나의 수도 키이우를 먼저 공격하면서 시작된 전쟁이에요.
- **난민**: 전쟁이나 재해 등으로 집이나 재산을 잃은 사람을 말해요.

신문 읽기

미사일 폭격을 받은 우크라이나 가족
출처_국제구조위원회

우·러 전쟁이 시작된 지 3년이 지났어요. 그동안 얼마나 많은 아픔이 쌓였을까요?

전쟁이 남긴 짙은 슬픔의 자국들

유엔 자료에 따르면 전쟁 3년 동안 수많은 사람들이 속절없이 다치거나 목숨을 잃었어요. 어린이 673명을 포함한 1만 2,654명의 우크라이나 민간인이 숨졌고요, 전사한 군인도 10만 명을 넘어섰어요. 전쟁으로 집을 잃고 떠돌아다니는 난민은 우크라이나 인구 25%에 해당하는 1천만 명을 넘는 것으로 집계됐어요. 이는 제2차 세계대전 이후 유럽에서 발생한 최악의 난민 사태라고 해요. 또한 우크라이나 영토 1/3이 무기로 오염됐고요, 농업과 산업 현장도 파괴돼 일자리 30%가 사라졌어요. 정신적 피해도 심각해요. 계속되는 미사일과 드론 공격 그리고 가족과의 이별은 어른뿐만 아니라 어린이들의 마음도 멍들게 했어요.

그런데 미국, 우크라이나에 왜 이러는 거예요?

전쟁이 시작된 후 우크라이나는 독립과 민주주의를 지키기 위해 전 세계에 도움을 요청했어요. 이에 미국과 서방 국가들은 아낌없이 도왔고요. 그러나 트럼프가 미국 대통령이 된 후 분위기가 달라졌어요. 트럼프 대통령은 러시아가 우크라이나를 침공한 게 아니라 분쟁이 일어난 것이라 말하며 러시아의 책임을 줄였어요. 또 트럼프는 그동안 도와준 대가로 우크라이나에 매장된 희토류 절반을 요구하기도 했고요. 슬픔 가득한 우크라이나에 과연 희망이 찾아올까요?

정리하기

◎ 다음 빈칸을 채우세요.

우·러 전쟁으로 인해 생긴 ☐☐ 이 1천만 명을 넘어섰어요.

◎ 맞으면 O, 틀리면 X 하세요.

1. 우·러 전쟁으로 죽은 민간인은 1만 명이 넘어요. ☐
2. 우크라이나 영토의 1/3이 무기로 인해 오염되었어요. ☐
3. 트럼프 대통령은 러시아를 비판하며 우크라이나를 돕고 있어요. ☐

◎ 신문 어휘 풀이

- **속절없이**: 어찌할 방법이 없이
- **민간인**: 관리나 군인이 아닌 일반인
- **전사하다**: 전쟁터에서 싸우다 죽다
- **집계되다**: 이미 계산된 것들이 한데 모아져서 계산되다
- **제2차 세계대전**: 1939년부터 1945년까지 벌어진 세계 규모 전쟁
- **사태**: 일이 되어가는 상황이나 벌어진 일의 상태
- **영토**: 한 국가의 땅
- **산업**: 물품이나 서비스 등을 만들어내는 일
- **독립**: 한 나라가 완전한 주권을 가짐
- **민주주의**: 국민이 권력을 가지고 그 권력을 스스로 행사하는 정치에 뜻을 두는 사상
- **침공**: 다른 나라에 쳐들어가서 공격함
- **분쟁**: 서로 물러서지 않고 치열하게 다툼
- **매장되다**: 땅속에 묻히다
- **희토류**: 안정적이면서 열과 전기가 잘 통하는 희귀한 지하자원

토론하기

Q1 어떻게 하면 전쟁이 멈추고 세계가 평화를 유지할 수 있을까요?

_____

세계

49

미국이 자꾸 이러면 코카콜라 안 마시고, 스타벅스도 안 갈 겁니다

배경 지식

- **핵우산**: 핵무기를 가진 나라가 핵을 가지지 않은 동맹 국가를 보호해 주는 것을 말해요. 핵무기가 없는 나라가 핵무기 공격을 받게 되면, 핵을 가진 동맹 국가가 대신 공격해 주겠다는 약속이에요. 이 약속을 우산을 쓰는 행동에 비유해서 '핵우산'이라고 말해요.

신문 읽기

미국 대표 프랜차이즈 업체

최근 유럽에서 코카콜라, 스타벅스, 맥도널드와 같은 미국 대표 프랜차이즈 업체에 대한 불매운동이 커지고 있어요. 지난 80년 동안 사이좋게 지내던 유럽과 미국 사이에 금이 가기 시작했거든요.

미국, 더 이상 유럽 편이 아니야!

미국은 오랫동안 유럽과 동맹을 이어오며 유럽의 안보를 지켜줬어요. 핵무기 없는 유럽 국가가 적대국으로부터 핵 공격을 받으면, 핵무기를 가진 미국이 나서서 도와주겠다고 약속했죠. 유럽은 그동안 미국의 핵우산 아래 안전하게 들어가 있었던 거예요. 그러나 트럼프가 미국 대통령이 된 후, 미국은 돌연 태도를 싹 바꿨어요. 유럽이 가장 큰 위협으로 생각하는 나라, 러시아를 미국이 감싸고 돌기 시작했거든요. 우·러 전쟁에서 러시아에 유리한 의견을 내놓는다거나, 유럽 동맹국에 관세를 부과하면서요.

유럽, "우리도 이대로 있을 순 없지!"

유럽에서는 미국에 대한 반감이 커지며 전통적인 동맹 관계를 무시하는 트럼프 대통령을 강하게 비판하고 있어요. 앞으로 미국의 힘을 빌리지 않고 러시아의 위협에 맞서 유럽을 스스로 보호할 수 있어야 한다고 주장하는 목소리도 거세지고 있죠. 이에 유럽연합은 국방력을 키우기 위해 유럽 공동 국방비를 마련하자는 데 뜻을 모으고 있어요. 미국과 유럽은 이대로 정말 등을 돌릴까요? 세계 질서가 크게 흔들리는 지금, 앞으로 어떤 변화가 있을지 모두가 주시하고 있어요.

정리하기

◎ 다음 빈칸을 채우세요.

□□□ 은 핵무기를 가진 나라가 핵이 없는 동맹 국가를 보호해 주는 것을 말해요.

◎ 맞으면 O, 틀리면 X 하세요.

1. 미국이 유럽에 등을 지기 시작한 건 트럼프가 대통령이 되고 나서부터예요. □
2. 유럽 사람들은 트럼프 대통령을 강하게 비판하고 있어요. □
3. 유럽 국가들은 각 나라마다 따로 국방비를 모으려 하고 있어요. □

◎ 신문 어휘 풀이

- **불매운동**: 어떤 특정한 상품을 만든 회사에 항의하기 위해 그 상품을 사지 않는 일
- **동맹**: 둘 이상의 개인이나 단체, 나라 등이 이익을 위해서 서로 도울 것을 약속하는 결합
- **안보**: 안전을 보장하는 것
- **적대국**: 서로 적으로 여기거나 대하는 나라
- **핵무기**: 핵반응으로 생기는 힘을 이용한 무기
- **돌연**: 미처 생각하지 못한 사이에 갑자기
- **유리하다**: 이익이 있다
- **관세**: 국경을 통과할 때 붙는 세금
- **부과**: 세금이나 벌금 등을 매겨서 내게 함
- **반감**: 반대하거나 반항하는 감정
- **국방력**: 다른 나라의 침입으로부터 나라를 안전하게 지키는 힘
- **국방비**: 다른 나라의 침입으로부터 나라를 안전하게 지키는 데 사용되는 비용
- **마련하다**: 어떤 물건이나 상황을 준비하여 갖추다
- **주시하다**: 어떤 일을 관심을 두고 자세히 살피다

토론하기

Q1 미국이 유럽과 사이가 더욱 안 좋아진다면 어떤 일이 일어날까요?

50 세계에서 '장'을 제일 잘 만드는 나라는 어디게요?

배경 지식

● **유네스코 인류무형문화유산**: 공연, 기술, 전통 같은 무형유산의 중요성을 알리고, 전 세계의 무형유산을 보호하기 위해 유네스코에서 심사하고 지정한 유산을 말해요.

신문 읽기

장을 담그는 과정
출처_국가유산청

한국 사람들의 밥상에 하루도 빠짐없이 오르는 양념인 간장과 된장, 고추장이 전 세계의 인정을 받았어요. 우리의 장 담그기 문화가 유네스코 인류무형문화유산에 등재됐거든요!

한국의 '장 담그기 문화', 엄지척!

장 담그기 문화가 유네스코에 등재되었다는 것은 담근 장이 맛있고 효능이 좋다는 것 그 이상의 의미를 지녀요. 장 담그기 문화에는 콩을 포함한 모든 재료를 준비해서 장을 만들고 발효시키는 과정 전부를 다 포함하고 있거든요. 유네스코 위원회는 장을 담글 때 평화와 소속감도 함께 만들어내기 때문에, 한국의 장 담그기 문화를 유네스코 인류무형문화유산에 등재하기로 했다고 밝혔어요.

유네스코에 등재된 또 다른 한국의 무형유산에는 뭐가 있어요?

한국 장 담그기 문화는 한국 내에서는 23번째 유네스코 인류무형문화유산으로 이름을 올렸어요. 그동안 우리나라에서는 종묘제례 및 종묘제례악(2001년)을 시작으로 판소리, 강강술래, 영산재, 아리랑, 김장 문화, 줄다리기, 씨름, 탈춤 등이 유네스코 인류무형문화유산에 등재됐어요.

이번 유네스코 등재를 통해 한국의 식품업계는 한국 음식 문화를 세계에 널리 알릴 수 있을 것으로 내다보고 있어요. 그동안 K-푸드는 라면, 만두와 같은 가공식품에서 주로 인기를 끌어왔지만, 이번 계기를 통해 한국의 전통 장류도 전 세계 곳곳에 널리 수출되어 나갈 것으로 기대해요.

정리하기

◎ 다음 빈칸을 채우세요.

한국의 장 담그기 문화가 유네스코 ☐☐☐☐☐☐☐ 에 등재됐어요.

◎ 맞으면 O, 틀리면 X 하세요.

1. 한국 장 담그기 문화는 과정까지 전부 포함되어 유네스코 인류무형문화유산에 등재됐어요. ☐
2. 유네스코 인류무형문화유산에 등재된 한국의 유산은 한국 장 담그기 문화가 처음이에요. ☐
3. 그동안 세계적으로 인기를 끌었던 한국 음식은 주로 가공식품이었어요. ☐

◎ 신문 어휘 풀이

- **등재되다**: 이름이나 어떤 내용이 적혀 올려지다
- **효능**: 좋은 결과를 나타내는 능력
- **발효시키다**: 효모나 미생물로 유기물을 분해하고 변화시키다
- **포함하다**: 어떤 무리나 범위에 함께 들어가게 하거나 함께 넣다
- **소속감**: 어떤 기관이나 단체에 속해있다는 느낌
- **종묘제례**: 조선 시대 역대 왕들을 모신 종묘에서 진행하는 국가적인 제사
- **영산재**: 사람이 죽은 지 49일째 되는 날, 죽은 사람의 영혼이 좋은 곳에 가기를 바라며 진행하는 불교 의식
- **업계**: 같은 산업이나 상업 부문에서 일하는 사람들의 활동 분야
- **가공식품**: 저장과 조리가 편리하도록 특별한 방법을 통해 새롭게 만든 먹을거리
- **수출되다**: 국내의 상품이나 기술이 외국으로 팔려 내보내지다

토론하기

Q1 '장을 담글 때 평화와 소속감도 함께 만든다'는 말은 무슨 뜻일까요?

___

Q2 한국의 전통적인 음식 중에 유네스코 인류무형문화유산에 등재될 만한 것에는 또 무엇이 있을까요?

___

51 아프리카 Z세대가 거리로 나와 외치는 이야기를 들어주세요

배경 지식
- Z세대: 1990년대 중반부터 2000년대 초반 사이에 태어난 세대를 말해요.
- 시위: 많은 사람들이 원하는 것을 내걸고 모임을 하거나 행진하며 의사를 표시하는 행동을 말해요.

신문 읽기

시위하고 있는 케냐 청년들
출처_AFP Nairobi

아프리카의 Z세대가 주먹을 불끈 쥔 채, 거리로 쏟아져 나왔어요. 무슨 일이 벌어진 걸까요?

'빵 세금'까지 내면 어떻게 살라고요

2024년 5월, 케냐 정부는 그동안 세금이 붙지 않았던 빵에 16%, 식용유에 25%의 세금을 부과한다는 법안을 발표했어요. 이 외에도 기저귀, 과자, 휴대전화 등 일상생활과 맞닿아 있는 물품에 붙는 세금도 대폭 올렸어요. 왜 이렇게까지 세금을 많이 걷냐고요? 케냐는 연간 정부 수입 중 60%가 이자를 갚는 데 쓰일 만큼 빚이 엄청나거든요.

지금 실업률이 무려 67%나 되는 케냐 청년들은 이 법안에 찬성할 수 없었어요. 분노한 케냐 Z세대는 틱톡이나 SNS를 통해 자신들의 메시지를 전하며 시위하기 시작했어요. 시위가 거세져 대통령은 결국 법안을 철회했지만, 케냐 청년들은 더 나아가 부패와 불공정, 불평등에도 반대의 목소리를 내며 시위를 이어가고 있어요.

케냐 Z세대의 분노는 다른 나라에도 큰 영향을 미쳤어요

나이지리아의 청년들도 정부에 반대하는 시위를 시작했어요. 나이지리아는 반년 만에 쌀 가격이 3배가 될 만큼 어마어마한 인플레이션을 겪고 있거든요. 이 외에도 우간다, 가나 등 많은 아프리카 Z세대가 SNS를 통해 케냐의 Z세대 시위를 접하고는 거리로 나섰어요.

아프리카인들은 그동안 참아왔던 분노를 모두 터뜨리며 나라를 바꾸려 하고 있어요. Z세대의 시위를 통해 아프리카에 변화의 바람이 불어올까요?

정리하기

◎ 다음 빈칸을 채우세요.

케냐의 ☐☐☐ 는 빵과 식용유에 많은 세금이 붙자 분노하며 시위를 시작했어요.

◎ 맞으면 O, 틀리면 X 하세요.

1. 케냐 정부는 빚이 적은 상황에서도 세금을 더 많이 걷으려고 했어요. ☐
2. 케냐 청년들의 시위에도 불구하고 대통령은 법안을 그대로 유지했어요. ☐
3. 나이지리아에서 시위를 하는 이유 중 하나는 인플레이션 때문이에요. ☐

◎ 신문 어휘 풀이

- **부과하다**: 세금이나 벌금 등을 매겨서 내게 하다
- **법안**: 법으로 만들고자 하는 것을 정리해서 국회에 내는 문서
- **대폭**: 큰 폭
- **연간**: 일 년 동안
- **수입**: 개인, 국가, 단체 따위가 합법적으로 얻어 들이는 일정액의 금액
- **이자**: 남에게 돈을 빌려 쓰고 그 대가로 일정하게 내는 돈
- **빚**: 남에게 빌려 써서 갚아야 하는 돈
- **실업률**: 일할 생각과 능력을 갖춘 인구 가운데 직업이 없는 사람의 비율
- **거세지다**: 기세가 몹시 거칠고 세차게 되다
- **철회하다**: 이미 낸 것이나 주장했던 것을 다시 거두어들이거나 취소하다
- **부패**: 정치가 잘못된 길로 빠져드는 것
- **인플레이션**: 돈의 가치가 떨어져서 물건값이 계속 오르는 경제 현상

토론하기

Q1 케냐의 Z세대는 왜 시위를 한 걸까요?

Q2 다른 아프리카 나라의 청년들은 시위하는 케냐의 청년들을 보면서 어떤 생각을 했을까요?

세계

52

갓 구운 바삭한 빵 위에 김치와 치즈를 올려 먹어보세요

배경 지식

- 퓨전: 서로 다른 두 종류 이상의 소재를 섞어 새롭게 만든 것을 말해요. 퓨전 한식, 퓨전 국악 등 다양한 곳에 널리 쓰이는 단어예요.

신문 읽기

프랑스 카르푸 매장에서 판매되고 있는 K-푸드
출처_누들플래닛 홈페이지

한 마트에 김치와 고추장, 냉동 만두와 떡볶이, 그리고 온갖 라면이 빽빽하게 진열돼 있어요. 우리에겐 익숙한 풍경인데요, 이 마트, 우리가 집 근처에서 흔히 보는 마트가 아니라고 합니다.

이 마트가 위치한 곳에 모두 주목!

이 마트는 한국이 아닌, 프랑스에 있는 마트예요. 바로 프랑스에서 가장 유명한 대형마트 카르푸인데요, 이곳에 우리나라 식재료가 줄지어 놓여있어요. 대형마트 안에 한국식 식재료가 들어섰다는 건 특별한 의미를 지녀요. 유럽 사람들이 한식을 단순히 한번 먹어보는 음식으로 생각하는 게 아니라, 평상시에 집에서도 만들어 먹는 일상적인 요리로 여긴다는 것이니까요. 이제 유럽 사람들은 갓 구운 빵 위에 김치를 올려 먹는 등 그들만의 새로운 퓨전 한식을 창조해 내기도 한대요.

우리 외국인들은 한국 음식을 사랑합니다

K-푸드가 세계적인 인기를 얻으면서 2024년 김치 수출액이 최대치를 경신했어요. 한국인의 소울푸드 떡볶이도 세계 각국에서 인기를 끌면서 떡 수출액도 크게 늘었고요. 미국 사람들의 한국 음식 사랑도 점점 커지고 있어요. 한국식 냉동 만두와 냉동 김밥, 라면 수출이 크게 늘고 있거든요. 미국에서 한국 음식은 건강하다는 인식과 함께 일상의 음식으로 자리 잡았다고 평가하는 사람들이 많아요.

한류에서 출발해 전 세계로 자연스럽게 스며든 한식. 한식의 인기가 어디까지 뻗어나갈지 기대됩니다.

정리하기

◎ 다음 빈칸을 채우세요.

김치 토스트처럼 두 종류 이상 섞인 한식을 ☐☐ 한식이라고 해요.

◎ 맞으면 O, 틀리면 X 하세요.

1. 프랑스 마트에서 한국식 식재료를 구할 수 있어요. ☐
2. 유럽 사람들은 한식을 최대한 똑같이 만들어내는 걸 중요하게 생각해요. ☐
3. 작년 우리나라 김치 수출액이 크게 줄었어요. ☐

◎ 신문 어휘 풀이

- **식재료**: 음식을 만드는 데에 쓰는 재료
- **일상적**: 늘 있어서 특별하지 않은 것
- **창조하다**: 전에 없던 것을 처음으로 만들거나 새롭게 이루다
- **수출액**: 수출로 벌어들인 돈의 액수
- **최대치**: 가장 큰 값
- **경신하다**: 어떤 분야의 종전 최고치나 최저치를 깨뜨리다
- **인식**: 사물을 분별하고 판단하여 앎
- **한류**: 우리나라의 대중문화 요소가 외국에서 유행하는 현상

토론하기

Q1 외국인들이 K-푸드에 푹 빠진 이유는 뭘까요?

Q2 여러분이 새로운 퓨전 한식 레시피를 만든다면 어떤 걸 만들고 싶어요?

53
한국에서 오래오래 살고 싶어요, K팝을 사랑하니까요!

배경지식

- **OECD(경제협력개발기구)**: 경제 성장과 인류의 더 나은 삶을 위해 1961년에 만들어진 국제기구예요. 총 38개의 나라가 회원국으로 가입되어 있고, 우리나라는 1996년에 가입했어요.
- **한류 열풍**: 한국 문화가 세계에서 인기가 많아지고 사랑받는 현상을 말해요.

신문읽기

한국을 찾는 외국인이 많아진 요즘, 이들은 단순히 여행만을 위해 오는 게 아니라고 해요. 무엇을 위해 찾아오는 걸까요?

2025년, 지금은 이민 시대!

2023년 한 해 동안 OECD 38개 회원국으로 이민한 사람이 무려 약 650만 명이라고 해요. 직전인 2022년에 약 600만 명으로 가장 높은 기록을 달성했는데 1년 만에 신기록이 다시 세워졌어요. 코로나19 이후 경제가 다시 살아나면서 더 많은 노동력이 필요했기 때문이죠.

이민자의 수가 제일 많았던 건 미국이었지만, 비율로 보면 결과가 달랐어요. 이민자 증가율 1위는 영국, 그리고 2위가 한국이었거든요. 한국에서 살기를 원하는 외국인들이 많아진 이유 중 하나는 한류 열풍이 거세졌기 때문이에요. 무엇보다 BTS를 포함한 K팝의 영향력이 컸죠. 또 한국에서 교육받기 위해 유학을 오는 학생들이 많아진 것도 이민자 증가율에 영향을 미쳤고요.

늘어나는 이민자들, 우리는 무엇을 해야 할까요?

많은 외국인이 한국에서 살고 싶어 한다는 건 기쁜 소식이지만, 이민에는 항상 따라다니는 문제가 있어요. 원래부터 그 나라에 살던 사람들과 새로 온 이민자들이 어우러지는 과정에서 벌어지는 문제들이죠. 다른 문화를 가진 이민자들이 늘어나면 사회도 다양해지겠지만, 서로의 문화를 이해하지 못해 부딪히는 일이 생길 수도 있어요. 이제 한국이 어떻게 이민자를 받아들이고 한 나라에서 함께 살아갈지 **본격적**인 **대책**을 세워야 할 때예요.

정리하기

◎ 다음 빈칸을 채우세요.

작년 한 해 동안 ☐☐☐ 회원국으로 이민한 사람은 약 650만 명이에요.

◎ 맞으면 O, 틀리면 X 하세요.

1. 한 해 동안 이민한 사람의 수는 2022년에 가장 많았어요. ☐
2. 2023년 이민자 증가율 1위인 나라는 한국이에요. ☐
3. 한국으로 이민한 사람이 많아진 이유 중 하나는 한류 열풍이에요. ☐

◎ 신문 어휘 풀이

- **이민하다**: 자기 나라를 떠나서 다른 나라로 가서 살다
- **노동력**: 일을 하는 데 쓰이는 사람의 능력
- **이민자**: 자기 나라를 떠나서 다른 나라로 가서 사는 사람
- **증가율**: 늘어나는 비율
- **어우러지다**: 여럿이 자연스럽게 사귀어 잘 어울리거나 일정한 분위기를 만들다
- **본격적**: 모습을 제대로 갖추고 적극적으로 이루어지는 것
- **대책**: 어려운 상황을 이겨낼 수 있는 계획

토론하기

Q1 한국에 이민 오는 사람들은 왜 이민을 결심했을까요?

Q2 한국에 이민 온 사람들이 늘어나면 생기는 문제가 있을까요? 어떻게 하면 그 문제를 해결할 수 있을까요?

04

과학

54 피자 소스에 접착제를 발라보세요, 피자치즈가 잘 붙는답니다!
55 한번 토라진 개미 마음 돌리기는 하늘의 별 따기
56 뜨거워도 너무 뜨거워진 지구, "이제 천천히 돌래요"
57 흙 만지고 놀아야 건강해지는 건 우주인도 마찬가지!
58 "자, 여기", 부리로 수줍게 건네는 새들의 선물
59 우유도 안 마시는 에베레스트산은 어째서 매년 쑥쑥 자라는 걸까?
60 하늘에 구름씨를 심어보세요
61 댐 필요하신 분? 잔망 루피 친구들이 무료로 출동해 드립니다
62 내 이름을 불러줘요, 코끼리인 내게도 이름이 있으니까요
63 "먼저 지나가세요"라며 자동차가 방긋 웃는다면

64 비슷한 듯 다른 황사와 미세먼지 차이를 아십니까?
65 우리의 생각을 AI에게 맡기면 벌어지는 일
66 향유고래 이야기 좀 들어보실래요?
67 토닥토닥, 내 마음을 알아주는 AI가 있다면
68 공룡이 사라진 그날, 지구에는 어떤 일이 벌어졌던 걸까
69 들쥐 씨, 귀여운 다람쥐 외모에 속지 마세요
70 네가 웃으면, 내 얼굴에도 웃음꽃이 절로 핀단다
71 우리 매미들이 왜 221년 만에 만났냐면요
72 그들은 왜 750km나 떨어진 곳에서 그 무거운 돌을 가져왔을까?
73 "내 친구 살려야 해!" 작은 쥐가 보여준 커다랗고 따뜻한 마음
74 번쩍번쩍 햇빛 나가신다, 길을 비켜라!
75 옛날 옛적, 펭귄의 나라 남극이 울창한 숲이었다면 믿으시겠어요?

54

피자 소스에 접착제를 발라보세요, 피자치즈가 잘 붙는답니다!

배경 지식

- **챗GPT(ChatGPT)**: 오픈에이아이(Open AI)가 2022년 11월에 공개한 대화 전문 인공지능으로, 인간과 자연스러운 대화를 나누고 질문에 대한 답을 할 줄 알아요.
- **AI 환각 증세**: AI가 사실이 아닌 것을 진실인 것처럼 그럴듯하게 답하는 현상이에요. AI 환각 증세가 일어나면 AI는 사실과 다른 답을 하거나, 아예 없는 사실을 만들어내서 답을 해요.

신문 읽기

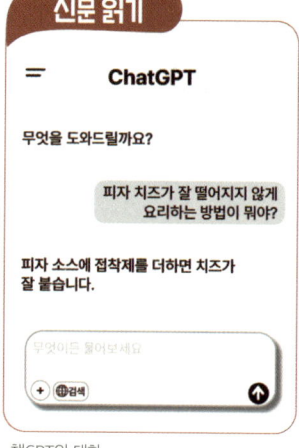

챗GPT와 대화

챗GPT에게 "피자치즈가 잘 떨어지지 않게 요리하는 방법이 뭐야?"라고 물어보자, 챗GPT는 "피자 소스에 접착제를 더하면 치즈가 잘 붙습니다"라고 답을 했대요. 대체 무슨 말을 하는 거죠?

에라 모르겠다, 아무거나 말하자

AI가 사실이 아닌 것을 진실인 것처럼 그럴듯하게 답하는 것을 'AI 환각 증세'라고 해요. 보통 환각은 '실제로 없는 대상을 보는 것'이라는 의미인데요, AI 환각 증세는 AI가 질문을 이해하지 못하거나, 정답을 모르는 경우 "알 수 없다"라고 답을 하는 대신에 가장 그럴듯한 답변을 만들어내면서 나타나는 현상이에요. AI 환각 증세가 나타나면 AI는 사실과 다른 답을 하거나, 실제로 존재하지 않는 사실을 만들어내서 답을 해요.

결국 문제는 데이터예요

AI 환각 증세는 주로 데이터에 문제가 있을 때 일어나요. AI는 방대한 데이터를 학습해서 질문에 답해요. 그런데 수집된 데이터 자체가 틀렸거나 편향적일 경우 AI 환각 증세가 나타나요. 그래서 AI 환각 증세를 줄이기 위해서는 정확한 데이터로 AI를 학습시키는 것이 중요해요. 정확한 자료로만 학습해도 AI 환각 증세를 **최소화**할 수 있거든요. AI가 눈부신 발전을 이루었지만 아직도 완전히 믿을 수는 없어요. 그러니 앞으로 AI를 사용할 때는 AI의 답변을 무턱대고 믿지 말고 주의 깊게 살펴보고 판단해야겠어요.

정리하기

◎ 다음 빈칸을 채우세요.

AI가 사실이 아닌 것을 진실인 것처럼 그럴듯하게 답하는 현상을 AI □□□ 라고 해요.

◎ 맞으면 O, 틀리면 X 하세요.

1. AI는 실제 사실과 다른 답을 할 수도 있어요. □
2. AI는 데이터가 편향적인지 아닌지 구분할 줄 알아요. □
3. AI에 정확한 자료를 학습시키면 AI 환각 증세를 줄일 수 있어요. □

◎ 신문 어휘 풀이

- **대상**: 어떤 일이나 행동의 상대나 목표가 되는 사람이나 물건
- **현상**: 인간이 알아서 깨달을 수 있는, 사물의 모양이나 상태
- **방대하다**: 규모나 양이 매우 크거나 많다
- **수집되다**: 흩어져 있던 것이 거두어져 모이다
- **편향적**: 한쪽으로 치우친 경향이 있는 것
- **최소화**: 양이나 정도를 가장 적게 함

토론하기

Q1 AI의 답변이 진짜인지, 아니면 환각 증세인지 어떻게 판단할 수 있을까요?

Q2 AI를 올바르게 사용하려면 어떻게 해야 할까요?

---

55 한번 토라진 개미 마음 돌리기는 하늘의 별 따기

배경지식
- 진화생물학: 생물이 진화하는 원인과 과정을 연구하는 학문이에요.
- 감정적 기억: 자신이 겪었던 일을 떠올리면, 그 당시 들었던 감정도 함께 생각나는 것을 말해요.

신문 읽기

개미

나를 괴롭힌 사람이나 내가 겪은 억울한 일은 잘 잊히지 않잖아요? 그런데 이건 개미도 마찬가지라고 해요. 개미는 자신을 공격한 적이 있는 상대를 기억하고 있다가 다시 만나게 되면 복수한다네요?

너, 전에 나 공격했잖아!
내가 너 기억 못 할 줄 알았지?

독일 프라이부르크 대학교 진화생물학 연구진은 개미를 두 개의 다른 둥지 개미와 5일간 1분씩 반복적으로 마주치게 했어요. 이때 한 둥지 개미는 공격적이었고, 다른 둥지 개미는 공격적이지 않았어요. 이후 이 개미들을 다시 만나게 하자, 공격적이었던 둥지 개미에게는 턱을 물거나 산을 뿌려 사납게 대했지만, 수동적이었던 개미에게는 이런 행동을 하지 않았어요. 즉, 개미들은 과거의 부정적인 경험을 기억하고 그 기억에 따라 행동했던 거예요.

내가 널 어떻게 기억하냐면 말이야

개미는 자신에게 공격적이었던 개미를 기억하고는 다시 만났을 때 사납게 대했는데요, 이와 같은 개미의 복수는 냄새 때문에 가능했어요. 개미는 함께 사는 개미와 다른 둥지 개미를 냄새로 구별한다고 해요. 자신을 괴롭혔던 다른 둥지 개미의 냄새를 기억해 두었다가 나타나면 공격을 했던 거예요. 이 연구를 통해 개미도 경험을 통해 배우고 억울한 마음을 가지는 등 '감정적 기억'을 가질 수 있다는 사실이 밝혀졌어요.

정리하기

◎ 다음 빈칸을 채우세요.

□□□□ 이란 자신이 겪었던 일을 떠올리면, 그 당시 들었던 감정도 함께 생각나는 것을 말해요.

◎ 맞으면 O, 틀리면 X 하세요.

1. 개미는 다른 둥지에 사는 개미 모두에게 공격적으로 대해요. □
2. 개미는 산을 뿌리거나 턱을 물어서 다른 개미를 공격해요. □
3. 개미는 전에 했던 경험에서 느낀 감정을 기억할 수 없어요. □

◎ 신문 어휘 풀이

· 산: 식초, 레몬즙처럼 산성을 띠는 물질
· 수동적: 스스로 움직이지 않고 남의 힘을 받아 움직이는 것

토론하기

Q1 개미는 어떻게 자신을 공격한 다른 개미를 기억하는 걸까요?

Q2 떠올리면 기분이 좋아지는 일이 있어요? 그 반대의 일은요? 어떤 경험이었는지, 그 일을 떠올리면 어떤 감정이 드는지 이야기해 보세요.

56

뜨거워도 너무 뜨거워진 지구, "이제 천천히 돌래요"

배경 지식

- **자전**: 천체가 스스로 고정된 축을 중심으로 회전하는 것을 말해요.
- **질량**: 물체의 고유한 양을 말해요. 지구나 우주 등 어디에 있든 물체의 질량은 변하지 않아요. 하지만 무게는 중력과 관련이 있어서, 지구를 벗어나 우주로 나가면 물체의 무게는 달라져요.

신문 읽기

지구

기후변화가 하루를 더 길게 만들 수 있다는 놀라운 연구 결과가 발표되었어요. 기후변화가 지구의 자전 속도에 영향을 미치기 때문이라고 해요.

뱅글뱅글 도는 지구, 속도를 늦추다

피겨스케이팅 선수가 팔을 몸에 가까이 붙인 채 돌다가 팔을 바깥쪽으로 뻗으면 회전 속도가 느려지는 모습을 본 적 있어요? 이처럼 회전하는 물체는 질량이 회전축에서 멀어질수록 회전하는 속도가 느려져요. 이 원칙은 지구에도 적용돼요. 기후변화로 극지방의 빙하가 녹아 그 물이 적도로 이동하자, 지구의 회전축에서 가장 먼 적도 지방의 질량이 늘어나 지구의 자전 속도가 느려졌어요. 이 결과, 하루가 1,000분의 1초 더 길어졌다고 해요.

1,000분의 1초가 그렇게 큰일인가?

라고 생각할 수도 있어요. 하지만 정확한 시간에 거래가 이루어져야 하는 금융 분야에서는 예상치 못한 피해가 발생할 수 있고, GPS의 정확성도 떨어트릴 수 있어요. 전문가들은 지구온난화를 막지 못한다면 2100년부터 하루의 길이가 100년 동안 2.6ms(밀리초·1000분의 1초) 증가할 것으로 내다봤어요. 과학자들은 지구온난화가 단순히 지구의 온도만을 상승시키는 것이 아니라, 지구 자전에까지 영향을 미쳐 지구 전체 시스템에 변화를 불러일으키고 있다며 우려를 표했어요.

정리하기

◎ 다음 빈칸을 채우세요.

지구온난화가 지구의 ☐☐ 속도에 영향을 미쳐요.

◎ 맞으면 O, 틀리면 X 하세요.

1. 회전하는 물체는 질량이 회전축에서 멀어질수록 회전하는 속도가 빨라져요. ☐
2. 기후변화로 극지방의 빙하가 녹아, 적도 지방의 질량이 늘어났어요. ☐
3. 기후변화는 지구 전체 시스템에 변화를 불러일으키고 있어요. ☐

◎ 신문 어휘 풀이

- 회전: 물체 자체가 빙빙 돎
- 회전축: 회전 운동의 중심이 되는 직선
- 원칙: 어떤 행동이나 이론 등에서 일관되게 지켜야 하는 기본적인 규칙이나 법칙
- 적용되다: 필요에 따라 적절하게 맞추어 쓰이거나 실시되다
- 적도: 지구의 중심을 지나는 자전축에 수직인 평면과 지표가 교차되는 선
- 거래: 돈이나 물건을 주고받거나 사고팖
- 우려: 근심하거나 걱정함

토론하기

Q1 기후변화는 지구 자전 속도에 어떤 영향을 미쳤나요?

Q2 기후변화를 늦추기 위해서 우리는 어떤 일을 할 수 있을까요?

57

흙 만지고 놀아야 건강해지는 건 우주인도 마찬가지!

배경지식

- **국제우주정거장(ISS):** 정해진 궤도를 돌면서 여러 사람이 오랫동안 머물 수 있는 우주기지로, 위성 발사, 우주선 연료 넣기, 천체 및 지구 관측, 우주선 조립 등을 할 수 있어요. 미국과 러시아 등 16개국에서 참여해 2010년 완공됐어요.
- **미생물:** 매우 작아 눈으로 볼 수 없는 생물이에요. 미생물은 병원균 또는 유익균을 모두 가지고 있어 우리 삶과 깊은 관계가 있어요.

신문 읽기

우주 비행사
출처_나사 공식 홈페이지

국제우주정거장(ISS)이 지나치게 깨끗하면 우주 비행사들의 건강을 오히려 해칠 수 있다고 해요.

미생물이 없는 깨끗한 환경은 오히려 위험해요

달과 화성에 우주 비행사를 보내는 나라가 점차 늘면서, 우주 비행사들의 건강을 걱정하는 목소리가 커지고 있어요. 우주인은 면역력이 떨어지거나 발진과 같은 피부 질환을 겪는데요, 이는 우주선의 무균 환경 때문이라는 연구 결과가 나왔어요. 미국 연구팀은 국제우주정거장 803곳에서 미생물을 채취해 분석했는데요, 발견된 미생물은 대부분 우주인의 피부에서 나온 것으로, 흙이나 물에서 나온 미생물은 발견되지 않았어요. 이에 대해 연구팀은 토양이나 물에서 나오는 유익한 미생물과 접할 수 없는 우주정거장 환경이 우주인의 건강을 위협한다고 말했어요. 미생물이 다양하지 않으면 특정 미생물 수만 많아져 건강 문제를 일으키거든요.

아프지 않으려면, 우주인도 지구 흙을 만져야 해요

농촌 아이가 도시 아이보다 알레르기나 천식에 덜 걸린다는 벨기에 과학자들의 연구가 있었어요. 그 이유는 농촌 아이가 다양한 미생물을 더 많이 접하기 때문이었는데요, 이처럼 미생물과 건강은 밀접한 관계가 있어요.

연구진들은 우주정거장 시설을 지나치게 소독하고 살균하는 것보다 미생물을 다양하게 만드는 것이 우주 비행사의 건강 유지에 도움이 된다고 했어요. 정원 가꾸기 등을 통해 흙과 물에 있는 미생물을 우주정거장 안에 들여와야 한다고도 조언했어요.

정리하기

◎ 다음 빈칸을 채우세요.

다양한 ☐☐ 과 접하지 못하면 건강상 문제가 발생해요.

◎ 맞으면 O, 틀리면 X 하세요.

1. 국제우주정거장에서 채취된 미생물은 원래부터 우주에 있던 미생물이에요. ☐
2. 한 연구 결과에 따르면, 도시 아이가 농촌 아이보다 알레르기에 강해요. ☐
3. 우주정거장에서 식물을 키우는 것은 우주 비행사들의 건강에 도움이 돼요. ☐

◎ 신문 어휘 풀이

- **면역력**: 몸 밖에서 들어온 병균을 이겨 내는 힘
- **무균**: 사람들을 병에 걸리게 하거나 음식을 썩게 하는 균이 없음
- **채취하다**: 연구나 조사에 필요한 것을 찾아서 손에 넣다
- **유익하다**: 도움이 될 만하다
- **특정**: 특별히 가리켜 분명하게 정함
- **천식**: 기관지가 건강하지 않아 숨이 가쁘고 기침이 나며 가래가 많이 생기는 병
- **밀접하다**: 아주 가까운 관계에 있다
- **살균하다**: 약품이나 열 등을 이용해 세균을 죽여 없애다
- **유지**: 어떤 상태나 상황 등을 그대로 이어나감

토론하기

Q1 우주인의 면역력이 떨어지는 이유가 뭐예요?

Q2 미생물이 부족한 점 이외에 우주에서 생활하면 어떤 점이 또 불편할까요?

과학 133

58. "자, 여기", 부리로 수줍게 건네는 새들의 선물

배경지식
- **상호작용**: 짝을 이루거나 관계를 맺고 있는 이쪽과 저쪽 사이에서 이루어지는 작용을 말해요.
- **진화**: 생물이 생명이 생긴 후부터 조금씩 발전해 가는 현상을 말해요.

신문 읽기

부리로 선물을 전하는 새들

동물들도 짝이나 친구에게 선물을 준다는 사실, 알고 계셨나요?

생일이라 선물하는 건 아니고요

수컷 회색 때까치는 포크로 음식을 찍듯, 나뭇가지에 작은 동물을 꽂아 암컷에게 줍니다. 달팽이와 지렁이, 오징어 수컷도 영양가 있는 먹이를 찾아 암컷에게 선물해요. 짝짓기를 위해 수컷이 암컷에게 일종의 결혼선물을 주는 건데요, 보육 거미는 먹이를 예쁘게 포장까지 해서 줘요. 암컷이 선물을 받지 않으면 포장을 더 추가해서 주기도 하고요. 그런데 보육 거미는 속임수도 잘 쓴대요. 바짝 마른 귀뚜라미 다리나 먹다 남은 곤충 조각을 포장해서 줄 때도 많거든요. 좋은 선물인 척하고 주고선, 암컷이 포장을 뜯어보는 동안 약삭빠르게 짝짓기하고 도망쳐 버리기도 한대요.

동물이 주는 선물은 다 짝짓기를 위한 건가요?

순수하게 상대를 기쁘게 해주려고 선물하는 동물도 있어요. 돌고래가 사람들에게 문어나 참치 등을 선물한 적이 있었고요, 까마귀도 자기를 도와준 사람들에게 선물을 준대요. 한 연구에 따르면 사람과 99% DNA를 공유하는 유인원 보노보는 사과나 바나나 같은 음식을 다른 보노보들에게 나눠주었고, 낯선 보노보와 상호작용을 하기 위해 자기 음식을 안 먹고 주기도 해요.

연구자들은 곤충들이 선물을 주는 것은 번식을 잘할 수 있도록 진화해 온 방식 중 하나이며, 까마귀나 보노보 같은 동물들은 선물을 주는 것에서 순수한 즐거움을 느끼는 것으로 보인다고 말했어요.

정리하기

◎ 다음 빈칸을 채우세요.

곤충들이 선물을 주는 방식은 번식을 잘할 수 있는 방향으로 ☐☐ 했어요.

◎ 맞으면 O, 틀리면 X 하세요.

1. 동물들은 특별한 목적 없이 짝이나 친구에게 선물하지 않아요. ☐
2. 보육 거미는 먹이를 포장해서 선물하기도 해요. ☐
3. 보노보는 낯선 보노보에게는 먹이를 나눠주지 않아요. ☐

◎ 신문 어휘 풀이

· **추가하다**: 나중에 더 보태다
· **약삭빠르다**: 눈치가 빠르거나 자기의 이익을 챙기는 것이 빠르다
· **공유하다**: 두 사람 이상이 한 물건을 공동으로 소유하다
· **유인원**: 고릴라, 침팬지, 오랑우탄과 같이 사람과 비슷한 포유류
· **번식**: 생물체의 수나 양이 늘어서 많이 퍼짐

토론하기

Q1 이 기사를 읽고 새롭게 알게 된 사실이 있어요?

Q2 여러분도 좋아하는 친구에게 선물을 준 적이 있나요? 무슨 일로 선물을 줬어요? 어떤 마음으로 선물을 줬어요?

과학

59 우유도 안 마시는 에베레스트산은 어째서 매년 쑥쑥 자라는 걸까?

배경 지식

- **에베레스트산**: 네팔과 티베트 사이에 있는, 높이 약 8,848m의 세계에서 가장 높은 산이에요.
- **융기**: 땅이 자연적인 원인에 의해 주변보다 높아지는 현상이에요. 오랫동안 주변 땅이 바람과 비 등으로 깎여나가면서 지각을 누르는 힘이 약해지면 눌려있던 땅이 점점 솟아올라요.
- **침식**: 비, 하천, 빙하, 바람 등의 자연 현상이 땅을 깎는 일을 말해요.

신문 읽기

에베레스트산이 계속 높아지는 이유

하늘의 이마, 세상의 어머니라고 불리는 지구상 가장 높은 산, 에베레스트산이 매년 2mm씩 높아지고 있대요.

에베레스트산이 계속 높아지는 이유

에베레스트산이 위치한 히말라야산맥에는 에베레스트와 K2(8,611m), 칸첸중가(8,586m), 로체(8,516m)와 같은 지구상 가장 높은 산들이 늘어서 있어요. 에베레스트는 K2와 237m이나 높이 차이가 나지만, K2는 나머지 산들과 큰 차이가 나지 않는데요, 그 이유는 에베레스트가 매년 약 2mm씩 자꾸 높아지고 있어서예요. 영국과 중국 공동 연구팀의 연구에 따르면, 에베레스트는 강 협곡에서 발생하는 융기 현상 때문에 높아지고 있대요. 에베레스트에서 일어난 융기 현상은 주변 강물이 땅을 깎아내리면서 시작됐어요. 주변 강의 침식 작용으로 지각이 가벼워지며 내리누르는 힘이 약해지자, 그 아래 있던 맨틀의 힘이 상대적으로 커져 산이 위로 솟아오른 거예요.

에베레스트산, 너 언제까지 커질 거야?

8만 9,000년 전에 시작된 에베레스트산 지각 융기 현상은 현재까지도 계속되고 있어요. 연구자들은 침식에 따른 융기가 마무리되어 지각이 평형을 되찾을 때까지는 수백만 년이 걸릴 것으로 예상했어요. 또한 연구자들은 에베레스트산은 같은 높이로 그 자리에 멈춰 서있는 것처럼 보이지만, 실제로는 끊임없이 움직이고 있다고도 덧붙였어요.

정리하기

◎ 다음 빈칸을 채우세요.

□□□□□ 은 지구상 가장 높은 산으로, 매년 2mm씩 높아지고 있어요.

◎ 맞으면 O, 틀리면 X 하세요.

1. 에베레스트와 K2는 높이가 거의 비슷해요. □
2. 에베레스트산이 높아지는 이유는 주변 강 협곡에서 발생하는 융기 현상 때문이에요. □
3. 에베레스트산은 같은 자리에 가만히 있지 않고 조금씩 움직이고 있어요. □

◎ 신문 어휘 풀이

- **협곡**: 산과 산 사이의 험하고 좁은 골짜기
- **지각**: 지구의 바깥쪽을 차지하는 부분
- **맨틀**: 지구 내부의 핵과 지각 사이에 있는 부분

토론하기

Q1 에베레스트산이 높아지는 과정을 가족들에게 설명해 보세요.

60

하늘에 구름씨를 심어보세요

배경 지식

● **인공강우**: 하늘에 인위적으로 비가 오게 만드는 '구름씨'를 뿌려서 눈과 비가 내리게 하는 기술을 말해요.

신문 읽기

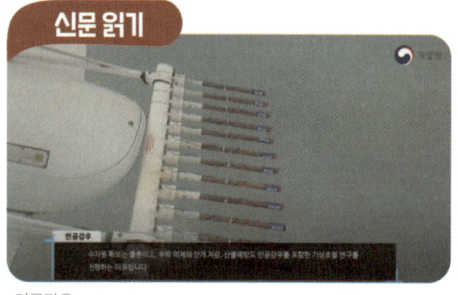

인공강우
출처_기상청 공식 유튜브

2024년 5월 3일, 기상청이 하늘에 구름씨를 뿌렸다고 해요.

구름씨가 뭐길래 하늘에 뿌렸을까요?

구름씨는 인위적으로 비가 오게 만드는 화학 물질이에요. 하늘에 구름씨를 뿌려 눈과 비를 오게 만드는 것이지요. 구름 속에 있는 수증기가 구름씨와 만나게 되면 비나 눈으로 바뀌게 되어 무거워지고 그 후에 땅으로 떨어지게 돼요. 이때 내리는 비를 인공강우라고 불러요. 다시 말해 인공강우는 구름 속에 구름씨를 뿌려서 눈과 비를 내리게 하는 기술을 뜻해요.

산불 예방부터 가뭄 해결까지, 인공강우에 맡기세요

인공강우의 첫 목표는 매년 봄에 발생하는 산불 예방이에요. 구름이 많이 있을 때 구름씨를 뿌려 인공강우를 내리게 하고, 이로써 땅속에 수분을 축적해 산불을 예방할 계획이라고 해요. 이 외에도 인공강우로 안개나 미세먼지를 줄이고 가뭄을 해결할 수 있는지도 실험 중이라고 해요.

한편 인공강우가 환경오염을 일으킬 수 있다는 지적도 있었어요. 이에 대해 기상청은 구름씨를 뿌린 후 내린 인공강우의 물방울을 분석해 봤는데요, 그 결과 불순물의 농도가 아주 낮은 것으로 나타났어요. 환경오염으로부터도 안전한 인공강우, 구름씨를 잘 활용한다면 산불도 예방할 수 있고 가뭄과 미세먼지까지 해결할 수 있겠어요!

정리하기

◎ 다음 빈칸을 채우세요.

기상청이 하늘에 구름씨를 뿌려 비가 오게 하는 ☐☐☐ 실험을 진행했어요.

◎ 맞으면 O, 틀리면 X 하세요.

1. 기상청은 산불이 난 후 인공강우로 불을 끌 계획이라고 발표했어요. ☐
2. 아직 인공강우로 안개와 미세먼지를 줄일 수 있는지는 몰라요. ☐
3. 인공강우는 환경오염을 일으켜요. ☐

◎ 신문 어휘 풀이

- **인위적**: 자연적으로 만들어진 것이 아닌 사람의 힘으로 이루어진 것
- **화학**: 물질의 구조, 성분, 변화 등에 관해 연구하는 자연 과학의 한 분야
- **물질**: 공간의 일부를 차지하고 질량을 갖는 요소
- **축적하다**: 지식, 경험, 돈 등을 모아서 쌓다
- **지적**: 잘못된 점이나 고쳐야 할 점을 가리켜 말함
- **불순물**: 순수한 물질 속에 섞인 다른 성질의 물질
- **농도**: 기체나 액체에 들어있는 한 성분의 진함과 묽음의 정도

토론하기

Q1 인공강우는 어떻게 산불을 예방할 수 있어요? 간단히 설명해 보세요.

Q2 여러분이 구름씨를 뿌릴 수 있다면, 어떤 상황에서 인공강우가 내리게 할 것 같아요?

61

댐 필요하신 분? 잔망 루피 친구들이 무료로 출동해 드립니다

배경 지식

- 비버: 주로 물에서 생활하고 갈색을 띠는 포유류 동물이에요. 몸 길이는 60~70cm, 꼬리 길이는 33~44cm, 몸무게는 20~27kg예요. 하천에 살면서 나무, 돌, 흙을 모아 20~30m 길이의 댐과 자신의 집으로 쓸 섬도 만들어요.
- 습지: 습기가 많아 늘 축축한 땅을 말해요.

신문 읽기

비버

비버가 단 하루 만에 댐을 만들었다는 놀라운 소식이 전해졌어요!

잔망 루피 친구, 비버가 해낸 일 좀 보세요

지난 7년간 체코 정부는 강의 오염수를 방지하고 멸종 위기종을 보호하기 위해 댐 건설을 추진하고 있었어요. 하지만 건축 허가를 받지 못해 댐 건설은 중단되고 말았죠. 그런데 2025년 1월, 그곳에 서식하던 비버 8마리가 하룻밤 만에 뚝딱 댐을 완성했대요. 사람들이 댐을 만들려고 했던 바로 그 자리에, 계획했던 것보다 2배나 더 큰 댐을, 그것도 공짜로 지어준 거죠! 비버 덕분에 체코 정부는 18억 원이나 아낄 수 있었어요.

동물 건축가들의 이야기를 들어보세요

비버는 돌과 진흙, 나무 등을 활용해서 물길을 막고 습지를 만드는데요, 습지는 비버를 보호해 주는 역할을 할 뿐만 아니라 수많은 생물의 서식지가 되어주고 홍수를 막아주거나 탄소를 흡수하는 역할까지도 한다고 해요.

비버뿐만 아니라 수많은 동물들이 지형과 환경에 변화를 일으켜요. 산란기 연어는 이동 과정에서 홍수가 일어났을 때처럼 퇴적물을 이동시킨다고 해요. 영국의 한 연구팀에 따르면 동물들이 지형 변화를 일으킬 때 대홍수 수십만 번이 일어나는 것과 비슷한 에너지를 매년 쓴다고 해요. 비버가 하룻밤 만에 뚝딱 댐을 만들어낸 것처럼, 동물들은 지구 지형 변화에 생각보다 훨씬 더 중요한 역할을 맡고 있었던 거예요!

정리하기

◎ 다음 빈칸을 채우세요.

체코의 ☐☐ 들이 단 하루 만에 댐을 만들어 화제가 되었어요.

◎ 맞으면 O, 틀리면 X 하세요.

1. 비버가 만들어준 댐 덕분에 체코 정부는 돈을 아낄 수 있었어요. ☐
2. 습지에는 보통 비버들만 살아요. ☐
3. 동물들이 지형 변화를 일으킬 때는 많은 에너지가 들지 않아요. ☐

◎ 신문 어휘 풀이

- **방지하다**: 어떤 좋지 않은 일이나 현상이 일어나지 않도록 막다
- **추진하다**: 어떤 목적을 위해서 일을 밀고 나아가다
- **허가**: 행동이나 일을 할 수 있게 허락함
- **중단되다**: 중간에 멈추거나 그만두게 되다
- **서식하다**: 생물이 일정한 곳에 자리를 잡고 살다
- **서식지**: 생물이 일정한 곳에 자리를 잡고 사는 곳
- **지형**: 땅의 생긴 모양
- **산란기**: 알을 낳을 시기
- **퇴적물**: 흙이나 죽은 생물의 뼈 등이 물이나 바람, 빙하 등에 의해 운반되어 땅의 표면에 쌓인 물질

토론하기

Q1 이 기사에서 비버가 한 일에 대해 가족들에게 설명해 보세요.

62. 내 이름을 불러줘요, 코끼리인 내게도 이름이 있으니까요

배경 지식

- **인공지능**: 인공지능은 컴퓨터가 인간처럼 생각하고, 학습하고, 판단하여 스스로 행동하도록 만드는 기술이에요.
- **모방**: 다른 개인이나 동물의 행동을 관찰하고 그와 닮은 행동을 하는 것을 '모방'이라고 해요.

신문 읽기

코끼리

코끼리들이 사람처럼 서로의 이름을 부른다는 연구 결과가 나왔어요!

코끼리도 사람처럼 저마다 이름이 있답니다

미국 콜로라도주립대 연구진은 **인공지능**을 활용해서 코끼리들이 사람처럼 서로 이름을 부른다는 사실을 밝혀냈어요. 연구진은 코끼리 100마리 이상의 울음소리를 분석하고 코끼리들이 다른 코끼리를 부를 때 특정 소리를 사용한다는 점을 알아챘어요. 연구진이 코끼리 무리에 특정 코끼리를 부르는 소리를 들려주자, 그 코끼리만 스피커 근처로 다가왔고 다른 코끼리들은 반응하지 않았어요. 즉, 코끼리는 자기 이름이 뭔지 안다는 거죠! 이뿐만 아니라, 코끼리는 대화 중일 때보다 멀리 있는 상대를 부르거나 어린 코끼리를 교육할 때 더 자주 이름을 불렀어요. 마치 사람처럼 말이죠!

단순히 소리를 흉내 내는 게 아니에요

돌고래와 앵무새가 상대가 내는 소리를 흉내 내서 상대방을 부르는 모습은 이전에도 관찰되었어요. 하지만 이같이 단순한 **모방**이 아니라 '이름'을 사용하는 동물은 코끼리가 처음이라고 해요. 연구진은 코끼리가 서로를 부르기 위해 임의의 이름을 지었으니, 코끼리가 추상적 사고 능력을 갖췄다고도 볼 수 있다고 해석했어요.

정리하기

◎ 다음 빈칸을 채우세요.

미국 연구진은 ☐☐☐ 을 활용해 코끼리들이 서로를 이름으로 부른다는 것을 알게 됐어요.

◎ 맞으면 O, 틀리면 X 하세요.

1. 코끼리는 자기 이름이 뭔지 알아요. ☐
2. 코끼리는 어린 코끼리를 교육할 때 더 자주 이름을 불렀어요. ☐
3. 코끼리에게는 추상적 사고 능력이 없어요. ☐

◎ 신문 어휘 풀이

- **분석하다**: 더 잘 이해하기 위하여 어떤 현상이나 사물을 여러 요소나 성질로 나누다
- **특정**: 특별히 가리켜 분명하게 정함
- **임의**: 일정한 규칙이나 기준 없이 하고 싶은 대로 함
- **추상적**: 어떤 사물이 직접 경험하거나 지각할 수 있는 일정한 형태와 성질을 갖추고 있지 않은
- **해석하다**: 사물이나 행위 등의 내용을 판단하고 이해하다

토론하기

Q1 연구자들은 어떻게 코끼리들이 서로 이름을 부른다는 사실을 밝혀냈나요?

_____

Q2 코끼리는 서로의 이름을 어떻게 지어주었을까요? 상상해서 이야기해 보세요.

_____

63. "먼저 지나가세요"라며 자동차가 방긋 웃는다면

배경 지식

- 페이스테크: 얼굴이나 표정을 뜻하는 페이스(Face)와 기술(Technology)을 합한 말이에요. 기계가 표정을 지을 수 있게 만들고, 사람의 얼굴을 정확하게 인식해서 여러 방면으로 활용하는 기술을 말해요.

신문 읽기

운전자를 실시간 분석하는 페이스테크
출처_시피아 공식 유튜브

방긋 웃으며 "안전하게 지나가세요"라는 메시지를 전달하는 자동차를 보면 어떨 것 같아요?

기계가 사람처럼 표정 짓는 시대가 오고 있어요

도로를 주행하거나 신호 대기 중에 조심히 지나가라는 메시지를 보행자에게 웃는 얼굴로 전달하는 전기차가 개발되고 있어요. 또 인공지능 스마트화분도 개발되었대요. 화분 앞에 달린 화면에 표정이 표시되는데요, 물이 모자라면 목마른 얼굴을, 사람이 풀을 쓰다듬어주면 행복하다는 듯 배시시 웃는 표정을 짓죠. 이처럼 기계가 표정을 지어 사람들과 상호작용하는 기술을 페이스테크라고 해요. 페이스테크는 교통사고 예방에 활용되기도 해요. 운전자의 눈 깜빡임, 얼굴 표정 변화, 하품 빈도 등을 파악해서 운전자가 졸음운전을 한다고 판단될 경우, 경고음을 울려 안전한 운전을 할 수 있게 도와줘요.

이제 카드 대신 얼굴로 결제하세요

페이스테크는 사람의 얼굴을 정확히 읽어, 얼굴 결제 서비스에도 활용될 예정이에요. 이제 동네 편의점에서 계산대 단말기에 얼굴을 갖다 대기만 하면 1초 만에 결제할 수 있대요. 그러니까 얼굴이 지갑이 되는 시대가 온 거죠! 다만 가짜 얼굴로 결제 시스템을 속인다거나 사생활 침해, 개인 정보 유출 등의 문제가 발생할 수 있어요. 전문가들은 얼굴 결제 서비스가 범죄에 악용되지 않도록 보안에 철저한 주의를 기울여야 한다고 말해요.

정리하기

◎ 다음 빈칸을 채우세요.

기계가 표정을 지어 사람들과 상호작용하는 ☐☐☐ 가 발전하고 있어요.

◎ 맞으면 O, 틀리면 X 하세요.

1. 페이스테크가 적용된 전기차는 교통사고를 예방할 수도 있어요. ☐
2. 페이스테크를 활용하면 얼굴만으로도 가게에서 계산할 수 있어요. ☐
3. 페이스테크는 개인 정보가 유출될 걱정이 없는 안전한 기술이에요. ☐

◎ 신문 어휘 풀이

- **주행하다**: 자동차나 열차 등이 달리다
- **대기**: 어떤 때나 기회를 기다림
- **보행자**: 길거리를 걸어 다니는 사람
- **빈도**: 같은 일이나 현상이 나타나는 횟수
- **결제**: 물건값이나 내어줄 돈을 주고 거래를 끝냄
- **단말기**: 컴퓨터와 연결되어 자료를 입력하거나 출력하는 기기
- **유출**: 귀한 물건이나 정보 등이 불법적으로 외부로 나가버림
- **악용되다**: 나쁜 일에 쓰이거나 나쁘게 이용되다
- **보안**: 중요한 정보 등이 빠져나가서 위험이나 문제가 생기지 않도록 안전한 상태로 유지하고 보호함

토론하기

Q1 페이스테크의 장점과 단점을 하나씩 이야기해 보세요.

Q2 앞으로 페이스테크가 더욱 발전하면 우리의 생활은 어떻게 바뀔까요? 자유롭게 상상해 보고 이야기해 보세요.

64 비슷한 듯 다른 황사와 미세먼지 차이를 아십니까?

배경 지식

- **황사**: 중국 대륙의 사막이나 건조한 지역의 모래가 강한 바람으로 인해 날아올랐다가 점차 내려오는 현상이에요.
- **미세먼지**: 입자가 아주 작은 먼지를 말해요. 주로 자동차나 공장에서 나오는 오염된 물질이며, 사람의 호흡과 관련된 기관에 안 좋은 영향을 끼쳐요.
- **사막화**: 사막이 아니었던 곳이 점차 사막처럼 가물어 변한다는 뜻이에요.

신문 읽기

황사

따뜻한 봄에는 온 사방이 희뿌예지고, 저 멀리 건물이 잘 보이지 않는 날이 자주 있어요. 봄의 불청객 때문이죠!

불청객은 바로 황사와 미세먼지!

황사는 '노란 모래'라는 뜻으로, 사막이나 건조한 지역에서 자연적으로 발생한 모래 먼지가 강한 바람을 타고 멀리 이동하는 현상을 말해요. 이 과정에서 미세먼지도 뒤섞여 나타날 때가 많고요. 황사는 중국과 몽골의 사막 지역에서 시작돼 우리나라와 일본, 심지어 북미 지역으로까지 불어닥치기도 해요. 반면 미세먼지는 자동차 배기가스나 공장에서 발생하는 인위적인 대기오염 물질이에요. 미세먼지에는 유해 화학 물질이 들어있어요.

황사는 한국만의 문제가 아니에요

최근 황사가 세계 곳곳을 덮치고 있어요. 이는 무분별한 삼림 파괴와 개발로 사막화 지역이 점점 더 늘어나기 때문이에요. 세계 최대 열대 사막인 사하라 사막도 지난 1세기 동안 10%나 더 넓어졌대요. 잦은 황사로 대기질이 나빠지고 미세먼지 농도가 높아져 호흡기 질환을 악화시키고요, 하늘이 뿌예져 항공기 운항도 어렵게 해요. 또 황사가 식물 잎을 덮어 광합성을 방해하죠. 중동과 북아프리카는 매년 황사 때문에 GDP 2.5% 정도의 경제적 피해를 입고 있어요. 황사로 인해 국가 간 갈등도 커지고 있어, UN이 대책을 마련하고 있대요. 하지만 어느 나라 책임인지 명확히 밝혀내는 데 어려움이 있어, 근본적인 황사 해결책을 찾기가 어렵다고 해요.

정리하기

◎ 다음 빈칸을 채우세요.

삼림이 파괴되고 사막화 지역이 늘어나면서 ☐☐ 가 점점 심해지고 있어요.

◎ 맞으면 O, 틀리면 X 하세요.

1. 황사는 인위적으로 오염된 곳에서 나오는 물질이에요. ☐
2. 황사가 심해지면 비행기가 하늘을 다니기도 힘들어져요. ☐
3. 황사 문제를 해결하기 위해 여러 국가들이 함께 해결책을 마련한 상태예요. ☐

◎ 신문 어휘 풀이

- **불청객**: 아무도 오라고 하지 않았는데도 스스로 찾아온 손님
- **현상**: 인간이 알아서 깨달을 수 있는, 사물의 모양이나 상태
- **배기가스**: 자동차 등의 기계에서 연료가 쓰인 뒤 밖으로 나오는 기체
- **인위적**: 자연적으로 만들어진 것이 아닌 사람의 힘으로 이루어진 것
- **대기오염**: 공장이나 자동차에서 나오는 매연, 먼지에 의해서 공기가 더러워지는 현상
- **유해**: 해로움이 있음
- **무분별하다**: 바른 생각이나 판단을 하지 않는다
- **삼림**: 나무가 아주 많은 숲
- **대기질**: 대기의 오염 정도 등 전체적인 상태
- **농도**: 기체나 액체에 들어있는 한 성분의 진함과 묽음의 정도
- **악화시키다**: 일이나 상황을 나쁜 방향으로 나아가게 하다
- **GDP**: 일정 기간 한 나라 안에서 생산한 모든 상품과 서비스의 가치를 합한 결과
- **대책**: 어려운 상황을 이겨낼 수 있는 계획
- **마련하다**: 어떤 상황에 대비한 계획이나 생각을 정리해 두다

토론하기

Q1 황사와 미세먼지의 차이점을 설명해 보세요.

65 우리의 생각을 AI에게 맡기면 벌어지는 일

배경 지식

- **구글 효과:** 인터넷 검색으로 정보를 쉽게 찾을 수 있게 되면서 사람들이 정보를 기억하지 못하고 금방 잊어버리는 현상을 말해요.
- **디지털 건망증:** 휴대폰이나 태블릿 같은 디지털 기기에 너무 의존한 나머지 기억력이나 집중력 등이 떨어진 상태를 말해요.

신문 읽기

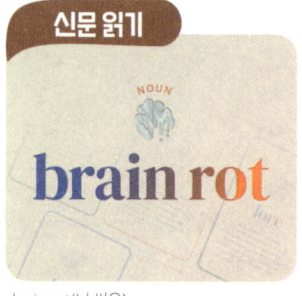

brain rot(뇌 썩음)
출처_옥스퍼드대학 출판부 공식 홈페이지

영국 옥스퍼드 영어 사전이 2024년 올해의 단어로 'Brain rot', 한국어로 '뇌 썩음'을 선정했어요.

이 무시무시한 말이 왜 올해의 단어가 되었을까요?

'뇌 썩음'은 디지털 기기를 통해 필요 없는 정보를 지나치게 많이 받아들이다가 오히려 기억력이나 집중력이 떨어지고 생각하는 능력을 점점 잃어가는 현상을 말해요. 조사 결과 '뇌 썩음' 단어 사용 빈도는 전년에 비해 230%나 늘었다고 해요.

어쩌다 사람들의 머리가 점점 더 나빠지고 있는 걸까요?

누구나 인터넷을 손쉽게 이용하면서부터 사람들의 기억력은 나빠지기 시작했어요. 인터넷에서 정보를 쉽사리 찾을 수 있다는 생각에 기억하지 않다가 기억력이 나빠진다는 '구글 효과'라는 말도 있죠. 최근에는 디지털 건망증이라는 말도 흔히 들을 수 있어요. 그런데 인터넷 검색보다 AI가 우리 뇌에 더 치명적이라는 전망이 나오고 있어요. AI가 틀린 대답을 내놓을 때도 많은데, 사람들 대부분은 검증하지 않은 채 이를 사실로 받아들이고 수용해, 스스로 생각하거나 문제를 해결하는 힘을 잃게 된대요.

영국의 한 연구 결과에 따르면, 질문에 즉각적인 대답을 내놓는다는 점에서 AI에 의존하는 청소년의 비율이 크게 늘고 있다고 해요. 청소년이 AI가 제시한 잘못된 정보를 아무런 비판 없이 받아들이면서 사고 능력을 점점 잃어간다면, 앞으로 어떻게 될까요? 진지하게 고민해 봐야 할 문제예요.

정리하기

◎ 다음 빈칸을 채우세요.

☐☐☐ 란 인터넷 검색으로 정보를 쉽게 찾을 수 있게 되면서 사람들이 정보를 기억하지 못하고 금방 잊어버리는 현상을 말해요.

◎ 맞으면 O, 틀리면 X 하세요.

1. '뇌 썩음'이라는 단어는 전년보다 더 많이 사용됐어요. ☐
2. AI를 사용하는 것보다 인터넷 검색을 사용하는 게 뇌에 더 치명적이에요. ☐
3. 청소년들은 점점 더 AI에 의지하고 있어요. ☐

◎ 신문 어휘 풀이

- **선정하다:** 여럿 가운데에서 목적에 맞는 것을 골라 정하다
- **빈도:** 같은 일이나 현상이 나타나는 횟수
- **전년:** 이번 해의 바로 전의 해
- **치명적:** 생명이 위험할 수 있는 것
- **전망:** 예상한 앞날의 상황
- **검증하다:** 검사하여 사실임을 증명하다
- **수용하다:** 어떤 것을 받아들이다
- **즉각적:** 바로 당장 하는 것
- **의존하다:** 어떠한 일을 스스로 하지 못하고 다른 어떤 것의 도움을 받아 의지하다
- **비율:** 기준이 되는 수나 양에 대한 어떤 값의 비

토론하기

Q1 인터넷이나 AI를 어떻게 사용해야 '뇌 썩음' 현상을 줄일 수 있을까요?

66 향유고래 이야기 좀 들어보실래요?

배경 지식

● **향유고래**: 고래는 이빨이 있으면 이빨 고래, 없으면 긴수염고래로 나누어지는데, 향유고래는 깊은 바다에 사는 이빨 고래 중 가장 큰 고래예요. 향유고래 수컷은 19m, 암컷은 13m까지 자라고 몸무게가 최대 57t까지 나가며, 해저 3,000m까지 잠수할 수 있대요.

신문 읽기

향유고래
출처_MIT 컴퓨터과학인공지능연구소

향유고래가 사람과 비슷한 방식으로 **의사소통**하며 대화한다는 연구 결과가 발표되었어요.

팝콘 터지는 소리가 들리면 향유고래가 얘기하고 있는 거예요

향유고래는 몸속 공기주머니를 조절해 딸깍거리는 '클릭' 소리를 내는데, 이 소리는 팝콘이 터질 때 나는 소리와 비슷해요. 미국 매사추세츠공대(MIT) 연구팀이 **카리브해**에 사는 향유고래 60여 마리의 클릭 소리를 관찰한 결과, 향유고래가 **일정한** 패턴을 가진 30~40개의 클릭 소리를 낸다는 사실을 발견했어요. 이 클릭 소리가 알파벳 역할을 하며 특정 의미를 전달하는 거예요. 향유고래는 사냥 전후에 클릭 소리를 주고받기도 하고 가족들끼리 수다를 떨며 놀기도 했어요.

가족과 평화롭게 살아가는 향유고래를 지켜주세요

사람처럼 가족 단위로 함께 살아가는 사회적 동물인 향유고래가 멸종 위기종으로 지정됐어요. 기후변화로 인한 **서식지** 파괴, 해양 오염 등으로 매년 30만 마리의 고래가 희생되고 있거든요. 고래는 바닷속 **최상위 포식자**로 바다 **생태계 유지**에 중요한 역할을 맡고 있어요. 게다가 탄소를 흡수하고 저장하는 능력까지 뛰어나 환경 지킴이 역할도 톡톡히 하고 있어요. 고래 한 마리가 흡수하는 탄소의 양이 수천 그루 나무가 연간 흡수하는 탄소와 맞먹을 정도니까요!

위기에 처한 향유고래를 이제 우리가 보호해 줘야 할 때예요. 향유고래가 재잘대며 바닷속에서 신나게 살아갈 수 있도록 말이에요.

정리하기

◎ 다음 빈칸을 채우세요.

☐☐☐☐ 가 인간과 유사하게 대화할 줄 안다는 연구 결과가 발표되었어요.

◎ 맞으면 O, 틀리면 X 하세요.

1. 향유고래는 사람과 전혀 다른 방식으로 의사소통해요. ☐
2. 향유고래는 먹이를 구할 때만 클릭 소리를 내요. ☐
3. 향유고래는 집단으로 활동하는 사회적인 동물이에요. ☐

◎ 신문 어휘 풀이

- 의사소통: 생각이나 말 등이 서로 통함
- 카리브해: 남북아메리카 대륙, 서인도 제도, 대서양 따위에 둘러싸인 바다
- 일정하다: 어떤 것의 크기, 모양, 범위, 시간 따위가 하나로 정해져 있다
- 서식지: 생물 따위가 일정한 곳에 자리를 잡고 사는 곳
- 최상위: 가장 높은 지위나 등급
- 포식자: 다른 동물을 먹이로 하는 동물
- 생태계: 생물들이 서로 적응하고 관계를 맺으며 살아가는 자연의 세계
- 유지: 어떤 상태나 상황 등을 그대로 이어나감

토론하기

Q1 향유고래와 대화할 수 있다면, 무슨 이야기를 해보고 싶어요?

_____

Q2 고래를 지킬 수 있는 방법에는 뭐가 있을까요?

_____

67. 토닥토닥, 내 마음을 알아주는 AI가 있다면

배경 지식

- **챗GPT**: 오픈에이아이(Open AI)가 2022년 11월에 공개한 대화 전문 인공지능으로, 인간과 자연스러운 대화를 나누고 질문에 대한 답을 할 줄 알아요.
- **인공지능(AI)**: 인공지능은 컴퓨터가 인간처럼 생각하고 학습하고 판단하여 스스로 행동하도록 만드는 기술이에요.

신문 읽기

AI와 인간

나날이 똑똑해지고 있는 챗GPT, 이제는 사람의 마음까지 읽을 수 있게 됐다고 해요.

AI가 사람 마음을 읽어주는 게 정말 가능한 일인가요?

그동안 연구자들은 AI가 사람의 마음을 읽어낼 수 없을 거라고 봤어요. 사람의 마음을 짐작하는 능력은 인간 고유의 능력이니까요. 하지만 최근 들어 AI가 마음을 이해할 수 있다는 연구 결과가 속속 나오고 있어요.

미국 스탠퍼드대 교수는 사람의 마음을 이해하는 챗GPT의 능력을 실험했는데요, 그 결과 챗GPT-4가 6세 어린이 수준의 공감 능력을 보인 것으로 나타났어요. 또 독일 함부르크-에펜도르프대학 메디컬센터 팀도 챗GPT가 마음을 읽어내는 정도를 알아보기 위해 문제를 냈어요. 이를테면, A가 침실에 새 커튼을 달았는데 친구 B가 와서 "그 커튼 끔찍해. 새 커튼 사면 좋겠다"라고 말한 상황을 주고, 하지 말았어야 하는 말을 한 사람이 있는지, 그 말은 무엇인지 같은 질문을 한 거죠. 이 실험 결과 GPT-4는 인간보다 점수가 높거나 같은 것으로 나타났어요.

마음 읽어주는 AI는 앞으로 무슨 일을 하게 될까?

AI가 마음을 읽는다는 것은 사람과 의사소통을 할 수 있다는 뜻을 의미해요. 앞으로 AI가 사람의 마음을 더 섬세하게 이해하고 읽어낼 줄 안다면, 물건을 옮기는 등의 힘을 쓰는 일을 넘어 아픈 사람들이나 노인과 어린아이들을 돌보는 일도 거뜬히 해낼 수 있을 것으로 보여요.

정리하기

◎ 다음 빈칸을 채우세요.

□□□□ 가 사람과 비슷한 수준으로 타인의 마음을 짐작할 수 있게 되었대요.

◎ 맞으면 O, 틀리면 X 하세요.

1. 챗GPT-4는 6살 어린아이와 비슷한 수준의 공감 능력을 보였어요. □
2. 챗GPT-4는 인간보다 사람의 마음을 읽을 줄 아는 능력이 크게 떨어져요. □
3. 마음을 읽을 줄 아는 AI는 사람을 돌보는 일에도 쓰일 수 있을 거예요. □

◎ 신문 어휘 풀이

· **짐작하다**: 어림잡아 생각하다
· **고유**: 한 사물이나 집단 등이 본래부터 지니고 있는 특별한 것
· **공감**: 다른 사람의 마음이나 생각에 대해 자신도 그렇다고 똑같이 느낌
· **섬세하다**: 매우 세밀하고 정확하다

토론하기

Q1 챗GPT-4가 사람의 마음을 지금보다 더 잘 읽어내면 어떤 일이 생길까요? 어떤 장점과 단점이 있을지 추측해 이야기해 보세요.

68. 공룡이 사라진 그날, 지구에는 어떤 일이 벌어졌던 걸까

배경 지식

● **소행성**: 화성과 목성의 궤도 사이에서 태양을 중심으로 도는 작은 행성을 말해요. 소행성 수는 매우 많으며, 폭은 대부분 1km 이하이지만 900km가 넘는 소행성도 있어요.

신문 읽기

소행성 충돌

엄청난 화산재와 먼지구름으로 하늘이 뒤덮였던 6,500만 년 전 어느 날, 공룡을 포함한 지구 생명체 75%가 흔적도 없이 지구에서 사라져 버렸어요.

그날, 지구에는 무슨 일이 벌어졌던 걸까요?

과학자들은 그날 지구에 10~15km의 커다란 소행성이 떨어졌을 것으로 추정해요. 소행성이 지구에 충돌해 공룡을 비롯한 생명체를 대량 멸종시켰다고 본 거죠. 그런데 최근 영국의 한 연구팀이 그 당시 또 다른 소행성도 떨어졌을 것이란 연구 결과를 발표했어요. 연구팀은 이 소행성이 서아프리카 바다로 떨어져 거대한 해일을 일으켰을 것으로 봤어요. 이 소행성은 크기가 작은 편이었지만, 빠른 속도로 지구를 강타해 공룡의 멸종에 큰 영향을 끼쳤을 것이라고 연구자들은 판단했어요.

공룡을 멸종시킨 소행성이 지구를 다시 찾아오면 어떡해요?

지구에 소행성이 또다시 떨어질 수도 있다는 예측이 나왔어요. 소행성이 지구와 충돌한 지점에서 50km 떨어진 곳까지 폭발 피해가 생길 수 있대요. 또 2182년에 지구와 충돌 가능성이 있는 소행성 베누도 관측됐어요. 베누는 미국 뉴욕 엠파이어스테이트 빌딩과 비슷한 크기로, 지구와 충돌한다면 엄청난 먼지가 하늘을 뒤덮고 지구 온도를 떨어뜨려 생태계에 큰 변화를 일으킬 수 있다고 해요.

현재까지는 다행히 소행성과 지구의 충돌 확률은 매우 낮대요. 하지만 과학자들은 소행성이 또다시 생물 멸종을 일으키지 않도록 소행성의 궤도를 추적하고 있다고 했어요.

정리하기

◎ 다음 빈칸을 채우세요.

□□□ 은 화성과 목성 사이에서 태양을 중심으로 도는 작은 행성을 말해요.

◎ 맞으면 O, 틀리면 X 하세요.

1. 공룡은 약 6,500만 년 전에 멸종했어요. □
2. 공룡이 멸종한 이유는 거대한 소행성 하나가 지구에 떨어졌기 때문이에요. □
3. 2182년에 지구에 소행성이 떨어질 확률은 매우 높아요. □

◎ 신문 어휘 풀이

- **충돌하다:** 서로 세게 맞부딪치거나 맞서다
- **대량:** 많은 분량이나 수량
- **멸종:** 생물의 한 종류가 지구에서 완전히 없어짐
- **거대하다:** 엄청나게 크다
- **해일:** 갑자기 바닷물이 크게 일어서 육지로 넘쳐 들어오는 것
- **강타하다:** 세게 치다
- **예측:** 앞으로의 일을 미리 추측함
- **지점:** 어떤 지역 안의 특정한 곳
- **관측:** 눈이나 기계로 자연 현상을 자세히 살펴보아 어떤 사실을 짐작하거나 알아냄
- **생태계:** 생물들이 서로 적응하고 관계를 맺으며 살아가는 자연의 세계
- **확률:** 일정한 조건 아래에서 어떤 일이 일어날 수 있는 가능성의 정도
- **궤도:** 사물이 따라서 움직이는 정해진 길
- **추적하다:** 일이나 사람의 흔적을 따라가며 찾다

토론하기

Q1 공룡이 멸종한 이유는 무엇일까요?

Q2 만약 소행성이 지구에 떨어진다면 무슨 일이 벌어질까요?

69

들쥐 씨, 귀여운 다람쥐 외모에 속지 마세요

배경 지식

● **진화:** 어느 생물 집단의 생김새, 성격, 체질 같은 특징이 긴 시간을 거치면서 조금씩 변화하는 현상을 말해요.

신문 읽기

들쥐를 잡아먹는 다람쥐
출처 캘리포니아대학교 데이비스

입안 가득 도토리를 넣어 볼록해진 양 볼. 오물오물 도토리를 먹는 귀여운 다람쥐가 알고 보니 들쥐를 사냥해 잡아먹기까지 한다는 사실이 밝혀졌어요.

다람쥐, 귀엽다고 만만하게 봤다간 큰일 납니다

미국 캘리포니아대와 위스콘신대 연구팀은 캘리포니아 땅다람쥐가 들쥐를 사냥해 잡아먹는 모습을 여러 차례 발견했다고 밝혔어요. 캘리포니아 땅다람쥐를 관찰한 결과, 땅다람쥐는 적극적으로 들쥐를 사냥했고 들쥐를 먹기 위해 서로 경쟁하는 모습까지 보였어요. 사람에게 친숙한 동물, 다람쥐의 사냥 행동이 관찰된 것은 이번이 처음이었다고 해요.

다람쥐가 무시무시한 들쥐 사냥꾼이 된 까닭은

다람쥐는 다른 포식동물의 사냥법을 그대로 따랐어요. 앞발과 이빨로 들쥐를 제압해 꼼짝 못 하게 만든 다음, 들쥐를 여러 번 물었거든요. 이를 통해 연구자들은 견과류를 먹던 다람쥐가 육식 포식동물로 진화하고 있음을 알 수 있다고 했어요. 또한 다람쥐가 육식 동물이 된 이유는 들쥐 개체수 증가에 있다고 해요. 다람쥐의 육식 행동이 늘어난 시기가 들쥐가 증가한 시기와 일치했기 때문이에요.

연구자들은 다람쥐는 생태계 변화에 적응해, 그 당시 충분히 제공되는 먹이를 요리조리 사냥하는 잡식동물이라고 평가했어요. 또 얼마나 많은 다람쥐가 사냥하는지, 이 행동은 유전이 되는지, 생태계에 어떤 영향을 미치는지 앞으로 더 연구해 봐야 한다고 말했어요.

정리하기

◎ 다음 빈칸을 채우세요.

다람쥐가 다른 동물을 잡아먹는 포식동물로 ☐☐ 한 모습이 발견됐어요.

◎ 맞으면 O, 틀리면 X 하세요.

1. 그동안 다람쥐가 사냥하는 모습은 가끔씩 관찰됐었어요. ☐
2. 다람쥐는 자신만의 새로운 방법을 만들어 들쥐를 잡아먹었어요. ☐
3. 다람쥐가 육식 동물이 된 이유는 들쥐의 수가 늘어났기 때문이에요. ☐

◎ 신문 어휘 풀이

- 포식동물: 다른 동물을 잡아먹는 동물
- 제압하다: 강한 힘이나 기세로 상대를 누르다
- 개체수: 개개의 생물체의 수
- 증가: 수나 양이 더 늘어나거나 많아짐
- 일치하다: 비교되는 대상이 서로 다르지 않고 꼭 같거나 들어맞다
- 생태계: 생물들이 서로 적응하고 관계를 맺으며 살아가는 자연의 세계
- 적응하다: 어떠한 조건이나 환경에 익숙해지거나 알맞게 변화하다

토론하기

Q1 다람쥐가 들쥐를 잡아먹기 시작한 이유가 무엇일까요?

_____

70

네가 웃으면, 내 얼굴에도 웃음꽃이 절로 핀단다

배경 지식

● **사회적 상호작용**: 둘 이상의 동물이 사회적인 행동을 주고받으면서 서로 영향을 주는 과정을 말해요. 사회적 상호작용을 하면서 동물은 반응을 보이고 서로를 이해하며 친밀감을 쌓아요.

신문 읽기

미소 짓는 돌고래

돌고래가 환히 웃는 모습을 보면 궁금해집니다. 돌고래는 정말 기뻐서 웃고 있는 걸까, 아니면 원래 그렇게 생긴 걸까 하고요!

돌고래도 기쁘면 웃는다?

돌고래는 높은 지능과 사회성으로 유명한 동물이에요. 사람과도 친하게 지낼 수 있고, 다 같이 모여있는 것을 좋아하는 동물이죠. 그런데 최근 한 연구팀에서 이보다 더 신비한 연구 결과를 발표했어요. 바로 돌고래도 사람처럼 신나고 기쁘면 웃는다는 사실을요!

돌고래의 미소에 담겨 있는 '그것'은?

돌고래가 친밀감을 표현하기 위해 미소를 짓는다는 사실이 밝혀졌어요. 마치 사람이 사회적 상호작용을 하기 위해 웃는 것처럼요! 연구팀이 관찰한 결과, 돌고래는 친구들과 함께 놀 때 이빨이 드러나도록 입을 벌리는 표정을 지었어요. 연구하는 동안 돌고래가 입을 벌리는 행동이 총 1,288번 관찰됐는데, 이 중에서 약 90%가 돌고래끼리 놀이를 즐길 때였다고 해요. 놀라운 점은 이게 다가 아니에요. 미소 짓는 돌고래를 상대 돌고래가 발견하면 33%의 확률로 따라 웃어줬다고 해요.

돌고래의 웃는 얼굴이 어떤 의미를 담고 있는지, 혹은 아무 의미 없는 행동일 뿐인지 그동안 의견이 분분했는데요, 돌고래의 웃음은 친구들과 즐거움을 나누는 행위라는 사실이 밝혀져 어쩐지 따뜻한 마음이 듭니다.

정리하기

◎ 다음 빈칸을 채우세요.

돌고래는 서로 미소를 주고받으면서 ☐☐☐☐☐ 을 해요.

◎ 맞으면 O, 틀리면 X 하세요.

1. 돌고래는 지능이 높은 동물이에요. ☐
2. 돌고래는 별다른 이유 없이 미소 지어요. ☐
3. 돌고래는 상대 돌고래가 웃는다고 따라 웃지는 않아요. ☐

◎ 신문 어휘 풀이

· **지능**: 사물이나 상황을 이해하고 대처하는 지적인 적응 능력
· **사회성**: 사회에 적응하고 다른 존재와 원만하게 어울리며 집단을 이루어 살려고 하는 성질
· **친밀감**: 사이가 매우 친하고 가까운 느낌
· **분분하다**: 여러 사람의 의견이 일치하지 않고 서로 다르다

토론하기

Q1 이 기사를 읽고 새롭게 알게 된 사실을 가족들에게 이야기해 주세요.

___

Q2 여러분은 어떨 때 미소를 지어요?

___

71 우리 매미들이 왜 221년 만에 만났냐면요

배경 지식

● **천적**: 천적은 먹고 먹히는 관계에서 어떤 생물을 공격해 먹이로 삼는 생물을 말해요. 예를 들면, 쥐에 대한 뱀, 배추흰나비에 대한 배추나비고치벌, 진딧물에 대한 무당벌레 따위예요.

신문 읽기

미국 매미

여름을 알리는 소리는 바로 "맴~맴~" 매미 소리. 우리나라에서는 매미를 매년 만날 수 있지만, 미국에서는 몇 년에 한 번씩만 매미를 볼 수 있다고 해요.

221년 만에 손잡고 맴맴

미국 매미는 13년 또는 17년이라는 긴 생애주기를 가져요. 그런데 2024년에는 13년·17년 매미가 221년 만에 함께 등장했다고 합니다. 두 매미가 이전에 같이 등장한 연도는 1803년이었어요. 두 종류의 매미가 함께 등장하는 만큼 그 수가 어마어마한데요, 곤충학자들은 수백조 마리에서 1,000조 마리의 매미가 미국 중·동부를 뒤덮을 것이라고 예고했어요.

매미 생애주기의 비밀

매미는 길면 13년이나 17년, 짧으면 5년이나 7년이라는 소수 주기로 살아요. 소수란 어떤 수를 나눌 때 1과 자기 자신 외에는 나눠지지 않는 수를 말해요. 매미가 이렇게 소수 주기로 나오는 이유는 천적으로부터 자신을 보호하기 위해서예요. 만약 매미의 생애주기가 6년이라면, 생애주기가 2년·3년인 천적들과 6년마다 만나게 되지만 주기가 13년이면, 주기가 2년인 천적과는 26년에 한 번만 만나게 되죠.

소수 주기로 땅 위로 올라오면, 천적들과 훨씬 덜 마주치게 되는 거죠!

221년 만에 동시에 나온 미국 매미들이 만들어낸 울음소리는 얼마나 시끄러울까요? 110데시벨이나 된다는데요, 이는 제트기가 바로 옆을 지나갈 때 나는 소리만큼 큰 소리라고 해요!

정리하기

◎ 다음 빈칸을 채우세요.

매미는 ☐☐ 으로부터 자신을 보호하기 위해 소수 주기로 살아요.

◎ 맞으면 O, 틀리면 X 하세요

1. 미국에서는 매미를 매년 만날 수는 없어요. ☐
2. 마지막으로 13년·17년 매미가 동시에 나타난 연도는 221년 전이었어요. ☐
3. 매미는 천적과 최대한 자주 마주치려고 소수 주기로 땅 위로 올라와요. ☐

◎ 신문 어휘 풀이

· **생애주기**: 사람이나 동식물이 태어나서 죽을 때까지의 기간
· **소수**: 어떤 수를 나눌 때 1과 자기 자신 외에는 나눠지지 않는 수. 이를테면 2, 3, 5, 7, 11, 13, 17, 19를 말한다
· **데시벨**: 소리의 세기를 나타내는 단위

토론하기

Q1 매미가 소수 주기로 살아가는 이유는 뭐예요?

Q2 이렇게 수많은 매미가 한꺼번에 땅 위로 올라오면 어떤 일이 일어날까요? 여러분이 이렇게 많은 매미를 만난다면 어떨 것 같아요?

72

그들은 왜 750km나 떨어진 곳에서 그 무거운 돌을 가져왔을까?

배경지식

○ **스톤헨지**: '위에 걸쳐 놓은 돌'이라는 뜻으로, 영국에 있는 거대한 돌기둥으로 만들어진 신석기 시대 유적지예요. 높이는 약 8m, 무게는 최대 40t 정도 나가는 돌 수십 개와 이것을 가로로 받치는 거대 돌로 이루어져 있어요. 유네스코 세계유산으로 등재돼 있어요.

신문 읽기

스톤헨지

고인돌과 비슷하게 생겼지만 누가, 어떤 이유로, 어떻게 만들었는지 아무것도 밝혀지지 않은 수수께끼의 돌 스톤헨지. 지금 그 비밀이 풀리고 있어요.

마법 같은 고대 유적지, 비밀을 풀 열쇠를 찾았다!

영국에 있는 스톤헨지는 세계 7대 불가사의로도 꼽히는 유적지예요. 웅장하고 거대한 규모로 이름을 날렸지만, 대체 이걸 누가 만들었는지, 어마어마한 무게와 크기의 돌기둥을 왜, 어떻게 만들었는지 밝혀진 게 없었어요. 그런데 얼마 전 과학자들이 스톤헨지의 일부 돌을 분석해 보았더니, 스톤헨지가 있는 영국 솔즈베리 평원에서 무려 750km나 떨어진 스코틀랜드 북동쪽에서 온 돌이라는 놀라운 결과가 나왔어요. 스톤헨지의 돌 일부와 스코틀랜드에 있는 돌이 서로 성분이 상당히 유사했거든요. 750km면 서울과 부산을 왔다 갔다 할 수 있는 거리와 비슷해요.

왜 저렇게나 크고 무거운 돌을 옮겼을까요?

지금까지 스톤헨지는 천문대나 사원으로 사용됐을 거라는 추측이 많았지만 이번에 새로운 주장이 나왔어요. 750km나 떨어진 곳에서 돌을 옮긴 이유는 고대 영국을 하나로 통일하기 위해서라고요. 먼 지역에 있는 사람들이 솔즈베리 지역의 사람들과 정치적 통합과 평화를 위해 자기 지역의 돌을 선물로 가져온 거죠. 과연 5천 년 전 영국에는 어떤 사람들이 살았고 어떤 사회였던 걸까요? 연구팀은 앞으로 더 자세한 연구를 해나갈 예정이라고 말했어요.

정리하기

◎ 다음 빈칸을 채우세요.

　　☐☐☐☐ 의 일부분이 750km 떨어진 곳에서 왔다는 사실이 밝혀졌어요.

◎ 맞으면 O, 틀리면 X 하세요.

　1. 스톤헨지는 미국에 있는 유명한 유적지예요. ☐
　2. 스톤헨지는 누가, 왜 만들었는지 예전부터 널리 알려져 있었어요. ☐
　3. 스톤헨지를 만든 이유는 고대 영국 사람들의 평화를 위해서예요. ☐

◎ 신문 어휘 풀이

　· 고인돌: 큰 돌로 만든 선사 시대 무덤
　· 불가사의: 평범한 사람의 생각으로는 알 수 없는 이상한 일
　· 분석하다: 더 잘 이해하기 위해서 복잡한 것을 여러 갈래로 나누다
　· 성분: 어떤 것을 이루고 있는 한 부분
　· 유사하다: 서로 비슷하다
　· 천문대: 우주를 관측할 수 있는 장치를 갖춘 시설이나 기관
　· 사원: 절이나 교회 같은 종교적 모임을 위한 장소
　· 통합: 둘 이상의 조직이나 기구 따위를 하나로 합침

토론하기

Q1 스톤헨지를 만드는 데 사용된 돌이 750km 떨어진 곳에서 왔다는 사실을 통해 무엇을 알 수 있었어요?

_____

Q2 그때 사람들은 그 무거운 돌을 어떻게 옮겼을까요?

_____

73

"내 친구 살려야 해!" 작은 쥐가 보여준 커다랗고 따뜻한 마음

배경 지식
- 옥시토신: 상대방에게 사랑, 믿음, 유대감을 느끼게 해주는 호르몬이에요.
- 사회적 행동: 동물이 다른 동물, 특히 같은 종의 동물에게 하는 행동의 한 종류를 말해요.

신문 읽기

쥐

쥐도 사람처럼 동료 쥐가 쓰러지면 응급 처치를 하며 살리려고 애쓴다는 연구 결과가 나왔어요.

너 괜찮아? 정신 차려봐, 얼른 일어나 봐!

미국 서던캘리포니아 대학교의 연구팀은 마취돼 정신을 잃은 쥐와 정상적으로 활동하는 쥐를 한곳에 넣고 어떤 일이 벌어지는지 살펴봤어요. 그 결과, 정상 쥐가 움직이지 않는 쥐를 구하기 위해 적극적인 응급 처치를 하는 것으로 나타났어요. 활동 쥐는 마취된 쥐의 냄새를 킁킁 맡고, 앞발과 뒷발로 동료를 톡톡 치며 움직이지 않는 동료를 깨우려고 했어요. 그래도 아무 반응이 없자, 마취 쥐의 입을 벌리고, 혀를 빼서 숨을 잘 쉬게 도와주는 등 사람이 하는 심폐소생술과 비슷한 행동을 했죠. 마취 쥐가 깨어나자, 활동 쥐는 곧바로 응급 처치를 멈췄고요. 또한 쥐들은 낯선 쥐보다 한 번쯤은 본 적이 있는 쥐에게 더 오랫동안 구조 활동을 벌였대요.

어려운 친구 돕고 싶은 건 동물도 마찬가지

연구진들은 쥐가 의식 없는 동료를 봤을 때 '옥시토신' 호르몬이 증가한 것을 확인했어요. 옥시토신은 상대방에게 사랑, 믿음, 유대감을 느끼게 해주는 호르몬으로, 뇌에서 옥시토신이 분비되면 상대방을 돕거나 배려하고 싶어진대요.

연구자들은 이번 연구를 통해 고통에 처한 사람을 돕고 싶은 본능은 동물에게서도 나타난다는 사실을 알게 됐다며, 이는 타고난 사회적 행동이라고 덧붙였어요.

정리하기

◎ 다음 빈칸을 채우세요.

☐☐☐☐ 이란 상대방에게 사랑, 믿음, 유대감을 느끼게 해주는 호르몬이에요.

◎ 맞으면 O, 틀리면 X 하세요.

1. 다른 쥐를 돕는 쥐의 뇌에서 옥시토신이라는 호르몬이 분비됐어요. ☐
2. 쥐는 사람이 하는 심폐소생술과 비슷한 응급처치를 할 수 있어요. ☐
3. 다른 사람을 돕고 싶은 마음은 사회에서 학습해야만 얻을 수 있어요. ☐

◎ 신문 어휘 풀이

- 응급처치: 갑자기 병이 나거나 상처를 입었을 때 위급한 상황을 넘기기 위하여 임시로 하는 치료
- 마취되다: 약물 따위가 사용되어 얼마 동안 의식이나 감각이 없어지다
- 심폐소생술: 인공호흡과 심장 마사지를 통해 멈춘 심장을 정상으로 회복시키는 처치 방법
- 유대감: 서로 가깝게 이어지거나 연결되어 통하는 느낌
- 호르몬: 몸의 한 부분에서 나와 몸 안을 돌면서 다른 조직이나 기관의 활동을 조절하는 물질
- 분비되다: 세포에서 만들어진 액체가 세포 밖으로 내보내지다
- 본능: 학습이나 경험이 없이도 동물이 세상에 태어나면서부터 이미 갖추고 있는 행동

토론하기

Q1 쥐는 왜 마취된 쥐를 위해 응급처치를 해줬을까요?

_____

Q2 여러분은 어떤 상황에서 다른 사람을 돕고 싶다는 마음이 들어요?

_____

74 번쩍번쩍 햇빛 나가신다, 길을 비켜라!

배경 지식

- 태양광 에너지: 태양에서 얻은 빛을 변환시켜 전기 에너지로 활용하는 것을 말해요.
- 신재생 에너지: 기존의 화석연료를 재활용하거나 햇빛, 물, 지열 등 다시 쓸 수 있는 에너지를 변환시켜 이용하는 에너지를 말해요. 태양 에너지, 해양 에너지 등이 있어요.

신문 읽기

태양광 패널

지붕 위에 설치된 반짝이는 네모판 패널을 본 적이 있어요? 지금, 세계 곳곳 지붕 위가 태양광 패널로 덮이고 있다고 해요.

반짝이는 네모판 패널을 지붕에 다는 이유는

태양광 에너지를 얻기 위해서예요. 태양광 에너지란 태양의 빛에너지를 전기로 변환시켜 쓰는 신재생 에너지를 말해요. 최근 들어 세계 곳곳에서 태양광 에너지 사용이 급증하고 있는데요, 그 이유는 에너지 부족과 비싼 전기요금에서 찾아볼 수 있다고 해요.

파키스탄의 경우, 전기요금이 너무 비싸 인구 약 90%가 직접 지붕에 패널을 달아 태양광 에너지를 사용하고 있어요. 독일도 우·러 전쟁으로 에너지 가격이 올라 태양광 패널을 설치하는 가정이 급증했어요. 아프리카도 건물 옥상마다 태양광 패널을 설치하고 있고요, 미국도 태양광 산업이 계속 성장할 것으로 보여요. 트럼프 대통령이 태양광 에너지를 긍정적으로 보고 있거든요.

태양광 패널, 비싸지 않나요?

대부분의 나라에서 중국에서 생산한 값싼 태양광 패널을 사용해요. 국제에너지기구(IEA) 보고에 따르면, 2030년이면 태양광이 전 세계 재생에너지 사업의 80%가

될 것이며, 재생에너지 설치량의 절반 이상을 중국이 차지할 거라고 해요.

흥미로운 점은 전 세계 탄소 배출량이 가장 많은 나라도, 재생에너지 증가율이 가장 높은 나라도 중국이라는 점이에요. 값싼 중국산 패널로 태양광 에너지 이용이 늘어나고 있는 지금, 앞으로 재생에너지 발전은 어떻게 이루어질까요?

정리하기

◎ 다음 빈칸을 채우세요.

에너지 부족과 비싼 전기요금 때문에 ☐☐☐☐☐ 를 이용하는 나라가 늘었어요.

◎ 맞으면 O, 틀리면 X 하세요.

1. 파키스탄은 정부에서 각 가정에 태양광 패널을 설치해 주고 있어요. ☐
2. 미국에서 태양광 산업의 미래는 밝지 않아요. ☐
3. 중국은 탄소 배출량이 가장 많은 나라 중 하나예요. ☐

◎ 신문 어휘 풀이

- 패널: 나무나 유리, 금속으로 된 사각형 모양의 판
- 급증하다: 짧은 기간 안에 갑자기 늘어나다
- 설치하다: 어떤 목적에 맞게 쓰기 위하여 기관이나 설비 등을 만들거나 제자리에 맞게 놓다
- 생산하다: 사람이 생활하는 데 필요한 물건을 만들다
- 탄소 배출량: 화석연료 등을 사용하는 과정에서 공기 중으로 나오는 탄소의 양
- 증가율: 늘어나는 비율

토론하기

Q1 여러분은 태양광 패널을 본 적이 있나요? 어디서 보았나요?

_____

Q2 태양광 에너지를 사용하면 어떤 점이 좋을까요?

_____

75

옛날 옛적, 펭귄의 나라 남극이 울창한 숲이었다면 믿으시겠어요?

배경 지식

● **호박**: 노란빛을 띠는 보석이에요. 오랜 시간 동안 화석처럼 굳어져 만들어지며, 그 안에 생명체가 그대로 굳어 보존되는 경우도 있어요. 장식품을 만들 때 자주 사용되어 왔어요.

신문 읽기

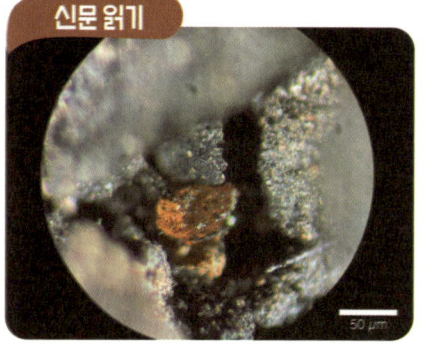

남극에서 발견한 호박
출처_알프레드 베게너 연구소 홈페이지

펭귄의 고향, 남극. 그곳에서 9,000만 년 전, 공룡이 지구에서 사라지기 2,500만 년 전에 만들어진 것으로 추정되는 호박이 발견됐어요. 우리가 즐겨 먹는 호박이냐고요? 아니요, 보석 '호박'이 발견됐어요.

투명하게 반짝이는 노란 보석, 호박

나무는 산불이나 곤충 등으로부터 자신을 지키기 위해 끈끈한 물질을 분비하는데요, 이 물질을 수지라고 불러요. 호박은 수지가 땅속에 파묻혀 오랜 시간 딱딱하게 화석처럼 굳어진 것을 말해요. 영롱하게 빛나는 투명한 노란빛 호박은 보석으로도 사람들에게 오래도록 사랑받아 왔어요.

그동안 호박은 세계 곳곳에서 발견되었지만, 남극에서만큼은 발견된 적이 없어요. 그런데 최근 독일 연구진이 남극에서 호박을 처음으로 발견했어요! 새끼손톱보다 더 작은 1mm 정도의 호박을요!

호박이 발견됐다는 것은

이번에 발견된 호박은 워낙 작아서 그 속에 고대 생명체는 찾아볼 수 없었어요. 하지만 이번 호박 발견을 통해 남극이 지금과 같은 동토가 아니라 숲으로 뒤덮여 있었다는 것을 알 수 있었어요. 즉 9,000만 년 전에는 남극을 포함한 지구의 7개 대륙 모두가 나무가 살아갈 수 있는 따듯한 기후였다는 거죠! 연구자들은 앞으로 남극에서 호박을 더 발견하게 되면, 오래전 남극이 어땠는지, 남극의 숲에서 무슨 일이 벌어졌는지 알 수 있을 거라고 말했어요.

정리하기

◎ 다음 빈칸을 채우세요.

최근 독일 연구진이 처음으로 남극에서 보석 ☐☐ 을 발견했어요.

◎ 맞으면 O, 틀리면 X 하세요.

1. 남극에서 발견된 호박은 공룡이 멸종하고 나서 생긴 것으로 추정돼요. ☐
2. 남극에서 발견된 호박은 아주 커다란 크기로 화제가 되었어요. ☐
3. 남극에서 호박이 발견되었다는 것은 예전에 그 땅이 숲이었다는 것을 뜻해요. ☐

◎ 신문 어휘 풀이

- 분비하다: 세포에서 만들어진 액체를 세포 밖으로 내보내다
- 동토: 얼어붙은 땅
- 7개 대륙: 아시아, 유럽, 아프리카, 북아메리카, 남아메리카, 오세아니아를 합해 6개 대륙이라고 부르던 것에서 남극까지 더해 부르는 말

토론하기

Q1 9,000만 년 전 남극이 숲이었다는 걸 어떻게 알게 됐어요? 숲이라고 판단하는 이유가 뭐예요?

Q2 9,000만 년 전 따뜻한 남극에서는 어떤 생물이 살았을까요?

05

환경

76 1분마다 축구장 5개가 타버렸다 상상해 보세요
77 1.5도를 넘긴 지구, 이제 공포영화가 시작되었어요
78 음식 속에 숨어있는 너는 누구냐
79 우리가 할머니 할아버지가 되면, 김치를 못 먹게 될 수도 있다는 슬픈 소식
80 바닷물에 잠겨버린 나의 고향, 이제 정말 안녕
81 나비야 나비야, 이리 날아 오너라
82 너무 더우니까요, 이번 생은 암컷으로 태어날게요
83 아이돌 포토 카드가 우리에게 남긴 것
84 다이빙을 시작하고 가장 슬픈 장면을 목격했습니다
85 지구가 뜨거워질수록 차가운 눈이 더 펑펑 내리는 까닭은

86 역사상 가장 뜨거운 여름, 이제 더는 안 돼요
87 도도새가 게으르고 멍청해서 멸종됐다 말하지 말아요
88 단풍나무가 사라진 가을을 맞이할 순 없어요
89 굿바이 스키장, 이제는 스키를 못 탈지도 몰라요
90 깊은 바닷속 보물을 캐느냐 마느냐, 그것이 문제로다
91 나무가 입맛을 잃으면 벌어지는 일
92 한국은 꼴찌, 영국은 1등인 그것은?
93 핸드폰이 연기를 내뿜지 않아도 환경 오염 주범이 될 수 있다는 사실
94 소나무 한 그루 심을 준비 됐나요? 아니라면 옷 사기를 멈춰보세요

76

1분마다 축구장 5개가 타버렸다 상상해 보세요

배경 지식

● **기후재난**: 기후위기 때문에 홍수, 폭염, 폭우, 태풍 등의 자연재난이 예측할 수 없을 만큼 자주, 강하게 일어나는 것을 말해요.

신문 읽기

LA 산불

2025년 1월 6일, 미국에서 두 번째로 큰 도시 로스앤젤레스(LA)에서 산불이 났는데요, 이 불은 1분마다 축구장 5개의 면적을 태우며, 5일 만에 여의도 면적의 35배를 태워버렸어요.

21세기 미국 최악의 화재로 기록될 LA 산불

이번 화재로 주택과 건물 1만 5,000여 채가 불에 타고 다수의 사망자와 실종자가 발생했어요. 이번 산불의 원인으로는 먼저 엄청난 세기의 바람 폭풍을 꼽을 수 있어요. 원래 남부 캘리포니아에는 매년 1~2월이면 '샌타애나'라는 강풍이 부는데요, 이 바람은 무서울 정도로 강해서 악마의 바람이라고도 불려요. 이 바람이 불씨를 몰고 세차게 불어와 마른 나무와 풀, 주택 사이로 끼어들면서 걷잡을 수 없이 큰 산불이 난 거죠. 이번 산불의 원인을 기후재난이라고 보는 사람도 많아요. 샌타애나 바람은 매년 불어오는 바람이지만 지구가 뜨거워진 탓에, 바람이 태풍처럼 거대해지고 숲은 극심한 가뭄으로 건조해져 최악의 산불로 이어졌다는 거죠.

LA 산불이 삼키고 간 자리에는

이번 불은 LA에서도 집값이 비싸기로 유명한 곳에서 일어났기 때문에 피해 금액도 엄청나요. 원래도 주택난에 시달리고 있었던 캘리포니아는 앞으로 주택 임대료가 더 크게 오를 것으로 전망돼요. 지금까지 기후재난은 약소국의 저소득층에만 해당된다고 여겼어요. 하지만 이번 LA 산불은 그 누구도 기후재난을 피해 갈 수 없다는 것을 명백히 보여줬어요.

정리하기

◎ 다음 빈칸을 채우세요.

기후위기 때문에 홍수, 폭염, 폭우, 태풍 등의 자연재난이 예측할 수 없을 만큼 자주, 강하게 일어나는 것을 ☐☐☐☐ 이라고 말해요.

◎ 맞으면 O, 틀리면 X 하세요.

1. LA에서는 1~2월에 큰 바람이 불어와 매년 엄청난 크기의 산불이 일어나요. ☐
2. 이번 LA 산불은 저소득층이 모여 사는 곳에 나서 피해가 더 컸어요. ☐
3. 기후재난은 누구에게나 벌어질 수 있는 일이에요. ☐

◎ 신문 어휘 풀이

- **면적**: 일정한 평면이 차지하는 크기
- **다수**: 많은 수
- **실종자**: 흔적 없이 사라져서 어디에 있는지, 죽었는지 살았는지를 알 수 없게 된 사람
- **발생하다**: 어떤 일이 일어나거나 사물이 생겨나다
- **거대하다**: 엄청나게 크다
- **극심하다**: 상태나 정도가 지나칠 정도로 매우 심하다
- **주택난**: 살 집이 모자라서 구하기 어려운 일
- **주택 임대료**: 주택을 일정한 기간 동안 남에게 빌려주는 대가로 받는 돈
- **전망되다**: 앞날이 미리 예상되다
- **약소국**: 경제적이나 군사적으로 힘이 약하고 작은 나라
- **저소득층**: 상대적으로 다른 사람보다 돈을 적게 버는 사회 계층

토론하기

Q1 LA 산불이 이렇게 커진 까닭은 뭐예요?

Q2 기후재난에 대한 여러분의 생각은 어때요?

77

1.5도를 넘긴 지구, 이제 공포영화가 시작되었어요

배경 지식

● **기후위기**: 지구의 평균 기온이 점점 높아지면서 기후가 극단적으로 변화하는 것, 혹은 그런 변화로 인해 위험해지는 것을 말해요.

신문 읽기

1.5도를 넘긴 지구

2024년, 지구 평균 기온이 기후 **재앙**을 막기 위한 마지노선 온도였던 1.5도를 처음으로 넘어섰어요.

이글이글 타오르는 지구, 넘겨버린 1.5도

구테흐스 유엔 사무총장은 많은 기관과 기업들이 기후 대응 약속을 제대로 지키지 않고 있다고 비판했어요. 석유나 석탄과 같은 **화석연료** 대신 **재생에너지**를 적극적으로 사용하지 않는 태도를 보고 '화석연료 중독'이라고 **지적했어요**. 화석연료 중독은 프랑켄슈타인 같은 괴물이라고도 했지요.

2024년 지구 평균 기온은 역사상 가장 높아

2024년 기록을 보면, **산업화** 이전의 지구 **표면** 온도보다 1.55도가 **상승**했다고 해요. 지구 온도를 1.5도 이상 절대 높이지 말자던 국제사회의 약속이 무너지고 만 거죠. 구테흐스 사무총장은 **해수면** 상승과 폭염, 홍수, 산불 등 지구에서 살아가는 우리가 겪는 모든 **극단적**인 날씨는 공포영화의 예고편에 불과하다고 경고했어요. 특히 폭염으로는 연간 50만 명이 목숨을 잃고 있다고 해요. 그럼에도 불구하고 정부와 기업은 **기후위기**를 극복하기 위한 노력을 점점 더 기울이지 않고 있어요.

이제는 더 이상 미룰 수가 없어요. 각 나라는 **경각심**을 갖고 온실가스를 줄이기 위한 계획을 하루빨리 세워 기후변화에 대응해 나가야 해요.

정리하기

◎ 다음 빈칸을 채우세요.

☐☐☐ 란 지구의 평균 기온이 점점 높아지면서 기후가 극단적으로 변화하는 것, 혹은 그런 변화로 인해 위험해지는 것을 말해요.

◎ 맞으면 O, 틀리면 X 하세요.

1. 구테흐스 유엔 사무총장은 기후변화에 제대로 대응하지 않는 기업들을 비판했어요. ☐

2. 지구의 표면 온도는 산업화 이전보다 1.55도 상승했어요. ☐

3. 높아지는 지구 온도를 막기 위해 전 세계가 적극적으로 행동하고 있어요. ☐

◎ 신문 어휘 풀이

- **재앙:** 뜻하지 않게 생긴 불행한 사고
- **화석연료:** 생물이 땅속에 묻혀 화석같이 굳어져 오늘날 연료로 이용하는 물질
- **재생에너지:** 계속 사용해도 거의 무한으로 다시 얻을 수 있는 에너지
- **지적하다:** 잘못된 점이나 고쳐야 할 점을 가리켜 말하다
- **산업화:** 산업과 기술이 발달하여 생산이 기계화되고 인구의 도시 집중과 같은 특징을 가진 사회로 됨
- **표면:** 사물의 가장 바깥쪽
- **상승:** 위로 올라감
- **해수면:** 바닷물의 표면
- **극단적:** 상황이나 상태가 더 이상 유지되거나 진행되기 힘든 것
- **경각심:** 정신을 차리고 주의하며 경계하는 마음

토론하기

Q1 숨 쉬기도 힘든 폭염, 밖을 돌아다닐 수도 없는 폭설, 건물이 다 잠기는 폭우가 계속된다면 어떨 것 같나요?

Q2 기후위기를 막기 위한 방법 중 일상생활에서 실천할 수 있는 것으로는 무엇이 있을까요?

78 음식 속에 숨어있는 너는 누구냐

배경 지식

- **GMO(Genetically Modified Organism):** GMO는 유전자 변형 농수산물을 말해요. 유전자 변형은 특정한 농수산물에 없는 유전자를 사람의 힘으로 결합해 새로운 품종을 개발해 내는 기술이에요.
- **GMO 완전 표시제:** GMO를 활용한 식품이라면 어떤 경우에도 'GMO'가 들어가 있다고 무조건 표기해 소비자의 알권리를 보장하는 제도예요.
- **알권리:** 국민이 국가가 시행하고 관리하는 정책에 관해 자유롭게 알 수 있는 권리를 말해요.

신문 읽기

세계 2위 GMO 수입국인 우리나라는 이제 마트 여기저기에서 GMO 가공식품을 쉽게 볼 수 있어요. 우리 식생활과 맞닿아 있는 GMO에 대해 우리는 어디까지 알고 있을까요?

GMO가 뭐예요?

세계 인구가 급증하면서 식량 수요가 늘자, 사람들은 유전자를 변형해서 가뭄과 제초제에 쉽게 죽지 않는 강한 작물을 만들어 내기 시작했는데요, 이것이 바로 GMO예요. 대표적인 GMO으로는 콩·옥수수·카놀라 등이 있어요. 우리나라에는 1990년대부터 본격적으로 수입됐고요, 이제 GMO를 활용한 다양한 가공식품이 들어오고 있어요. 이 중에서는 과자와 빵이 가장 많아요. 현재는 GMO를 활용했어도 식품에 유전자 변형 DNA가 남아있지 않으면 GMO가 들어있다고 따로 표시하지 않고 있어요.

GMO를 활용했는데 GMO가 들어있다고 표시 안 해도 되는 거예요?

국민 10명 중 8명은 'GMO 완전 표기제' 시행에 찬성하고 있어요. 식품에 GMO를 활용했다면 어떤 경우에도 'GMO'가 들어갔다고 무조건 표기해야 한다는 거죠. 그러나 이에 대한 찬반 입장은 팽팽히 맞서고 있어요. 소비자들의 알권리를 위해 GMO를 분명히 표시해야 한다는 쪽과 GMO 완전 표시제를 실시하면 사람들이 먹거리에 공포심을 느낄 수 있으니 반대한다는 쪽으로요. 아직 인체에 해로운지 아닌지 명확히 밝혀지지 않은 GMO. 표기를 어떻게 하는 게 좋을까요?

정리하기

◎ 다음 빈칸을 채우세요.

□□□□□ 에 대한 찬반 논란이 뜨거워지고 있어요.

◎ 맞으면 O, 틀리면 X 하세요.

1. 우리나라로 들어오는 GMO 활용 가공식품 중에는 과일이 많아요.　□
2. GMO 완전 표기제 시행에 찬성하는 사람이 반대하는 사람보다 더 많아요.　□
3. GMO는 인체에 해로운 부분이 있다고 밝혀졌어요.　□

◎ 신문 어휘 풀이

- **가공식품**: 저장과 조리가 편리하도록 특별한 방법으로 새롭게 만든 먹을거리
- **급증하다**: 짧은 기간 안에 갑자기 늘어나다
- **수요**: 어떤 소비의 대상이 되는 상품에 대한 요구
- **유전자**: 부모로부터 자식에게 전달되는 정보나 특징을 만들어내는 유전의 기본 단위
- **변형하다**: 형태나 모양, 성질 등이 달라지거나 달라지게 하다
- **제초제**: 잡초를 없애는 약
- **본격적**: 모습을 제대로 갖추고 적극적으로 이루어지는 것
- **시행**: 실제로 행함

토론하기

Q1 여러분이 먹은 음식 중에 GMO가 든 음식이 있었는지 가족과 함께 찾아보세요.

Q2 여러분은 GMO 완전 표기제에 찬성해요? 아니면 반대해요? 이에 대해 가족과 함께 찬반 입장을 나눠 이야기해 보세요.

79

우리가 할머니 할아버지가 되면, 김치를 못 먹게 될 수도 있다는 슬픈 소식

배경 지식

- 기후변화: 오랜 시간이 지나면서 기후가 점차 변화하는 것을 말해요. 최근 기후변화는 지구 기온이 점차 상승하고 있는 지구온난화 현상을 가리켜요.
- 고랭지: 해발 600미터 이상에 있는, 높고 기온이 낮은 지역을 말해요. 고랭지에서 배추, 감자, 무 등의 채소를 심어 가꿔요.

신문 읽기

고랭지 배추밭

기후변화로 인해 앞으로 한국에서 배추 생산이 어려워질지도 모른다는 전망이 나왔어요.

기후변화의 희생양이 되어버린 김치

로이터 통신은 기온 상승으로 인해 한국 배추 품질과 생산량이 큰 타격을 받고 있다고 전했어요. 보통 배추는 18도에서 21도 사이의 서늘한 기후에서 잘 자라요. 여름에는 최고 기온이 25도를 넘지 않는 강원도 고랭지 지역에서 주로 재배됐죠. 그런데 최근 이상기후로 인해 강원도마저 폭염에 시달리게 되면서 배추 재배가 어려워졌어요. 통계청 자료에 따르면 작년 고랭지 배추 재배 면적은 20년 전에 비해 절반 수준으로 급감한 것으로 나타났어요. 농촌진흥청은 향후 25년간 배추 경작 면적이 크게 줄어, 2090년에는 고랭지 배추가 아예 재배되지 않을 것으로 전망했어요. 전문가들은 기온 상승뿐만 아니라 잦은 폭우, 여름철 해충의 증가 역시 배추 재배량 감소에 악영향을 미친다고 말했어요.

한국에서 배추가 안 자라면?

현재 국내산 배추 수확량이 줄면서 중국산 수입 김치가 늘고 있어요. 2024년 7월 말까지 김치 수입량은 전년보다 6.9% 증가했는데요, 이는 역대 최고치라고 해요. 과학자들은 더위에 강한 배추 품종을 개발하고 있지만, 새로운 품종은 맛도 좋지 않고 재배 비용이 많이 든다고 해요. 70년 후, 우리 김치를 한국에서 자란 배추로 만들 수 없는 날이 온다면 어떻게 될까요? 이는 정말 슬픈 일이 될 거예요.

정리하기

◎ 다음 빈칸을 채우세요.

기후변화로 강원도 ☐☐ 에서 배추 재배 면적이 크게 줄어들었어요.

◎ 맞으면 O, 틀리면 X 하세요.

1. 배추는 25도 이상의 더운 날씨에서 잘 자라요. ☐
2. 2090년에는 고랭지 배추가 아예 재배되지 않을 수도 있어요. ☐
3. 국내 배추 수확량은 늘어나고 있고 중국산 수입 김치의 양은 줄어들고 있어요. ☐

◎ 신문 어휘 풀이

- **생산**: 사람이 생활하는 데 필요한 물건을 만듦
- **전망**: 예상한 앞날의 상황
- **로이터 통신**: 세계적으로 유명한 영국의 뉴스 제공 기관
- **타격**: 어떤 일에서 크게 기를 꺾어 생긴 손해
- **재배되다**: 식물이 심기어 가꾸어지다
- **통계청**: 통계의 기준 설정과 인구 조사 및 각종 통계에 관한 일을 하는 국가 기관
- **면적**: 일정한 면이 차지하는 크기
- **급감하다**: 갑자기 줄다
- **경작**: 논밭을 갈아 농사를 지음
- **전망하다**: 앞날을 미리 예상하다
- **수확량**: 농작물을 거두어들인 양
- **역대**: 이전부터 이어 내려온 여러 대
- **품종**: 같은 종의 생물을 그 특성에 따라 나눈 단위

토론하기

Q1 앞으로 한국의 배추 농사가 점점 더 어려워지는 이유가 뭐예요?

_____

Q2 만약 김치가 들어간 모든 음식을 못 먹게 된다면 어떨 것 같아요?

_____

80. 바닷물에 잠겨버린 나의 고향, 이제 정말 안녕

배경 지식

- **해수면 상승**: 지구온난화 때문에 대륙 위에 있는 빙하가 녹아 바다로 흘러들어 가는 동시에 수온이 오르면서 바닷물의 부피가 커져 해수면이 점차 상승하는 현상이에요.
- **기후난민**: 자연재해나 기후변화 때문에 생존이 위험해져서 기존에 살던 곳을 어쩔 수 없이 떠나야 하는 사람들을 '기후난민'이라고 해요.

신문 읽기

해수면 상승으로 지붕만 남은 가르디 수그두브섬
출처_FUTURO 360

파나마에서 약 1.2km 떨어진 작은 섬, 가르디 수그두브. 이곳에 살고 있는 주민 1,300여 명은 어쩔 수 없이 고향을 떠나야만 했어요. 섬 대부분이 물에 잠겨버렸기 때문이에요.

점점 차오르는 바닷물에 섬들이 잠기고 있어요

1960년대부터 한 해 평균 1mm 정도 높아지던 가르디 수그두브의 해수면이 최근 들어 3.5mm씩 **상승하고** 있다고 해요. **극심한** 기후변화 때문이에요. 그 결과 거리 곳곳이 바닷물에 잠겨버렸고, 섬 주민 대부분은 어부임에도 불구하고 파나마 정부가 마련한 육지 마을로 **이주해야** 했어요. 가르디 수그두브의 주민들은 섬이 사라지면 자신들의 추억과 문화가 모두 사라질 거라며 슬퍼했어요.

집을 잃은 사람들은 앞으로도 늘어날 거예요

파나마 정부는 이들을 남미의 첫 '**기후난민**'이라고 이름 붙였어요. '기후난민'은 자연재해나 기후변화 때문에 **생존**을 위협받아 기존에 살던 곳을 어쩔 수 없이 떠나야 하는 사람들을 말해요. 현재 기후난민은 약 2천6백만 명이에요. **급격한** 지구온난화 때문에 기후난민 수는 앞으로 더욱 빠르게 늘 것이라고 예상해요. 전문가들은 기후난민 문제를 지켜보고만 있을 수는 없다며, 이를 다루는 국제적인 협력 시스템을 시급히 마련해야 한다고 강조했어요.

정리하기

◎ 다음 빈칸을 채우세요.

지구온난화 때문에 가르디 수그두브의 주민 같은 ☐☐☐ 이 늘어나고 있어요.

◎ 맞으면 O, 틀리면 X 하세요.

1. 가르디 수그두브의 해수면은 1960년대보다 지금이 더 높아요. ☐
2. 앞으로 기후난민의 수는 빠르게 늘어날 것이에요. ☐
3. 현재 기후난민 문제를 해결할 국제적인 협력 시스템이 있어요. ☐

◎ 신문 어휘 풀이

- **상승하다**: 위로 올라가다
- **극심하다**: 상태나 정도가 지나칠 정도로 매우 심하다
- **이주하다**: 원래 살던 지역을 떠나 다른 지역으로 이동해서 살다
- **생존**: 살아있음, 또는 살아남음
- **급격하다**: 변화의 속도가 매우 빠르다
- **협력**: 힘을 합해 서로 도움
- **시급히**: 시간적인 여유가 없이 몹시 급하게
- **강조하다**: 어떤 것을 특히 두드러지게 하거나 강하게 주장하다

토론하기

Q1 여러분의 집이 갑자기 사라진다면 어떤 기분이 들 것 같아요?

_____

Q2 기후난민 문제를 해결하려면 어떤 노력이 필요할까요?

_____

81 나비야 나비야, 이리 날아 오너라

배경 지식

- 먹이사슬: 자연 생태계에서 생물들끼리 먹고 먹히는 것을 중심으로 형성된 관계를 말해요.
- 수분 매개자: 식물의 꽃가루를 다른 식물로 옮겨 다니면서 번식할 수 있도록 도와주는 동물을 말해요.

신문 읽기

나비

지난 20년 동안 미국에서 나비 5마리 중 1마리가 사라졌다는 연구 결과가 나왔어요. 일부 종은 50분의 1로 줄어들기까지 했고요.

대체 무슨 일이 있었던 거예요?

미국의 한 연구팀은 미국 48개 주에서 554종의 나비를 관찰했는데요, 그 결과 나비 개체수가 20년간 22%나 줄어들었고, 그중 약 절반에 해당하는 종은 42% 이상 감소한 것으로 나타났어요. 배추흰나비의 경우 천적이 늘어난 것도, 감염병이 있었던 것도 아닌데 개체수가 50% 이상 줄었대요. 매우 흔하고 환경에 잘 적응했던 또 다른 나비 종도 개체수가 급격히 감소했고요. 연구에 참여한 과학자는 무분별한 살충제 사용, 극심한 가뭄으로 인한 나비 서식지 파괴가 나비 개체수에 영향을 미쳤다고 추정해요. 또한 예상했던 것보다 나비 개체수 감소가 심각한 수준이었다며, 흔한 나비조차 줄어들고 있는 상황에 우려를 표했어요.

나비가 사라지면 벌어지는 일들

나비가 줄어들면 먹이사슬과 생태계 전반을 위협해 식량 위기로 이어질 수 있어요. 나비는 꽃가루를 옮겨 식물이 열매를 맺도록 도와주거든요. 식물의 30%나 나비와 벌과 같은 수분 매개자에 의존하고 있고요.

그나마 다행인 점은 나비는 생애주기가 짧아 개체수 회복을 빠르게 할 수 있다는 점이에요. 연구팀은 살충제 사용을 줄이고 야생화를 심는 것만으로도 나비 개체수를 늘릴 수 있다고 강조했어요.

정리하기

◎ 다음 빈칸을 채우세요.

식물의 ☐☐☐ 인 나비의 개체수가 줄어들고 있어요.

◎ 맞으면 O, 틀리면 X 하세요.

1. 나비의 개체수는 20년 동안 20% 넘게 감소했어요. ☐
2. 모든 식물의 30%는 수분 매개자인 나비와 벌에게 의존하고 있어요. ☐
3. 나비는 개체수를 회복하는 데 오랜 시간이 걸려요. ☐

◎ 신문 어휘 풀이

- 종: 어떤 기준에 따라 여러 가지로 나눈 갈래
- 개체수: 독립된 생물 개개의 수
- 감소하다: 양이나 수가 줄어들다
- 천적: 잡아먹히는 동물에 대한 잡아먹는 동물
- 급격히: 변화의 속도가 매우 빠르게
- 무분별하다: 바른 생각이나 판단을 하지 않는다
- 서식지: 생물이 보금자리를 만들어 사는 곳
- 추정하다: 미루어 생각하여 판단하고 정하다
- 우려: 근심하거나 걱정함
- 생태계: 여러 생물들이 서로 적응하고 관계를 맺으며 어우러진 자연의 세계
- 전반: 어떤 일이나 분야의 전체
- 생애주기: 태어나서부터 죽을 때까지 일생을 기간에 따라 구분한 것

토론하기

Q1 나비의 개체수가 급격하게 줄어든 이유가 무엇일까요?

_____

Q2 나비의 개체수가 지금처럼 계속 줄어들면 자연에 무슨 일이 일어날까요?

_____

82

너무 더우니까요, 이번 생은 암컷으로 태어날게요

배경 지식

- **바다거북**: 바다에 사는 파충류로, 바다거북의 등딱지 길이는 보통 1~1.2m이며 몸무게는 180~300kg이에요. 바다거북의 수명은 약 75년~100년이라고 알려져 있어요. 바다에서 일생을 보내며, 오직 알을 낳기 위해서만 육지로 올라와요.
- **멸종 위기**: 생물의 한 종류가 지구에서 완전히 없어질 수도 있는 위험한 순간을 말해요.

신문 읽기

새끼 바다거북

호주에서 새끼 바다거북의 99%가 암컷으로 태어났고, 현재 다 큰 바다거북의 87%도 이미 암컷이라는 조사 결과가 나왔어요.

바다거북은 더우면 암컷으로 태어나요

바다거북의 성별에는 온도가 매우 큰 영향을 미친다고 해요. 바다거북은 온도가 29.7도 이하일 때는 수컷으로, 그 이상일 때는 암컷으로 태어나요. 원래는 50% 정도가 암컷으로 태어나는데, 지구온난화 때문에 기온이 계속 올라가자, 암컷과 수컷의 성비 불균형이 나타나게 되었어요. 오염물질도 거북알에 영향을 미친대요. 오염물질이 여성 호르몬과 유사한 역할을 해서 거북알을 암컷으로 변하게 하거든요.

날씨가 더워지면 새끼가 태어나지 않아요

기온이 상승하면 동물들이 새끼를 덜 낳는다는 연구 결과도 나왔어요. 남방참고래의 경우, 크릴새우를 먹으며 지방을 모아두었다가 새끼에게 먹일 젖을 만드는데요, 최근 기온 상승으로 크릴새우가 크게 줄어든 거예요. 크릴새우의 먹이 플랑크톤은 차가운 물에 사는데, 수온이 상승하면서 플랑크톤이 줄었고 이에 크릴새우도 덩달아 감소한 거죠. 고래 먹이 크릴새우가 줄어들자, 남방참고래의 몸이 40년 전보다 25%나 작아졌고 새끼도 자주 낳지 못하게 됐어요. 어미 고래의 젖에 영양분이 충분치 않아 태어난 새끼도 성장이 느려지고 있고요.

환경 변화로 새끼를 덜 낳게 된 남방참고래와 성비 균형이 깨져버린 바다거북. 심각한 멸종 위기에 처한 동물들, 이대로 괜찮은 걸까요?

정리하기

◎ 다음 빈칸을 채우세요.

기후변화와 환경오염 때문에 바다거북이 ☐☐ 에 처했어요.

◎ 맞으면 O, 틀리면 X 하세요.

1. 호주에서는 다 큰 바다거북의 99%가 암컷이에요. ☐
2. 바다거북의 알은 온도가 29.7도 이상일 때 암컷으로 태어나요. ☐
3. 남방참고래는 높은 수온에서 살아갈 수 없어서 멸종 위기에 처했어요. ☐

◎ 신문 어휘 풀이

- 지구온난화: 지구의 기온이 높아지는 현상
- 성비: 어떤 집단에 속한 암컷과 수컷의 비율
- 유사하다: 서로 비슷하다
- 상승: 위로 올라감
- 수온: 물의 온도

토론하기

Q1 바다거북과 남방참고래의 기사를 읽고 어떤 생각이 들었어요? 어떤 문제가 있다고 생각해요?

83. 아이돌 포토 카드가 우리에게 남긴 것

배경 지식

- **탄소 배출**: 이산화탄소 등 지구온난화를 일으키는 온실가스가 지구 대기로 나오는 것을 말해요. 지구온난화의 속도를 늦추기 위해서는 탄소 배출을 줄이는 것이 중요해요.

신문 읽기

아이돌 포토카드

CD로 음악을 듣지도 않는데 아이돌 앨범을 여러 장 사는 팬들을 요즘 흔히 볼 수 있어요.

듣지도 않는 CD를 여러 장 산다? 왜 그러는 거예요?

앨범을 사야만 포토 카드나 팬 사인회 응모권을 가질 수 있거든요. K팝 업계는 앨범마다 다른 종류의 포토 카드와 굿즈 또는 응모권을 넣어두는 방식으로 여러 장의 앨범 구매를 유도하고 있어요. 그러니 팬들은 앨범을 수십 장, 많게는 수백 장까지 구매할 수밖에 없죠. 이는 전형적인 마케팅 상술이에요.

버려진 앨범이 거대한 플라스틱 쓰레기 산을 만들고 있어요

가장 큰 문제는 앨범이 생산되고 버려지는 과정에서 플라스틱 쓰레기가 산더미처럼 늘어난다는 사실이에요. 환경부 자료에 따르면 음반 기획사가 앨범 포장, 굿즈 제작 등에 사용한 플라스틱은 2019년 약 573톤에서 2023년 약 2,264톤으로 4배쯤 늘어난 것으로 나타났어요. 또한 앨범 한 장을 만들 때 배출되는 온실가스는 약 500g으로 1주일 동안 판매된 인기 여자 아이돌 앨범에서 나온 탄소량을 계산해 보면, 비행기로 지구를 74바퀴 돌 때 배출되는 탄소량과 같다고 해요. 게다가 CD 제작에 쓰이는 플라스틱은 자연 분해되는 데 100년이 걸리고요, 소각될 때 엄청난 유독 가스가 발생해요.

일부 기획사들은 앨범을 친환경 소재로 사용하겠다고 했지만, 앨범 종류를 줄이지 않는다면 근본적인 해결책이 될 수 없다는 비판의 목소리가 커지고 있어요.

정리하기

◎ 다음 빈칸을 채우세요.

이산화탄소 등 지구온난화를 일으키는 온실가스가 지구 대기로 나오는 것을 ☐☐☐☐ 이라고 말해요.

◎ 맞으면 O, 틀리면 X 하세요.

1. K팝 업계는 앨범을 많이 팔기 위해 앨범마다 다른 포토 카드를 넣어놔요. ☐
2. 앨범과 굿즈에 사용된 플라스틱은 4년 사이에 약 4배로 늘었어요. ☐
3. 플라스틱 쓰레기는 소각하면 큰 문제 없이 처리할 수 있어요. ☐

◎ 신문 어휘 풀이

- **업계**: 같은 산업에서 일하는 사람들의 활동 분야
- **유도하다**: 사람이나 물건을 원하는 방향이나 장소로 이끌다
- **전형적**: 같은 갈래에 속하는 것들의 특징을 가장 잘 나타내는 것
- **상술**: 장사를 하는 재주나 꾀
- **배출되다**: 안에서 만들어진 것이 밖으로 밀려 내보내지다
- **온실가스**: 이산화탄소 등 지구 대기를 오염시켜 온실 효과를 일으키는 가스
- **분해**: 여러 부분으로 이루어진 것을 그 부분이나 성분으로 따로따로 나눔
- **소각**: 불에 태워 없앰
- **유독 가스**: 독이 있는 성분이 있어 생물에 해를 끼치는 기체
- **근본적**: 어떤 것의 본질이나 바탕이 되는 것
- **비판**: 무엇에 대해 자세히 따져 옳고 그름을 밝히거나 잘못된 점을 지적함

토론하기

Q1 앨범 안에 다른 종류의 포토 카드나 굿즈를 넣어두는 판매 방식에 대해 어떻게 생각해요?

_____

Q2 다양한 포토 카드를 가지고 싶은 팬들의 마음을 만족시키면서도, 환경도 지킬 수 있는 방법에는 무엇이 있을까요?

_____

84 다이빙을 시작하고 가장 슬픈 장면을 목격했습니다

배경 지식

- **멸종 위기**: 생물의 한 종류가 지구에서 완전히 없어질 수도 있는 위험한 순간을 말해요.
- **그린피스**: 전 세계 환경 문제의 원인을 알아내고 해결하기 위해 행동하는 국제적인 환경 보호 단체예요.
- **해양 보호 구역**: 해양 생태계, 해양 생물 등 특별히 보호할 필요가 있어 나라에서 보호 구역으로 정해서 효과적으로 관리하는 곳을 말해요.

신문 읽기

출처_@mute_younggun

"다이빙을 시작하고 가장 슬픈 장면을 목격했습니다." 이것은 한 스쿠버다이버가 공개한 거북이 영상에 쓰인 글이었어요.

그가 본 거북이의 마지막 모습은

영상 속 거북이는 그물에 친친 감긴 채, 괴로운 듯 눈을 질끈 감고 물에 둥둥 떠있었어요. 드넓은 바다를 헤엄치다 아무렇게나 버려진 **폐그물**에 발이 걸려버렸던 거예요. 아무리 발버둥을 쳐봐도 한번 걸린 그물에선 벗어날 수 없었어요. 바다 위로 올라가야 숨을 쉴 수 있는 거북이는 숨을 쉬지 못해 그만 물속에서 영원히 잠들고 말았어요. 이 거북이는 **멸종 위기**에 처한 붉은바다거북이었어요.

폐그물이 왜 깊은 바닷속에 있었을까요?

바닷속 쓰레기가 심각한 수준에 이르렀고, 그중 46%가 **어선**에서 버린 그물이라고 해요. **그린피스** 보고서에 따르면 매년 64만 톤에 달하는 그물이 바다에 버려진대요. 64만 톤은 2층 버스 5만 대와 비슷한 무게예요. 또, 한번 버려진 그물은 영원히 썩지 않죠. 우리나라의 경우, 매년 **발생하는** 바다 쓰레기 5만 톤 중 폐그물이

75% 이상 차지해요. 유령처럼 바닷속을 떠돌아다니는 폐그물 때문에, 해양 생물들이 속수무책 죽어가고 있어요.

우리나라 해양 보호 구역은 전체 바다 면적의 1.8%밖에 되지 않는다고 해요. 정부는 2027년까지 해양 보호 구역을 3%까지 확대한다고 했지만, 죽어가는 바다를 살리기 위해서는 해양 보호 구역을 지금보다 훨씬 더 적극적으로 늘려나가야 해요.

정리하기

◎ 다음 빈칸을 채우세요.

특별히 보호할 필요가 있는 해양 생태계를 나라에서 보호 구역으로 정해서 관리하는 곳을 □□□□□ 이라고 불러요.

◎ 맞으면 O, 틀리면 X 하세요.

1. 붉은바다거북은 스쿠버다이버에 의해 다행히 구조됐어요. ☐
2. 폐그물 때문에 바다 생물들이 희생당하고 있어요. ☐
3. 해양 보호 구역을 늘리는 것과 죽어가는 바다를 살리는 것은 관계가 없어요. ☐

◎ 신문 어휘 풀이

- **폐그물**: 낡거나 못 쓰게 된 그물
- **어선**: 그물 등으로 물고기를 잡는 데 사용하는 배
- **발생하다**: 어떤 일이 일어나거나 사물이 생겨나다
- **차지하다**: 위로 일정한 공간이나 비율을 이루다
- **속수무책**: 어찌할 방법이 없어 꼼짝 못 함
- **면적**: 일정한 면이 차지하는 크기
- **확대하다**: 원래보다 더 크게 하다

토론하기

Q1 거북이가 폐그물에서 걸렸다는 기사를 읽고 어떤 생각을 했어요?

_____

Q2 해양 생물들을 살려내기 위해 우리는 어떤 노력을 할 수 있을까요?

_____

85 지구가 뜨거워질수록 차가운 눈이 더 펑펑 내리는 까닭은

배경지식

- **적설량**: 땅 위에 쌓여있는 눈의 양을 말해요. 비와 다르게 눈은 땅 위에 내리면 녹지 않고 쌓이는 경우가 많기 때문에 적설량을 측정해요.
- **기후위기**: 지구의 평균 기온이 점점 높아지면서 기후가 극단적으로 변화하는 것, 혹은 그런 변화로 인해 위험해지는 것을 말해요.

신문 읽기

폭설

지난 2024년 11월, 기상 관측을 시작한 1907년 이후 117년 만에 서울에서 가장 많은 11월 적설량을 기록했다고 해요.

지구가 펄펄 끓을 만큼 뜨거워졌다면서요?

지구가 뜨거워지면 눈이 안 내려야 할 것 같은데 어떻게 폭설이 내렸을까요? 이는 바로 지구온난화 때문이라고 해요. 폭설이 내리기 전, 우리나라 서해는 지구온난화로 바닷물이 이미 뜨끈해진 상태였어요. 따뜻해진 바닷물 표면에서는 수증기가 피어오르고 있었죠. 이때 북쪽에서 우리나라로 찬 바람이 잔뜩 내려왔어요. 원래 북쪽 찬 바람을 막아 주던 기류가 있었는데, 그 기류가 지구온난화 때문에 약해져 제 역할을 못 했거든요. 결국 수증기와 차가운 바람이 만나 엄청난 양의 구름을 만들고 많은 눈이 내리게 한 거죠.

그럼 앞으로 폭설이 계속 내리는 거예요?

그렇지 않아요. 앞으로 몇 년간은 지구온난화로 폭설이 내릴 수 있지만, 그 이후로 우리나라에는 눈이 아예 안 내릴 수도 있대요. 눈이 사라진다는 것은 물이 부족해진다는 뜻이기도 해요. 또 땅 위에 쌓인 눈은 햇빛을 반사해 지구의 열을 내려주기도 했는데요, 이런 역할을 도맡았던 눈이 사라지면 지구에는 상상도 하지 못한 변화가 찾아올지도 모른대요.

이번 11월 폭설은 지구가 우리 모두에게 보내는 **기후위기** 경고이자 구조해 달라는 신호였을 거예요. 지구가 더 뜨거워지지 않도록 **온실가스**를 줄여나가기 위해 모두가 노력해 나가야 해요.

정리하기

◎ 다음 빈칸을 채우세요.

2024년 11월, 117년 만에 서울에서 11월 최고 ☐☐ 이 관측됐어요.

◎ 맞으면 O, 틀리면 X 하세요.

1. 이른 폭설이 내린 이유는 지구온난화 때문이에요. ☐
2. 서해의 찬 바람과 북쪽에서 온 따뜻한 바람이 만나 폭설이 내렸어요. ☐
3. 땅 위에 쌓인 눈은 햇빛을 반사해 지구의 온도를 낮추는 역할을 해요. ☐

◎ 신문 어휘 풀이

- **기상**: 바람, 비, 구름, 눈 등의 대기 속에서 일어나는 현상
- **관측**: 눈이나 기계로 자연 현상을 자세히 살펴보아 어떤 사실을 짐작하거나 알아냄
- **폭설**: 갑자기 많이 내리는 눈
- **표면**: 사물의 가장 바깥쪽. 또는 가장 윗부분
- **수증기**: 물이 증발하여 기체 상태로 된 것
- **기류**: 공기의 흐름
- **반사하다**: 빛이 다른 물체의 표면에 부딪쳐서, 방향을 반대 방향으로 바꾸다
- **온실가스**: 이산화탄소 등 지구 대기를 오염시키고 온실 효과를 일으켜 지구의 온도를 높이는 가스

토론하기

Q1 지난 2024년 11월에 눈이 많이 온 이유가 무엇인가요?

_____

Q2 앞으로 눈이 영원히 내리지 않는다면 어떤 일이 벌어질까요?

_____

86 역사상 가장 뜨거운 여름, 이제 더는 안 돼요

배경지식

- **엘니뇨**: 남미 페루 부근 태평양 적도 해역의 해수 온도가 크리스마스 무렵부터 이듬해 봄철까지 주변보다 2~10℃ 이상 높아지는 이상 고온 현상이에요.
- **기후위기**: 지구의 평균 기온이 점점 높아지면서 기후가 극단적으로 변화하는 것, 혹은 그런 변화로 인해 위험해지는 것을 말해요.

신문 읽기

뜨거운 여름

이러다 영영 겨울이 사라지는 건 아닐까요? 전에 없던 강렬한 더위가 여름이면 우리를 찾아오고 있어요. 영화에서나 봤던 자연재해, 이제 현실로 다가올지도 모르겠어요.

지구는 뜨거워지고, 빙하는 사라지고

2024년 여름, 숨이 턱 막히는 폭염이 지속됐어요. 역사상 가장 더운 여름이었다고 하는데요, 한 기관 관측에 따르면, 2024년 7월이 날씨를 측정한 175년 동안 지구 표면 평균 온도가 가장 높은 달이었다고 해요. 또, 전 세계 빙하 면적은 1991년~2020년 평균보다 약 282㎢ 줄었고요. 282㎢면 서울 면적의 절반 정도 되는 크기예요. 서울 반만 한 빙하가 전부 녹아 바닷물이 되어버린 거예요.

앞으로 점점 더 더워지기만 할 거라는데, 어쩜 좋죠?

1년 넘게 지속되던 엘니뇨는 2024년 6월에 사라졌어요. 보통 엘니뇨가 사라지면 더위가 수그러들지만, 폭염은 오히려 더 심해졌어요. 예측을 벗어나는 극심한 더위는 기후위기를 알리는 시작에 불과하대요. 점점 올라가는 기온을 따라 심각한 가뭄이 오기도 할 것이고, 폭우가 쏟아지며 한 마을을 집어삼키는 일도 생길 거예요. 자연스럽게 농작물은 전처럼 쑥쑥 자라기 어려워지고, 식량난이 찾아올 수도 있고요.

이제 여름은 점점 더 더워질 거라고 하는데요, 기후위기를 이대로 내버려둬도 될까요?

정리하기

◎ 다음 빈칸을 채우세요.

극심한 더위는 ☐☐☐☐ 를 알리는 시작에 불과해요.

◎ 맞으면 O, 틀리면 X 하세요.

1. 2024년 7월은 역사상 가장 더운 여름이었어요. ☐
2. 2024년 여름에 북극에서만 서울 절반 크기의 빙하가 녹아내렸어요. ☐
3. 2024년에 역사상 가장 더운 여름이 찾아온 이유는 엘니뇨 때문이에요. ☐

◎ 신문 어휘 풀이

- **폭염**: 매우 심한 더위
- **지속되다**: 어떤 일이나 상태가 오랫동안 계속되다
- **관측**: 눈이나 기계로 자연 현상을 자세히 살펴보아 어떤 사실을 짐작하거나 알아냄
- **표면**: 어떤 것의 가장 바깥쪽
- **면적**: 평평한 면이나 구부러진 면의 넓이
- **예측**: 앞으로 일어날 일을 미리 짐작함
- **농작물**: 논과 밭에 심어 키우는 곡식이나 채소
- **식량난**: 먹을 것이 부족해지면서 일어나는 어려움

토론하기

Q1 식량난이 일어나는 이유를 설명해 볼까요?

Q2 앞으로 기후위기를 조금이라도 늦추기 위해 무엇을 해야 할까요? 여러분이 실천할 수 있는 방법에 대해 이야기해 보세요.

87 도도새가 게으르고 멍청해서 멸종됐다 말하지 말아요

배경지식

● **도도새**: 인도양의 모리셔스라는 섬에서 살았던 멸종한 새예요. 아주 평화로운 환경에서 하늘을 날지 않고 살았기 때문에 날개가 작아져 나중엔 날 수 없게 됐어요. '도도'라는 단어는 포르투갈어로 '바보'를 뜻해요.

신문 읽기

도도새

《이상한 나라 앨리스》에 등장한 커다란 몸집에 두툼한 부리를 가진 도도새를 아시나요? 1662년에 멸종한 도도새에 관한 새로운 연구 결과가 나왔어요.

도도새의 억울함을 풀어주세요

도도새는 인도양의 작은 섬 모리셔스에서 천적 없이 평화롭고 느긋하게 살아가고 있었어요. 그러던 1598년 어느 날, 네덜란드 선원들이 모리셔스에 도착한 뒤 70년도 채 안 돼 섬에서 사라지고 말아요. 사람들은 도도새가 멍청하고 느리고 제대로 날지도 못했기 때문에 멸종했다고 말해왔어요. 그런데 최근 영국의 한 연구팀이 도도새의 억울함을 풀어주었어요. 연구팀은 도도새에 관한 수백 건의 기록을 검토하고 영국 박물관에 남아있는 도도새 뼈를 분석했는데요, 알고 보니 도도새는 강한 힘줄을 갖고 있었고, 숲속을 빠르고 활동적으로 움직이는 새였어요!

도도새를 멸종시킨 범인은 바로 너!

도도새 멸종은 다름 아닌 '인간' 때문이었어요. 네덜란드 사람들이 도도새를 사냥했고요, 인간이 데려온 쥐·돼지·개·고양이 등 다양한 동물이 도도새의 알과 새끼를 먹어 치우기 시작했어요. 또 사람들이 모리셔스 섬을 개발하면서 도도새 서식지가 크게 훼손됐고요. 섬에서 더 이상 살아갈 수 없게 된 도도새는 17세기 말에 결국 멸종하고 말았죠.

현재 영화 <쥬라기 월드>에서처럼 과학자들이 도도새를 복원해 내는 프로젝트를 진행하고 있다는데요, 도도새는 다시 지구로 돌아올 수 있을까요?

정리하기

◎ 다음 빈칸을 채우세요.

☐☐☐ 는 인도양의 모리셔스라는 섬에서 살았던 멸종한 새예요.

◎ 맞으면 O, 틀리면 X 하세요.

1. 도도새가 멸종한 이유는 사람들 때문이라고 널리 알려져 있었어요. ☐
2. 도도새는 빠르게 움직이고 활동적으로 살아가는 새였어요. ☐
3. 멸종한 도도새를 과학자들이 복원했기 때문에 이제 도도새를 볼 수 있어요. ☐

◎ 신문 어휘 풀이

- **멸종하다:** 생물의 한 종류가 지구에서 완전히 없어지다
- **천적:** 잡아먹는 동물을 잡아먹히는 동물에 상대하여 이르는 말
- **선원:** 배에서 일하는 사람
- **검토하다:** 어떤 사실이나 내용을 자세히 따져서 조사하고 분석하다
- **힘줄:** 근육을 이루는 희고 질긴 살의 줄
- **멸종:** 생물의 한 종류가 지구에서 완전히 없어짐
- **훼손되다:** 무너지거나 깨져 상하게 되다
- **복원하다:** 원래의 상태나 모습으로 돌아가게 하다

토론하기

Q1 도도새가 멸종한 이유는 무엇인가요?

Q2 멸종한 도도새를 다시 복원하는 일에 대해 어떻게 생각해요? 찬성 또는 반대 입장을 정하고 그 이유를 이야기해 보세요.

88 단풍나무가 사라진 가을을 맞이할 순 없어요

배경 지식

✓ **생물 다양성**: 지구에 있는 모든 생물이 지니는 다양한 특성을 말해요. 생물 다양성이 많아지면 건강한 지구가 되고, 반대로 생물 다양성이 적어지면 생태계가 흔들리고 환경에 부정적인 영향을 미쳐요.

신문 읽기

단풍나무

가을이 오면 울긋불긋 물든 단풍나무가 모습을 드러냅니다. 알록달록 빨갛고 예쁜 풍경을 우리에게 선물해 주는 단풍나무! 그런데 이 단풍나무가 우리 곁을 영영 떠나버릴지도 모른다고 합니다.

전 세계 나무들이 아파하고 있어요

전 세계 나무 종의 3분의 1 이상이 사라질 거라는 분석 결과가 나왔어요. 전 세계 자연을 보호하는 국제기구 국제자연보전연맹(IUCN)에 따르면, 우리에게 익숙한 단풍나무는 물론, 봄을 알리는 새하얀 목련과 도토리가 열리는 참나무가 멸종 위기에 놓였다고 해요. 나무들을 멸종 위기로 내몬 가장 큰 원인은 바로 벌채였어요. 사람들이 산림을 농장이나 목장, 도시로 바꾸기 위해 나무를 과도하게 베어서 환경을 파괴한 거죠. 또 전 세계 기후변화로 인한 폭풍, 가뭄, 홍수, 산불도 나무를 멸종시키는 원인 중 하나예요.

소중한 나무가 사라지면 안 되는 진짜 이유

나무는 존재만으로도 수많은 동물의 안식처가 되어줘요. 나무가 사라지면 나무를 안식처 삼아 살아가던 생물도 위험에 처하게 되는데요, 이는 결국 생물 다양성 파괴로 이어져요. 생물 종류가 다양할수록 지구가 건강해지지만, 반대로 멸종하는 생물이 늘어나면 생태계 균형이 무너질 수도 있어요. 생물이 멸종되어 생태계가 휘손되지 않도록 모두 함께 힘을 모아야 할 때예요.

정리하기

◎ 다음 빈칸을 채우세요.

멸종하는 생물이 늘어나면 ☐☐☐☐ 이 파괴될 수 있어요.

◎ 맞으면 O, 틀리면 X 하세요

1. 전 세계 나무의 3분의 1이 멸종 위기에 놓여있어요. ☐
2. 나무가 멸종 위기에 놓인 가장 큰 이유는 사람이 나무를 베어가기 때문이에요. ☐
3. 생물의 종류가 적어져도 생태계의 균형은 지켜져요. ☐

◎ 신문 어휘 풀이

- **종**: 어떤 기준에 따라 여러 가지로 나눈 갈래
- **국제기구**: 특정한 목적을 위하여 둘 이상의 나라가 모여 활동을 하기 위해 만든 기관
- **멸종 위기**: 생물의 한 종류가 지구에서 완전히 없어질 수도 있는 위험한 순간
- **벌채**: 나무를 베어냄
- **과도하다**: 정도가 지나치다
- **안식처**: 편히 쉴 수 있는 곳
- **생태계**: 여러 생물들이 서로 적응하고 관계를 맺으며 어우러진 자연의 세계
- **휘손되다**: 무너지거나 깨져 상하게 되다

토론하기

Q1 가을에 단풍나무를 볼 수 없다면 어떤 기분이 들 것 같아요?

Q2 지구상에 있는 나무 3분의 1 이상이 멸종되면, 연이어 또 어떤 생물들이 멸종될 것 같아요?

89

굿바이 스키장, 이제는 스키를 못 탈지도 몰라요

배경 지식
- **강설량**: 일정한 기간 동안 일정한 곳에 내린 눈의 양을 말해요.
- **강우량**: 일정한 기간 동안 일정한 곳에 내린 비의 양을 말해요. 강설량과 강우량을 합해 강수량을 계산해요.

신문 읽기

눈이 녹고 있는 스키장

프랑스에 있는 85년 된 대형 스키장이 문을 닫는다고 합니다. 스키장에 대체 무슨 일이 있었던 걸까요? 스키장을 문 닫게 한 범인은 누구일까요?

지구온난화가 스키장의 눈을 다 녹여버렸어요

이 스키장은 유럽 알프스산맥에서도 높은 곳인 해발 1,300m에서 1,800m 사이에 있는데요, 최근 들어 지구온난화 때문에 내리는 눈의 양이 크게 줄었다고 해요. 강설량이 감소하니 스키장은 인공 눈을 만들 수밖에 없었고, 이전보다 운영 비용이 훨씬 더 많이 들게 됐죠. 어려움을 겪던 스키장은 결국 운영을 그만두게 되었어요. 이는 단순히 한 스키장만의 일이 아니에요. 알프스산맥이 가로지르는 프랑스, 스위스, 이탈리아의 스키장에서 사용하는 인공 눈 비율이 최근 10년 동안 40%에서 90%로 높아졌거든요. 이는 앞으로 사라질 스키장이 더욱 많아질 거란 뜻이기도 해요.

스키장에 못 가는 것보다 더 큰 문제는

심각한 환경 문제가 연달아 일어날 위험이 있다는 거예요. 원래 눈이 되어 내려야 할 수증기가 따뜻해진 기온 때문에 비로 바뀌어 내리고 있어요. 비가 많이 내리면 엎친 데 덮친 격으로 남아있던 눈마저 녹게 되고요, 강우량이 많아지면 홍수나 눈사태가 일어날 확률도 높아지죠.

사라져 가는 스키장을 위해, 그리고 자연재해가 일어나지 않게 앞으로 어떤 일을 할 수 있을까요? 다 함께 고민해 보아야 해요.

정리하기

◎ 다음 빈칸을 채우세요.

프랑스에 있는 한 대형 스키장이 문을 닫은 이유는 알프스산맥의 ☐☐ 이 줄어들었기 때문이에요.

◎ 맞으면 O, 틀리면 X 하세요.

1. 알프스산맥에 눈이 많이 오지 않는 이유는 지구온난화 때문이에요. ☐
2. 알프스산맥에 있는 스키장들은 10년 전보다 인공 눈을 더 적게 만들고 있어요. ☐
3. 내리는 눈의 양이 적어지면 비의 양도 적어져요. ☐

◎ 신문 어휘 풀이

- 산맥: 여러 산들이 길게 이어져 큰 줄기를 이루고 있는 것
- 해발: 바닷물의 표면으로부터 잰 땅이나 산의 높이
- 지구온난화: 지구의 기온이 높아지는 현상
- 인공: 자연적인 것이 아니라 사람의 힘으로 만들어낸 것
- 엎친 데 덮치다: 안 좋은 일이 겹쳐서 생기다
- 눈사태: 산이나 절벽 등에 쌓인 눈이 갑자기 무너지면서 아래로 한꺼번에 떨어지는 일
- 자연재해: 태풍, 가뭄, 홍수, 지진, 화산 폭발 등의 피할 수 없는 자연 현상으로 인해 받게 되는 피해

토론하기

Q1 전 세계 스키장이 모조리 다 사라진다면 어떤 일이 벌어질까요?

Q2 만약 영영 눈이 내리지 않는다면 세상은 어떻게 될까요?

90 깊은 바닷속 보물을 캐느냐 마느냐, 그것이 문제로다

배경 지식

- **심해**: 깊은 바다라는 뜻으로, 물의 깊이가 200m 이상인 바다를 말해요. 2,000m 이상 깊이의 바다부터 심해라고 보기도 해요. 전체 바다의 약 90%가 심해에 해당해요.

신문 읽기

심해

바닷속 깊은 곳, 아직도 미지의 세계인 그곳에 어마어마한 보물이 잠들어 있대요.

깊은 바다 밑에 숨겨진 보물을 캐낸다면?

아주 깊은 바다, 심해에는 우리가 육지에서 얻을 수 있는 자원의 양과는 비교도 안 될 만큼 무척 많은 양의 자원이 있다고 해요. 이 자원을 채굴하는 게 앞으로 인간에게 매우 중요할 것이라고 보고 있죠. 하지만 심해 채굴을 반대하는 목소리가 끊이지 않고 있어요. 심해에 대해 정확하게 알려진 것이 적기 때문에, 무작정 채굴을 진행하면 심해 생태계가 심각하게 파괴될 수도 있거든요. 이런 이유로 노르웨이 정부는 심해 채굴 프로젝트를 추진하다가 당분간 미루어두기로 했죠.

심해 채굴, 한국은 어떤 선택을 해야 할까요?

이렇게 찬성과 반대가 팽팽한 심해 채굴에 대해 우리나라 정부는 적극적으로 추진하는 입장을 보이고 있어요. 한국은 예전부터 자원이 부족했기 때문이죠. 그래서 경상북도 포항시에서 '대왕고래 프로젝트'라는 것을 진행하고 있는데요, 포항 바다에 묻혀있을지도 모르는 석유와 가스를 채굴하는 프로젝트예요. 하지만 1차 탐사 때 유의미한 결과가 나오지 않았다고 발표됐죠. 게다가 포항 어부들도 크게 반발하고 있어요. 프로젝트로 인해 포항 바다 생물들의 환경이 파괴될 수 있고, 그렇게 되면 어부들은 생계를 유지하기 힘드니까요. 자원 확보와 바다 지키기, 과연 어느 방향이 옳은 선택일지 논의를 나누어야 할 때예요.

정리하기

◎ 다음 빈칸을 채우세요.

부족한 자원을 확보하기 위한 ☐☐ 채굴이 큰 관심을 받고 있어요.

◎ 맞으면 O, 틀리면 X 하세요.

1. 심해의 생태계에 대해 인간은 아직 아는 것이 별로 없어요. ☐
2. 심해 채굴을 진행하면 바다 생태계가 파괴될 수 있어요. ☐
3. 대왕고래 프로젝트는 포항 어부들도 찬성하고 있는 친환경 프로젝트예요. ☐

◎ 신문 어휘 풀이

- 육지: 강이나 바다처럼 물이 있는 곳을 뺀 지구의 겉면
- 자원: 광물 등 사람이 생활하거나 경제적인 생산을 하는 데 이용되는 재료
- 채굴: 땅속에 묻혀 있는 광물 등을 캐냄
- 생태계: 여러 생물들이 서로 적응하고 관계를 맺으며 어우러진 자연의 세계
- 추진하다: 어떤 목적을 위해서 일을 밀고 나아가다
- 탐사: 알려지지 않은 사물이나 사실을 빠짐없이 조사함
- 생계: 살림을 꾸리고 살아가는 방법
- 확보: 확실히 가지고 있음

토론하기

Q1 심해의 자원을 채굴하려는 이유가 무엇인가요?

Q2 심해 채굴은 꼭 필요한 일일까요? 찬성과 반대 중 하나의 의견을 정하고 왜 그렇게 생각하는지 이유를 설명해 보세요.

91 나무가 입맛을 잃으면 벌어지는 일

배경 지식

- **광합성**: 식물이 햇빛을 이용해서 이산화탄소와 물을 필요한 영양분과 산소로 바꾸는 과정을 말해요.
- **이산화탄소 포집**: 대기 중으로 배출돼서 지구온난화를 유발하는 이산화탄소를 잡아서 모으는 것을 말해요.

신문 읽기

광합성 하는 나무

식물들이 흡수하는 이산화탄소량이 점차 줄어들고 있다는 연구 결과가 나왔어요.

나무들이 전처럼 이산화탄소를 흡수하지 못해요

스코틀랜드 환경보호청의 전 최고 책임자는 식물들의 이산화탄소 흡수량이 2008년에 최고치에 달한 이후로 매년 0.25%씩 떨어지고 있다는 연구 결과를 발표했어요. 또 아마존 열대우림의 이산화탄소 흡수 능력이 떨어졌다는 연구 결과도 있어요. 미국 오클라호마대 연구팀에 따르면, 2021년에 브라질 아마존강 근처에서 배출된 이산화탄소는 166억 톤이었지만, 나무가 흡수한 양은 139억 톤에 그쳤다고 해요.

나무들이 이산화탄소를 흡수 못하게 된 까닭은

식물은 햇빛을 이용해서 이산화탄소와 물로 양분과 산소를 만들어요. 이 과정을 광합성이라고 해요. 나무는 광합성을 통해 이산화탄소를 포집해 지구온난화를 막아주는 중요한 역할을 하죠. 연구에 따르면 2008년까지 대기 중 이산화탄소 농도가 높아지면서 식물들도 이산화탄소를 적극적으로 이용해 양분을 만들며 성장해 나갔어요. 하지만 지구온난화가 심해지면서 산불과 가뭄, 폭풍, 홍수, 해충과 질병이 퍼져나갔고, 식물들은 이산화탄소를 전만큼 활발하게 흡수하지 못하게 됐어요.

이산화탄소 배출량은 매년 1.2% 증가하고 있는데, 식물이 이산화탄소를 흡수하는 능력은 계속 떨어지고 있어요. 전문가들은 2008년을 지나며 기후 붕괴의 가능성이 커지고 있다며 우려의 목소리를 내고 있어요.

정리하기

◎ 다음 빈칸을 채우세요.

나무가 흡수하는 ☐☐☐☐ 의 양이 줄고 있어요.

◎ 맞으면 O, 틀리면 X 하세요.

1. 식물들의 이산화탄소 흡수 능력이 점점 떨어지고 있어요. ☐
2. 2021년 아마존강에서는 배출된 이산화탄소의 양보다 식물들의 이탄화탄소 흡수량이 더 많았어요. ☐
3. 식물들이 이산화탄소를 예전만큼 흡수하지 못하는 이유는 지구온난화 때문이에요. ☐

◎ 신문 어휘 풀이

- 흡수하다: 안이나 속으로 빨아들이다
- 최고치: 가장 높은 값이나 상태
- 달하다: 어떠한 정도, 수준, 수량, 상태, 정도 등에 이르다
- 배출되다: 안에서 만들어진 것이 밖으로 밀려 내보내지다
- 포집하다: 어떤 성분을 분리해서 잡아 모으다
- 농도: 기체나 액체에 들어있는 한 성분의 진함과 묽음의 정도
- 해충: 사람에게 해를 끼치는 벌레
- 붕괴: 무너지고 깨짐

토론하기

Q1 나무들이 예전처럼 이산화탄소를 흡수하지 못하게 된 까닭은 설명해 보세요.

_____

Q2 나무들이 흡수하는 이산화탄소 양이 점점 더 줄어들면 어떻게 될까요?

_____

환경

92

한국은 꼴찌, 영국은 1등인 그것은?

배경 지식

- **풍력 발전**: 바람으로 풍차를 회전시켜 전기를 일으키는 방법을 말해요. 환경을 해치지 않는 재생에너지를 만들 수 있어요.
- **재생에너지**: 태양열, 바람, 밀물과 썰물 등 자연의 힘을 통해서 만드는 에너지로, 무한으로 계속 사용할 수 있어요.

신문 읽기

풍력 발전

2000년대 초만 해도 한국과 영국은 '그것'에서 거의 동점이었지만, 이제 영국은 1등에 가까워지고 한국은 꼴등에 가까워졌대요.

그것은 바로

풍력 발전이에요. 풍력 발전은 바람으로 **풍차**를 회전시켜 전기를 일으키는 방법을 말해요. 영국은 환경을 오염시키는 **화력 발전소**를 계속해서 없애는 중이고, **재생에너지**를 만드는 발전소를 점점 늘리고 있어요. 이에 영국은 나라에서 필요한 전기 중 무려 1/3을 풍력 발전에서 얻는 당당한 환경 지킴이 나라가 되었어요.

한국은 재생에너지를 얼마나 사용하고 있어요?

한국의 재생에너지 비율은 9%로 OECD 국가 중 최하위 수준이에요. 세계 각국이 지난 10년 동안 재생에너지 **지원**을 크게 늘렸지만, 한국은 거꾸로 **화석연료**에 **투자**를 많이 하고 있거든요. 풍력 발전소의 경우, 처음 설치할 때 **비용**이 많이 들기 때문에 설치에 더욱 소극적인 자세를 취하고 있고요. 하지만 한번 만들어놓기만 하면 풍력 발전기 **유지** 비용은 적게 든다고 하니 미루고만 있어서도 안 되겠어요.

한국만 재생에너지 사용에 이렇게 뒤처질 순 없어요. 정부와 기업이 모두 재생에너지 사용에 적극 나서야 해요.

정리하기

◎ 다음 빈칸을 채우세요.

☐☐☐ 이란 바람의 힘으로 풍차를 돌려 전기를 얻는 방법을 말해요.

◎ 맞으면 O, 틀리면 X 하세요.

1. 한국은 화석연료 사용 비율이 높아요. ☐
2. 영국은 나라에서 필요한 전기 중 1/3을 풍력 발전으로 만들고 있어요. ☐
3. 풍력 발전기는 적은 비용으로 만들 수 있지만, 발전기를 유지하는 데는 많은 비용이 들어요. ☐

◎ 신문 어휘 풀이

- **풍차:** 바람의 힘으로 날개를 회전시켜 생기는 힘을 이용하는 장치
- **화력 발전소:** 석탄, 석유, 천연가스 등을 태워서 생기는 열의 힘으로 전기를 만드는 곳
- **지원:** 물질이나 행동으로 도움
- **화석연료:** 생물이 땅속에 묻혀 화석같이 굳어져 연료로 이용하는 석탄, 석유와 같은 물질
- **투자:** 이익을 얻기 위해 어떤 일이나 사업에 돈을 대거나 시간이나 정성을 쏟음
- **비용:** 어떤 일을 하는 데 드는 돈
- **유지:** 어떤 상태나 상황 등을 그대로 이어나감

토론하기

Q1 영국은 어떻게 풍력 발전이 발달한 나라가 될 수 있었을까요?

Q2 한국은 왜 아직 재생에너지보다 화석연료에 더 많은 투자를 할까요?

93. 핸드폰이 연기를 내뿜지 않아도 환경 오염 주범이 될 수 있다는 사실

배경지식

- **탄소발자국**: 길을 걸을 때 발자국이 찍히는 것처럼, 사람이 활동하거나 상품을 생산하고 소비하는 과정에서 생기는 이산화탄소의 총량을 말해요.
- **디지털 탄소발자국**: 스마트폰, 태블릿 PC 등 디지털 기기를 사용할 때 생기는 이산화탄소의 총량을 말해요.

신문 읽기

스마트폰, 태블릿 PC 등 각종 디지털 기기를 사용할 때도 **상당량**의 **온실가스**가 발생한다고 해요.

우리가 지구에 꾹 하고 남긴 탄소발자국

이메일 한 통에 4g, 전화 통화는 1분당 3.6g, 30분 동영상 재생에 1.6kg, 웹 검색 한 번에 0.7g. 이는 디지털 기기 사용 시 **배출**되는 이산화탄소 양이에요. 자동차로 1km를 갈 때 97g의 이산화탄소가 배출되니, 집에서 동영상을 1시간만 봐도 자동차로 약 30km를 간 것과 마찬가지로 환경을 오염시킨 거예요. 우리는 매일 이렇게 '**탄소발자국**'을 지구에 남기며 살아가고 있어요. 탄소발자국이란, 사람이 살아가면서 발생시키는 이산화탄소 **총량**을 말해요.

디지털 기기가 연기를 뿜는 것도 아닌데 이산화탄소는 어디서 나오지?

디지털 기기를 사용하려면 와이파이 같은 네트워크가 필요한데요, 네트워크 사용을 위해 데이터 센터는 계속 **가동돼요**. 이때 데이터 센터는 뜨거워지고요, 이를 **냉각**하기 위해 엄청난 **전력**을 **소모하게** 되죠. 이 과정에서 온실가스가 배출되고요. 한 연구에 따르면 스마트폰이 나오기 전인 2007년에는 **디지털 탄소발자국**이 전체 탄소발자국에서 1% 정도만 차지했지만 2018년에는 세 배로 증가했고, 2040년에는 14배가 될 것으로 추정했어요.

디지털 탄소발자국을 줄이기 위한 가장 좋은 방법은 디지털 기기를 최대한 덜 쓰는 거예요. 모두가 디지털 기기 사용을 줄여나가려는 노력을 기울여야 해요.

정리하기

◎ 다음 빈칸을 채우세요.

☐☐☐☐ 은 사람이 살아가면서 발생시키는 이산화탄소의 총량이에요.

◎ 맞으면 O, 틀리면 X 하세요.

1. 10분 이하로만 동영상을 보면 환경을 오염시키지 않아요. ☐
2. 스마트폰이 나오기 전에는 디지털 탄소발자국이 전체 탄소발자국의 10%였어요. ☐
3. 디지털 탄소발자국을 줄이기 좋은 방법은 디지털 기기를 덜 쓰는 거예요. ☐

◎ 신문 어휘 풀이

- **상당량**: 어지간히 많은 양
- **온실가스**: 이산화탄소, 메탄 등 지구 대기를 오염시켜 온실 효과를 일으키는 가스를 모두 이르는 말
- **배출**: 안에서 만들어진 것을 밖으로 밀어 내보냄
- **총량**: 전체의 양이나 무게
- **가동되다**: 기계 등이 움직여 일하다
- **냉각**: 식혀서 차게 함
- **전력**: 일정한 시간 동안 사용되는 에너지의 양
- **소모하다**: 써서 없애다
- **추정하다**: 미루어 생각하여 판단하고 정하다

토론하기

Q1 여러분은 오늘 디지털 기기를 무엇에, 얼마나 사용했어요?

___

Q2 탄소발자국을 줄이기 위해 일상생활에서 어떤 방법을 실천할 수 있을까요?

___

94. 소나무 한 그루 심을 준비 됐나요? 아니라면 옷 사기를 멈춰보세요

배경지식
- **패스트 패션**: 유행에 따라 소비자의 기호가 바로바로 반영되어 빨리 바뀌는 패션을 말해요.
- **슬로 패션**: 유행을 따르지 않고 친환경적인 소재의 옷을 만들며 옷이 만들어지고 버려지는 속도를 늦추는 패션을 말해요.

신문 읽기

패스트 패션

티셔츠 한 장을 사고 버릴 때와 일회용 종이컵 306개를 쓸 때 배출하는 탄소량이 같다는 사실, 알고 계셨나요? 그리고 이때 발생한 탄소를 흡수하려면 소나무 한 그루가 있어야 한다는 사실도요!

옷을 사고 버릴 때 발생하는 탄소량은

옷은 생산과정에서 엄청난 양의 물이 필요하고 탄소도 많이 배출해요. 전 세계에서 배출되는 폐수 20%와 탄소 10%가 의류 산업에서 나오죠. 옷은 버려질 때도 문제예요. 보통 의류 수거함에 넣으면 재활용이 될 거라고 기대하지만, 대부분 소각되거나 매립된대요. 특히 소각할 때는 각종 유해물질과 이산화탄소가 나오고요.

우리나라에서만 매년 발생하는 옷 쓰레기는 11톤, 전 세계에서 발생하는 옷 쓰레기는 약 4,700만 톤이에요. 옷 쓰레기가 늘어나는 까닭은 바로 패스트 패션 때문인데요, 유행을 따라 값싼 옷을 샀다가 버리면서 옷 쓰레기가 어마어마하게 늘어나는 거죠.

우리 이제 속도를 늦춰봐요!

환경을 위협하는 패스트 패션을 멀리하자는 움직임, 슬로 패션이 일어나고 있어요. 슬로 패션이란 유행을 따르지 않고 친환경적인 소재의 옷을 만들며 옷이 만들어지고 버려지는 속도를 늦추자는 운동을 말해요. 국내에서도 버려진 페트병이나 옥수수에서 추출한 실로 옷을 만드는 기업과 슬로 패션에 동참하는 사람들이 늘고 있어요. 최대한 아끼고 오래 입으면서 환경을 지켜나가는 슬로 패션! 이제 관심을 갖고 동참해야겠어요.

정리하기

◎ 다음 빈칸을 채우세요.

☐☐☐☐ 때문에 옷 쓰레기의 양이 크게 늘었어요.

◎ 맞으면 O, 틀리면 X 하세요.

1. 전 세계에서 배출되는 탄소의 10%가 의류 산업 때문에 발생해요. ☐
2. 버려진 옷을 처리할 때는 탄소가 배출되지 않아요. ☐
3. 유행을 따르지 않고 옷을 사서 오래 입는 것을 슬로패션이라고 해요. ☐

◎ 신문 어휘 풀이

- 배출하다: 안에서 밖으로 밀어 내보내다
- 흡수하다: 안으로 빨아들이다
- 폐수: 공장 등에서 쓰고 난 뒤 버리는 더러운 물
- 탄소: 숯이나 석탄을 이루는 것 중 하나
- 의류 산업: 옷을 만들고 판매하는 일과 관련된 산업
- 소각: 불에 태워 없앰
- 매립: 쓰레기나 폐기물을 모아서 땅에 묻음
- 유해물질: 해로운 물질
- 발생하다: 어떤 일이 일어나다
- 소재: 어떤 것을 만드는 데 바탕이 되는 재료
- 추출하다: 고체나 액체 속에서 어떤 것을 뽑아내다
- 동참하다: 어떤 모임이나 일에 같이 참가하다

토론하기

Q1 여러분은 옷을 사서 몇 번 안 입고 버린 적이 있나요?

Q2 옷 쓰레기를 줄이기 위해 어떤 일을 할 수 있을까요?

06

정치

95 아시아 최초 판결이 한국에서 나왔답니다
96 우리 서로 이렇게 미워해도 괜찮을까
97 총을 든 군인들이 국회를 둘러쌌던, 그날 밤 우리에게 벌어진 일
98 알록달록 반짝반짝 빛나는 우리들의 시민 의식
99 째깍째깍, 대통령의 탄핵 시계가 움직이기 시작했어요
100 4월 4일, 이날을 우리는 오래도록 기억하게 되겠죠

95 아시아 최초 판결이 한국에서 나왔답니다

배경 지식

- **헌법**: 여러 법 중에서도 가장 높은 법으로, 국가를 다스리는 기본 원리이자 국민의 기본적인 권리를 보장하는 법이에요.
- **헌법재판소**: 여러 법에 관련된 일들이 헌법에 어긋나지 않는지 판단하여 심판하는 국가 기관을 말해요.
- **헌법 소원**: 헌법에 맞지 않는 법률 때문에 피해를 입은 국민이 직접 헌법재판소에 심판을 부탁하는 일을 말해요.
- **기본권**: 인간이 태어날 때부터 가지고 있는 기본적인 권리를 말해요.

신문 읽기

헌법재판소 전경

2024년 8월, '기후 소송'과 관련해 아시아 국가 최초로 우리나라에서 헌법재판소 판결이 나왔어요.

어떤 소송이었어요?

2020년, 청소년 기후 활동가와 시민들이 정부를 상대로 헌법 소원을 제기했어요. 청소년 기후 활동가들은 한국 정부가 기후위기에 적극적으로 대응하지 않아 국민의 기본권을 침해하고 있다고 주장했어요. 정부가 2030년 이후에는 탄소를 줄일 구체적인 계획을 세우지 않은 점도 지적했죠. 정부의 미흡한 대응은 환경에 피해를 입힐 것이며, 이는 결국 청소년들의 미래를 위협하게 될 것이라는 점도 강조했고요. 이에 대해 정부 측은 온실가스를 줄이기 위해 다양한 정책을 이미 시행하고 있다고 반박했어요.

헌법재판소는 한국의 툰베리들의 손을 들어주었어요

헌법재판소는 정부가 2031년부터 2049년까지 온실가스 감축 목표를 세우지 않는 것은 국민의 기본권을 침해해 헌법에 어긋난다고 판단했어요. 이에 정부는 헌법재판소 판결에 따라 2031년부터의 온실가스 감축 목표를 서둘러 세워야 해요.

그동안 유럽에서는 정부의 기후위기 대응에 대한 판결이 있었지만, 아시아 지역에서 판결이 나온 것은 이번이 처음이에요. 이 판결은 청소년이 기후위기 헌법 소원을 제기했다는 점, 그리고 정부의 기후위기 대응 부족이 국민 기본권을 침해한다는 것을 인정했다는 점에서 역사적인 판결이라 평가받고 있어요.

정리하기

◎ 다음 빈칸을 채우세요.

청소년 기후 활동가와 시민들이 정부를 상대로 ☐☐☐ 을 제기했어요.

◎ 맞으면 O, 틀리면 X 하세요.

1. 정부는 2030년 이후로 탄소를 줄일 계획을 자세히 세워둔 상태였어요. ☐
2. 정부의 기후위기 대응 부족은 국민의 기본권을 침해하는 것이에요. ☐
3. 기후위기 대응과 관련한 판결이 나온 것은 전 세계 최초예요. ☐

◎ 신문 어휘 풀이

- **소송**: 사람들 사이에 일어난 다툼을 법률에 따라 판결해 달라고 법원에 요구함
- **판결**: 법원이 소송 사건에 대해 판단하고 결정을 내림
- **제기하다**: 소송을 일으키다
- **침해하다**: 남의 땅이나 권리, 재산 등을 범하여 해를 끼치다
- **탄소**: 숯이나 석탄의 주된 구성 원소
- **미흡하다**: 만족스럽지 못하다
- **정책**: 정치적인 목적을 이루기 위한 방법
- **시행하다**: 실제로 행하다
- **반박하다**: 어떤 의견이나 주장 등에 반대하여 말하다
- **감축**: 어떤 것의 수나 양을 줄임

토론하기

Q1 청소년 기후 활동가와 시민들은 왜 정부를 상대로 소송을 제기했어요?

96 우리 서로 이렇게 미워해도 괜찮을까

배경지식

- 양극화: 서로 다른 계층이나 집단이 점점 더 달라지고 멀어지게 되는 것을 말해요.
- 정당: 정치적인 생각이나 주장이 같은 사람들이 모인 단체를 말해요.
- 민주주의: 국민이 권력을 가지고 그 권력을 스스로 행사하는 정치에 뜻을 두는 사상을 말해요.

신문 읽기

토요일 오후가 되면 서울 광화문 근처는 매우 혼잡해져요. 정부를 지지 또는 반대하는 사람들이 모여 제각각 집회를 열거든요.

내 편이 아닌 사람들은 미워할 거야

한 설문조사에 따르면, 연령, 지역, 성별, 직업, 정치적 성향과 관계없이 90% 이상의 사람들이 한국의 정서적 ○○○가 심각하다고 응답했어요. ○○○에 들어갈 정답은 바로 '양극화'예요. 양극화란 점점 달라져 서로 멀리 떨어진다는 뜻이에요. 정서적 양극화란 자신이 지지하는 정당에는 강한 호감을 느끼지만, 상대편 정당에 대해서는 반감을 갖고 믿지 못하는 것을 말해요. 우리나라는 현재 정서적 양극화가 매우 심각한 상태예요. 상대편이 주장하는 바를 논리적으로 살펴보지 않고 나와 다른 생각을 가진 사람들에게 반감을 갖고 미워할 때가 많거든요.

서로를 미워하는 지금, 우리는 괜찮은 걸까요?

정서적 양극화가 극심한 상태에서는 대화를 통해 갈등을 해결할 수 없어요. 시간이 지날수록 정서적 양극화는 더 심한 갈등으로 이어져, 생각이 다른 사람을 혐오하거나 차별하게 하거든요. 서로를 믿지 못하니 사회 분열도 심해지죠. 이 과정에서 올바른 절차를 거쳐 갈등을 조율하고 타협해야 하는 민주주의의 정신은 훼손돼요. 우리가 살아가는 이 세상을 조금 더 좋은 곳으로 만들기 위해서, 다양한 의견이

공존하는 민주주의를 지키기 위해 우리는 어떤 마음을 가지는 게 좋을까요?

정리하기

◎ 다음 빈칸을 채우세요.

☐☐☐☐☐ 란 자신과 정치적 생각이 다른 상대편에 대해 반감을 갖고 믿지 못하는 것을 말해요.

◎ 맞으면 O, 틀리면 X 하세요.

1. 지금 한국은 정서적 양극화가 심각한 상황이에요. ☐
2. 정서적 양극화는 시간이 지나면 자연스럽게 해결되는 문제예요. ☐
3. 정서적 양극화는 민주주의 정신을 훼손할 수 있어요. ☐

◎ 신문 어휘 풀이

- **지지**: 어떤 사람이나 단체 등이 내세우는 주의나 의견 등에 찬성하고 따름
- **집회**: 여러 사람이 특정한 목적을 위해 일시적으로 모이는 일
- **성향**: 성질에 따른 경향
- **정서적**: 사람의 마음에 일어나는 여러 가지 감정과 관련된 것
- **호감**: 어떤 대상에 대하여 느끼는 좋은 감정
- **반감**: 반대하거나 반항하는 감정
- **극심하다**: 상태나 정도가 지나칠 정도로 매우 심하다
- **혐오**: 싫어하고 미워함
- **분열**: 하나의 집단, 단체 등이 여러 개로 갈라져 나뉨
- **조율하다**: 여러 입장의 차이에서 생긴 문제를 해결하기 위하여 정도를 조절하다
- **타협하다**: 어떤 일을 서로 양보하여 의견을 나누다
- **훼손되다**: 상하게 되다
- **공존하다**: 두 가지 이상의 것이 함께 존재하다

토론하기

Q1 여러분과 생각이 매우 다른 사람을 만난다면 어떨 것 같아요?

Q2 양극화를 줄이기 위해서 일상에서 어떤 방법을 실천할 수 있을까요?

97 총을 든 군인들이 국회를 둘러쌌던, 그날 밤 우리에게 벌어진 일

배경 지식

- **비상계엄령**: 전쟁, 나라 안에서 벌어진 큰 싸움, 재난 등으로 나라가 엄청난 혼란에 빠져 평소대로 나라를 다스리기 어렵다고 판단될 때, 대통령이 군대를 동원해 사회 질서를 유지하려는 조치예요. 우리나라에서는 1980년 5월 17일 이후로 44년 만인 2024년 12월 3일에 윤석열 전 대통령이 비상계엄령을 선포했어요.

신문 읽기

비상계엄령을 선포하는 윤석열 전 대통령
출처_대한민국 대통령실

2024년 12월 3일 오후 10시 25분. 윤석열 전 대통령이 이 말을 한 후, 곧이어 소란스러운 헬기 소리와 함께 총을 든 군인들이 국회를 둘러쌌어요. 그날 밤, 무슨 일이 벌어졌던 걸까요?

"비상계엄령을 선포합니다"

윤석열 전 대통령은 이렇게 말했어요. 계엄령이란 나라에 전쟁이나 큰 싸움, 재난 등과 같은 비상사태가 일어났을 때, 사회 질서를 지키기 위해 군대가 특별한 힘을 갖는 것을 말해요. 계엄령은 나라가 위기에 처했을 때 내려지므로 계엄령이 선포되면 사람들의 자유나 기본권 일부가 제한돼요. 실제로 비상계엄령이 선포된 12월 3일 밤, 시위를 포함한 정치 활동, 언론과 출판의 자유 등 국민의 당연한 권리가 금지된다는 내용이 발표됐어요.

비상계엄령이 선포된, 그날의 이야기

한국은 전쟁이나 재난이 일어나지 않은 상태였지만, 대통령은 나라가 위험한 상황이라고 판단해 비상계엄령을 선포했어요. 당시 계엄에 반대한 국회의원들은 긴급히 국회로 모였어요. 비상계엄령은 국회의원 300명 중 절반 이상이 반대하면 계엄 선포를 없던 일로 할 수 있는데요, 그날 국회의원 190명이 계엄 반대에 투표했고, 비상계엄령은 2시간 35분 만에 해제됐어요.

우리의 민주주의는 안전한 걸까요? 민주주의를 지켜나가기 위해서는 모두가 관심을 가져야 해요.

정리하기

◎ 다음 빈칸을 채우세요.

2024년 12월 3일, 윤석열 전 대통령이 ☐☐☐☐ 을 선포했어요.

◎ 맞으면 O, 틀리면 X 하세요.

1. 한국은 전쟁 상황에 처해있기 때문에 계엄령이 내려졌어요. ☐
2. 국회의원 300명 모두가 찬성해야 계엄을 해제할 수 있어요. ☐
3. 12월 3일 비상계엄은 3시간이 지나기 전에 해제됐어요. ☐

◎ 신문 어휘 풀이

- **동원하다:** 어떤 목적을 이루려고 사람이나 물건, 방법 등을 한데 모으다
- **조치:** 벌어진 사태에 대한 적절한 대책
- **국회:** 국민의 대표인 국회의원들로 이루어져 법을 만드는 국가 기관
- **선포하다:** 어떤 사실이나 내용을 공식적으로 세상에 널리 알리다
- **비상사태:** 큰일이 벌어진 위급한 상황
- **기본권:** 태어날 때부터 가지고 있는 기본적인 권리로 헌법에 의해 보장됨
- **일부:** 한 부분
- **제한되다:** 일정한 정도나 범위가 정해지다
- **포함하다:** 어떤 무리나 범위에 함께 들어가게 하거나 함께 넣다
- **권리:** 어떤 일을 하거나 다른 사람에게 요구할 수 있는 올바른 힘이나 자격
- **국회의원:** 국민의 선거로 뽑히는 국민의 대표로서 국회를 이루는 구성원
- **해제되다:** 묶인 것이나 행동을 막는 법 등을 풀어 자유롭게 되다
- **민주주의:** 국민이 권력을 가지고 권력을 스스로 행사하는 제도

토론하기

Q1 2024년 12월 3일 일어난 비상계엄령에 대해 부모님과 함께 이야기해 보세요.

98 알록달록 반짝반짝 빛나는 우리들의 시민 의식

배경 지식

● **시민 의식**: 사회에서 시민들이 갖추어야 할 도덕과 규칙을 지키는 태도를 말해요.

신문 읽기

응원봉으로 알록달록한 시위 현장

윤석열 대통령의 **탄핵** 찬반 **집회**가 오래 이어지면서, 사람들의 **시위** 굿즈가 다양해지고 있어요.

반짝반짝 '이것'을 챙겨가세요

시위에 참여한 시민들은 '이것'을 들고 나갔는데요, 바로 콘서트에서 사용하는 응원봉이었어요. 시민들이 시위 현장에 응원봉을 가져오면서 알록달록한 풍경이 펼쳐졌죠. 거기에 K-팝 가사를 바꿔 신나게 구호를 외치니 마치 콘서트 같기도 했고요. 이제는 응원봉을 넘어 개성 넘치는 문구가 쓰인 깃발, 지지하는 메시지를 담은 티셔츠, 배지 등도 가지고 시위에 나서고 있어요.

응원봉의 불빛만큼 반짝반짝 빛나는 시민 의식

추운 날 시위에 나서는 사람들을 돕기 위한 따뜻한 손길도 이어졌어요. 시위에 참여하는 시민들이 힘을 낼 수 있도록 시위 현장 근처의 식당과 카페에 **선결제**하는 시민들도 있었어요. 시위가 끝난 후 시민들이 **자발적**으로 쓰레기를 모아 버리는 모습도 볼 수 있었고요.

외신들은 이런 한국의 시위를 보고 한국처럼 **질서정연**하게, 즐겁고 평화로운 분위기로 시위한 나라를 찾아보기 어렵다고 입을 모았어요. 시위를 통해 엿볼 수 있었던 한국의 높은 시민 의식만큼, 불안정한 나라의 상황도 하루빨리 안정되길 모두가 바라고 있어요.

정리하기

◎ 다음 빈칸을 채우세요.

시위에 참여한 시민들의 수준 높은 ☐☐ 이 화제가 되었어요.

◎ 맞으면 O, 틀리면 X 하세요.

1. 시위 현장은 조용하고 엄숙한 분위기였어요. ☐
2. 시위 현장에 각자 개성 넘치는 깃발을 들고 오는 문화가 생겼어요. ☐
3. 시위가 끝나고 사람들은 자발적으로 거리에 떨어진 쓰레기를 주웠어요. ☐

◎ 신문 어휘 풀이

- **탄핵**: 대통령처럼 높은 지위에 있는 공직자들이 법을 어기면 맡은 일을 그만두게 하거나 벌을 주는 일
- **집회**: 여러 사람이 특정한 목적을 위해 일시적으로 모이는 일
- **시위**: 많은 사람들이 원하는 것을 내걸고 행진하며 의사를 표시하는 행동
- **선결제**: 물건이 나오기 전에 돈을 먼저 주고받음
- **자발적**: 남이 시키거나 부탁하지 않았는데도 자기 스스로 하는 것
- **외신**: 국내의 신문사, 방송국 등에 외국으로부터 들어온 소식
- **질서정연**: 차례나 순서 따위가 잘 잡혀 한결같이 바르고 가지런함

토론하기

Q1 사람들은 시위에 응원봉 또는 재미있는 굿즈를 왜 가지고 나갔을까요?

99

째깍째깍, 대통령의 탄핵 시계가 움직이기 시작했어요

배경 지식

- **탄핵**: 대통령처럼 높은 지위에 있는 공직자들이 법을 어기면 맡은 일을 그만두게 하거나 벌을 주는 일을 말해요. 먼저 국회에서 국회의원 300명 중 200명 이상이 찬성해야 하고, 그 후 헌법재판소에서 재판관 9명 중 6명 이상이 찬성해야 최종적으로 탄핵이 결정돼요. 8년 전 박근혜 전 대통령이 우리나라 역사상 처음으로 탄핵당했어요.

신문 읽기

2024년 12월 14일, 여의도 국회 앞에 수많은 시민이 모여들었어요. 그날 오후 4시에 윤석열 대통령의 2차 탄핵 찬반 투표가 있었기 때문이에요. 12월 7일에 1차 탄핵 찬반 투표를 실시했지만, 탄핵이 받아들여지지 않아 다시 한번 투표를 진행하게 됐어요.

탄핵이 뭐예요?

탄핵이란 대통령처럼 높은 지위에 있는 사람들이 법을 어겨, 맡은 일을 그만두게 하거나 벌을 주는 일을 말해요. 지난 2024년 12월 3일에 있었던 윤석열 대통령의 비상계엄 선포를 놓고 탄핵 찬반 투표가 진행됐는데요, 2차 탄핵 찬반 투표에서 '탄핵안 가결'로 결정됐어요. 이로써 윤석열 대통령은 비상계엄 선포 11일 만에 대통령 직무가 정지되었어요.

이제 그럼 윤석열 대통령은 한국 대통령이 아닌가요?

국회에서 탄핵안이 통과되면 즉시 대통령 직무를 멈추어야 하지만, 그렇다고 곧바로 대통령 자리에서 물러나는 건 아니에요. 헌법재판소에서 최종 심판을 받아야 하거든요. 윤석열 대통령은 우리나라에서 세 번째로 탄핵 심판을 받는 대통령이 되었어요. 헌법재판소에 있는 9명의 재판관 중 6명 이상이 탄핵에 찬성한다면 탄핵이 확실하게 결정되고요, 5명 이하만 찬성한다면 다시 대통령으로서 일할 수 있어요.

정리하기

◎ 다음 빈칸을 채우세요.

2024년 12월 14일, 윤석열 대통령의 ☐☐안이 국회에서 통과됐어요.

◎ 맞으면 O, 틀리면 X 하세요.

1. 12월 14일 국회 앞에 많은 시민들이 모였어요. ☐
2. 12월 14일 국회에서 윤석열 대통령의 탄핵안이 가결됐어요. ☐
3. 헌법재판소에서 재판관 9명이 모두 찬성해야 최종적으로 탄핵이 결정돼요. ☐

◎ 신문 어휘 풀이

- 공직자: 국가 기관이나 공공 단체의 일을 맡은 사람
- 국회: 국민의 대표인 국회의원들로 이루어져 법을 만드는 국가 기관
- 국회의원: 국민의 선거로 뽑히는 국민의 대표로서 국회를 이루는 구성원
- 헌법재판소: 여러 법에 관련된 일들이 헌법에 어긋나지 않는지 판단하여 심판하는 국가 기관
- 찬반 투표: 어떤 안건을 결정할 때 찬성 반대로 의사를 표시하는 일
- 비상계엄: 전쟁, 나라 안에서 벌어진 큰 싸움, 재난 등으로 나라가 엄청난 혼란에 빠져 평소대로 나라를 다스리기 어렵다고 판단될 때, 대통령이 군대를 동원해 사회 질서를 유지하려는 조치
- 선포: 어떤 사실이나 내용을 공식적으로 세상에 널리 알림
- 가결: 회의에 제출된 안건을 좋다고 인정하여 결정함
- 직무: 직업상 맡은 일
- 심판: 어떤 문제와 관련된 일이나 사람에 대하여 잘잘못을 가려 결정을 내리는 일

토론하기

Q1 탄핵이 무엇인지, 그 탄핵 절차에 대해서 설명해 보세요.

4월 4일, 이날을 우리는 오래도록 기억하게 되겠죠

배경 지식

- **탄핵**: 대통령처럼 높은 지위에 있는 공직자들이 법을 어기면 맡은 일을 그만두게 하거나 벌을 주는 일을 말해요.
- **헌법**: 여러 법 중에서도 가장 높은 법으로, 국가를 다스리는 기본 원리이자 국민의 기본적인 권리를 보장하는 법이에요.
- **민주주의**: 국민이 권력을 가지고 자유롭고 평등하게 공공의 의사 결정에 참여하는 정치 형태를 말해요.

신문 읽기

헌법재판소

2025년 4월 4일, 11시 22분. 헌법재판소에 단호한 목소리가 울려 퍼졌어요. "대통령 윤석열을 파면한다."

12·3 계엄부터 4·4 탄핵까지, 우리가 지나온 122일의 시간

윤석열 전 대통령은 2024년 12월 3일 비상계엄을 선포했어요. 대통령의 의견에 반대하는 국회와의 갈등 상황을 해결하겠다는 이유에서였어요. 그날 밤 계엄에 반대하는 국회의원들이 국회로 긴급히 모여 계엄 반대투표를 했고, 비상계엄령은 2시간 35분 만에 해제됐어요. 계엄은 짧았지만, 그 이후 대통령 탄핵과 관련해 사회적 갈등이 깊어지며 나라는 매우 어지러워졌어요. 혼란스러웠던 122일의 시간을 거쳐, 2025년 4월 4일에 헌법재판소는 재판관 8명 만장일치로 윤석열 대통령 파면을 선고했어요. 이로써 윤 대통령은 즉시 대통령직을 잃었어요.

재판관 만장일치, 대통령 파면의 이유

헌법재판소가 대통령의 파면 결정에 가장 힘을 실은 내용은 '헌법 질서'와 '민주주의'였어요. 먼저 헌법재판소는 지난 비상계엄 선포 당시, 우리나라는 전쟁과 같은 비상사태가 아니었다고 판단했어요. 즉, 비상계엄을 선포해서는 안 되는 상황이었다는 뜻이죠. 또 윤 전 대통령은 계엄 선포 후 질서를 유지하기 위해 국회에 군인과 경찰을 투입했다고 주장했지만, 헌법재판소는 이 역시 인정하지 않았어요. 윤 전 대통령의 비상계엄은 헌법을 무시한 행위이며, 군인과 경찰을 국회로 보낸 것은 국회의 권한을 훼손하고 국민의 기본적 인권을 침해한 것이라고 지적했어요. 대통령이 헌법 수호의 책임과 국민의 믿음을 저버리고 민주주의에 심각한 해를 끼쳤다고 말했어요. 또한 국회가 비상계엄을 빠르게 해제할 수 있었던 것은 시민들의 용감한 저항 그리고 군인과 경찰이 적극적으로 시민과 국회의원들을 막아서지 않은 덕분이라고 설명했어요.

헌법재판소는 비상계엄으로 전 국민을 충격에 빠뜨리고 사회·경제·정치·외교 분야에 혼란을 불러온 사실도 지적했어요. 헌법재판소의 결론은 단호하고 분명했어요. 아무리 대통령이라도 헌법과 법 위에 있지 않다는 것, 그리고 국민의 주권과 민주주의는 그 어떤 경우에라도 훼손될 수 없다는 것을 보여주었어요.

정리하기

◎ 다음 빈칸을 채우세요.

2025년 4월 4일, 헌법재판소는 윤석열 대통령 ☐ 을 선고했어요.

◎ 맞으면 O, 틀리면 X 하세요.

1. 2024년 12월 3일 대통령의 비상계엄 선포 이후 한국은 안정을 되찾았어요. ☐
2. 헌법재판소 재판관 8명 만장일치로 윤석열 대통령은 파면됐어요. ☐
3. 국민의 주권과 민주주의는 절대 훼손될 수 없는 가치예요. ☐

◎ 신문 어휘 풀이

- **헌법재판소**: 여러 법에 관련된 일들이 헌법에 어긋나지 않는지 판단하여 심판하는 국가 기관
- **파면**: 잘못을 저지른 사람에게 직무나 직업을 그만두게 함

- **비상계엄**: 전쟁, 나라 안에서 벌어진 큰 싸움, 재난 등으로 나라가 엄청난 혼란에 빠져 평소대로 나라를 다스리기 어렵다고 판단될 때, 대통령이 군대를 동원해 사회 질서를 유지하려는 조치
- **선포하다**: 어떤 사실이나 내용을 공식적으로 세상에 널리 알리다
- **국회**: 국민의 대표인 국회의원들로 이루어져 법을 만드는 국가 기관
- **국회의원**: 국민의 선거로 뽑히는 국민의 대표로서 국회를 이루는 구성원
- **해제되다**: 묶인 것이나 행동을 막는 법 등을 풀어 자유롭게 되다
- **만장일치**: 모든 사람의 의견이 같음
- **선고하다**: 재판장이 판결을 알리다
- **비상사태**: 큰일이 벌어진 위급한 상황
- **유지하다**: 어떤 상태나 상황을 그대로 이어나가다
- **투입하다**: 사람이나 물자, 자본 따위를 필요한 곳에 넣다
- **권한**: 어떤 사람이나 기관의 권리나 권력이 미치는 범위
- **훼손하다**: 체면이나 명예를 손상하다
- **수호**: 지키고 보호함
- **주권**: 가장 주요한 권리

토론하기

Q1 헌법재판소의 판결에 대해 어떻게 생각해요? 가족들과 함께 이야기를 나눠보세요.

Q2 국민의 주권과 민주주의는 왜 지켜야 하는 걸까요?

정답

1. 균일가 / O X X
2. 스태그플레이션 / O X X
3. 노바이 챌린지 / X O O
4. 현지화 전략 / X O O
5. 로코노미 / O O X
6. 토핑 경제 / O X X
7. 기후플레이션 / O X O
8. 관세, 부과 / O X X
9. 라이스벨트 / O O X
10. 자산 / X X O
11. 긱슈머 / X X O
12. 이커머스 / X O O
13. 생산량 / X O X
14. 희소성 / X O O
15. 적자 / X X O
16. 국내 총생산 / X X O
17. 지식재산권 / X X O
18. 노벨 문학상 / X O O
19. 집단 소송 / O X O
20. 국가등록문화유산 / O O X
21. 악순환 / O X X
22. 식량난 / X X O
23. 문해력 / O X X
24. 트라우마 / O X O
25. 카피캣 / O X O
26. 메타 플랫폼스 / X O O
27. 인구 오너스 / X O O
28. 호칭 / X O O
29. 당 / X O X
30. 디지털 소외계층 / X O O
31. 미등록 이주아동 / X X O
32. 베타세대 / O O X
33. 아보하 / O O X
34. 에코 우체통 / O X X
35. 치킨게임 / O X O
36. 퍼네이션 / O O X
37. 하인리히 법칙 / O X O
38. 가자지구 / X X O
39. 관세 / O X X
40. 그린란드 / O X X
41. 미국 우선주의 / X X O
42. 기술 패권 전쟁 / X X O
43. 우주쓰레기 / O X O
44. 시리아 / O O X
45. 아스트리드 린드그렌 / O X O
46. DEI 정책 / X X O
47. 석탄 화력 발전소 / O X O
48. 난민 / O O X
49. 핵우산 / O O X
50. 인류무형문화유산 / O X O
51. Z세대 / X X O
52. 퓨전 / O X X
53. OECD / X X O
54. 환각 증세 / O X O
55. 감정적 기억 / X O X
56. 자전 / X O O
57. 미생물 / X X O
58. 진화 / X O X
59. 에베레스트산 / X O O
60. 인공강우 / X O X
61. 비버 / O X X
62. 인공지능 / O O X
63. 페이스테크 / O O X
64. 황사 / X O X
65. 구글 효과 / O X O
66. 향유고래 / X X O
67. 챗GPT / O X O
68. 소행성 / O X X

69. 진화 / ×××○
70. 사회적 상호작용 / ○××
71. 천적 / ○○×
72. 스톤헨지 / ××○
73. 옥시토신 / ○○×
74. 태양광 에너지 / ××○
75. 호박 / ××○
76. 기후재난 / ××○
77. 기후위기 / ○○×
78. GMO 완전 표시제 / ×○×
79. 고랭지 / ×○×
80. 기후난민 / ○○×
81. 수분 매개자 / ○○×
82. 멸종 위기 / ×○×
83. 탄소 배출 / ○○×
84. 해양 보호 구역 / ×○×
85. 적설량 / ○×○
86. 기후위기 / ○××
87. 도도새 / ×○×
88. 생물 다양성 / ○○×
89. 강설량 / ○××
90. 심해 / ○○×
91. 이산화탄소 / ○×○
92. 풍력 발전 / ○○×
93. 탄소발자국 / ××○
94. 패스트 패션 / ○×○
95. 헌법 소원 / ×○×
96. 정서적 양극화 / ○×○
97. 비상계엄령 / ××○
98. 시민 의식 / ×○○
99. 탄핵 / ○○×
100. 파면 / ×○○

신문어휘사전(수록 어휘: 651)

ㄱ

- **가결** | 회의에 제출된 안건을 좋다고 인정하여 결정함
- **가공식품** | 저장과 조리가 편리하도록 특별한 방법을 통해 새롭게 만든 먹을거리
- **가동** | 기계 등이 움직여 일함
- **가동되다** | 기계 등이 움직여 일하다
- **가성비** | 어떤 상품에 대해 정해진 가격에서 기대할 수 있는 성능이나 효율의 정도
- **각국** | 각각의 여러 나라
- **감소** | 양이나 수가 줄어드는 것
- **감소하다** | 양이나 수가 줄어들다
- **강조하다** | 어떤 것을 특히 두드러지게 하거나 강하게 주장하다
- **감축** | 어떤 것의 수나 양을 줄임
- **강타하다** | 세게 치다
- **개선** | 잘못된 것이나 부족한 것, 나쁜 것을 고쳐 더 좋게 만듦
- **개인 정보** | 이름, 전화번호, 주민 등록 번호 등 개인을 구별해서 알아볼 수 있는 정보
- **개체수** | 독립된 생물 개개의 수
- **거대하다** | 엄청나게 크다
- **거래** | 돈이나 물건을 주고받거나 사고팖
- **거래하다** | 돈이나 물건을 주고받거나 사고팔다
- **거부감** | 어떤 것을 받아들이고 싶지 않은 느낌
- **거세지다** | 기세가 몹시 거칠고 세차게 되다
- **검증하다** | 검사하여 사실임을 증명하다
- **검출되다** | 어떤 성분 등이 검사를 통해 발견되다
- **검토** | 내용을 자세히 따져봄
- **검토하다** | 어떤 사실이나 내용을 자세히 따져서 조사하고 분석하다
- **격추당하다** | 날아가는 비행 물체가 공격을 받아 떨어지다
- **결제** | 물건값이나 내어줄 돈을 주고 거래를 끝냄
- **결제하다** | 물건의 값을 내고 거래를 끝내다
- **경각심** | 정신을 차리고 주의하며 경계하는 마음
- **경기** | 호황, 불황과 같은 경제 활동 상태
- **경기 침체** | 물건을 사고 파는 것이 활발하게 이루어지지 못하고 제자리에 머무르는 현상
- **경신하다** | 어떤 분야의 종전 최고치나 최

저치를 깨뜨리다
- **경작** | 논밭을 갈아 농사를 지음
- **경쟁** | 어떤 분야에서 이기거나 앞서려고 서로 겨룸
- **경제 불확실성** | 앞으로 경제 상황이 어떻게 변화할지 예측할 수 없어 확실하지 않은 상태
- **경제성장률** | 일정 기간 한 나라의 경제가 얼마나 성장했는지를 나타내는 비율
- **계기** | 어떤 일이 일어나거나 결정되도록 하는 원인이나 기회
- **고령화** | 한 사회의 전체 인구 중 노인의 인구 비율이 높아지는 것
- **고유** | 한 사물이나 집단 등이 본래부터 지니고 있는 특별한 것
- **고인돌** | 큰 돌로 만든 선사시대 무덤
- **고정** | 한번 정한 내용을 변경하지 않음
- **공감** | 다른 사람의 마음이나 생각에 대해 자신도 그렇다고 똑같이 느낌
- **공급** | 요구나 필요에 따라 물건이나 돈 등을 제공함
- **공급량** | 판매하기 위해서 시장에 내놓은 물품이나 서비스의 양
- **공산품** | 공장에서 사람의 손이나 기계로 만든 상품
- **공유하다** | 두 사람 이상이 어떤 것을 함께 가지고 있다
- **공존하다** | 두 가지 이상의 것이 함께 존재하다
- **공직자** | 국가 기관이나 공공 단체의 일을 맡은 사람
- **과도하다** | 정도가 지나치다
- **과소비** | 자신의 소득에 비해 돈을 지나치게 많이 쓰거나 물건을 지나치게 많이 삼
- **과잉** | 수량이나 정도가 필요로 하는 것보다 지나치게 많아서 남음
- **관객** | 운동 경기, 영화, 연극, 음악회, 무용 공연 등을 구경하는 사람
- **관세** | 나라 간의 무역을 할 때 수입하는 해외 상품에 붙는 세금
- **관측** | 눈이나 기계로 자연 현상을 자세히 살펴보아 어떤 사실을 짐작하거나 알아냄
- **광물** | 금, 은, 철 등과 같은 금속을 포함하는 자연에서 생기는 무기 물질
- **괴짜** | 이상한 짓을 자주 하는 사람
- **구매하다** | 상품을 사다

· **구입하다** | 물건 등을 사다
· **구호품** | 재난이나 재해를 당한 사람을 돕기 위한 물품
· **국내** | 나라의 안
· **국방력** | 다른 나라의 침입으로부터 나라를 안전하게 지키는 힘
· **국방비** | 다른 나라의 침입으로부터 나라를 안전하게 지키는 데 사용되는 비용
· **국제기구** | 특정한 목적을 위하여 둘 이상의 나라가 모여 활동을 하기 위해 만든 기관
· **국회** | 국민의 대표인 국회의원들로 이루어져 법을 만드는 국가 기관
· **국회의원** | 국민의 선거로 뽑히는 국민의 대표로서 국회를 이루는 구성원
· **권리** | 어떤 일을 하거나 다른 사람에게 요구할 수 있는 올바른 힘이나 자격
· **권위** | 어떤 분야에서 사회적으로 인정을 받을 만한 지식, 기술 또는 실력
· **권한** | 어떤 사람이나 기관의 권리나 권력이 미치는 범위
· **궤도** | 사물이 따라서 움직이는 정해진 길
· **규모** | 물건이나 현상의 크기나 범위
· **균일가** | 상품의 크기나 모양, 품질에 관계없이 일정하게 붙인 가격
· **극단적** | 상황이나 상태가 더 이상 유지되거나 진행되기 힘든 것
· **극심하다** | 상태나 정도가 지나칠 정도로 매우 심하다
· **근본적** | 어떤 것의 본질이나 바탕이 되는 것
· **급감하다** | 갑자기 줄다
· **급격하다** | 변화의 속도가 매우 빠르다
· **급격히** | 변화의 속도가 매우 빠르게
· **급등하다** | 물건값이나 주식의 가격 등이 갑자기 오르다
· **급변하다** | 상황이나 상태가 갑자기 달라지다
· **급속하다** | 매우 빠르다
· **급증하다** | 짧은 기간 안에 갑자기 늘어나다
· **기류** | 공기의 흐름
· **기본권** | 태어날 때부터 가지고 있는 기본적인 권리로 헌법에 의해 보장됨
· **기부** | 다른 사람이나 기관, 단체 등을 도울 목적으로 돈이나 재산을 대가 없이 내놓음
· **기상** | 바람, 비, 구름, 눈 등의 대기 속에서 일어나는 현상
· **기상 이변** | 보통 지난 30년간의 기상과 아주 다른 날씨 현상

- **기후위기** | 지구의 평균 기온이 점점 높아지면서 기후가 극단적으로 변화하는 것, 혹은 그런 변화로 인해 위험해지는 것

<ㄴ>

- **난민** | 전쟁이나 재해 등으로 집이나 재산을 잃은 사람
- **내면** | 겉으로 잘 드러나지 않는 사람의 정신이나 마음속
- **내전** | 한 나라 국민들끼리 편이 갈라져서 싸우는 전쟁
- **냉각** | 식혀서 차게 함
- **노동력** | 일을 하는 데 쓰이는 사람의 능력
- **농가** | 농사를 짓는 사람의 가정
- **농도** | 기체나 액체에 들어있는 한 성분의 진함과 묽음의 정도
- **농작물** | 논과 밭에 심어 키우는 곡식이나 채소
- **눈사태** | 산이나 절벽 등에 쌓인 눈이 갑자기 무너지면서 아래로 한꺼번에 떨어지는 일

<ㄷ>

- **다문화** | 한 사회 안에 여러 민족이나 여러 나라의 문화가 섞여 있는 것
- **다수** | 많은 수
- **단계적** | 일의 순서나 과정에 따르는 것
- **단말기** | 컴퓨터와 연결되어 자료를 입력하거나 출력하는 기기
- **단백질** | 생물의 세포를 구성하며 에너지를 공급하는 주요 물질
- **단지** | 윗부분이 짧고 가운데 부분이 불룩한 작은 항아리
- **달하다** | 어떠한 정도, 수준, 수량, 상태, 정도 등에 이르다
- **대규모** | 어떤 것의 크기나 범위가 큼
- **대기** | 어떤 때나 기회를 기다림
- **대기오염** | 공장이나 자동차에서 나오는 매연, 먼지에 의해서 공기가 더러워지는 현상
- **대기질** | 대기의 오염 정도 등 전체적인 상태
- **대량** | 많은 분량이나 수량
- **대상** | 어떤 일이나 행동의 상대나 목표가 되는 사람이나 물건
- **대응하다** | 어떤 일이나 상황에 알맞게 행동을 하다
- **대중적** | 많은 사람들의 취향에 맞는
- **대책** | 어려운 상황을 이겨낼 수 있는 계획

·대폭ㅣ큰 폭
·대표ㅣ전체의 상태나 특징을 어느 하나로 잘 나타내는 것
·대형ㅣ같은 종류의 사물이나 일 가운데 크기나 규모가 큰 것
·데시벨ㅣ소리의 세기를 나타내는 단위
·도덕ㅣ한 사회의 사람들이 말, 행동, 믿음의 좋고 나쁨을 판단하는 정신적 기준
·도입되다ㅣ기술, 이론 등이 들어오다
·도입하다ㅣ기술, 이론 등을 들여오다
·독립ㅣ한 나라가 완전한 주권을 가짐
·독자ㅣ남에게 의지하지 않는 자기 혼자
·독재ㅣ한 나라의 권력을 한 사람이 모두 차지하고 자기 마음대로 하는 정치
·독특하다ㅣ다른 것과 비교하여 특별하게 다르다
·독해력ㅣ글을 읽어서 뜻을 이해하는 능력
·돌연ㅣ미처 생각하지 못한 사이에 갑자기
·돌파하다ㅣ정해진 목표나 이전의 기록을 넘어서다
·동맹ㅣ둘 이상의 개인이나 단체, 나라 등이 이익을 위해서 서로 도울 것을 약속하는 결합
·동원하다ㅣ어떤 목적을 이루려고 사람이나 물건, 방법 등을 한데 모으다
·동참하다ㅣ어떤 모임이나 일에 같이 참가하다
·동토ㅣ얼어붙은 땅
·둔화되다ㅣ반응이나 진행 속도가 느려지다
·둔화시키다ㅣ반응이나 진행 속도를 느려지게 하다
·등재되다ㅣ이름이나 어떤 내용이 적혀 올려지다

<ㄹ>

·로이터 통신ㅣ세계적으로 유명한 영국의 뉴스 제공 기관

<ㅁ>

·마련하다ㅣ①어떤 물건이나 상황을 준비하여 갖추다 ②어떤 상황에 대비한 계획이나 생각을 정리해 두다
·마취되다ㅣ약물 따위가 사용되어 얼마 동안 의식이나 감각이 없어지다
·만장일치ㅣ모든 사람의 의견이 같음
·맞대응ㅣ상대의 위협적인 행동이나 태도에 맞서서 행동함

·매립| 쓰레기나 폐기물을 모아서 땅에 묻음
·매장| 물건을 파는 곳
·매장되다| 땅속에 묻히다
·매출| 물건을 파는 일
·매출액| 물건을 팔아 생긴 금액
·맨틀| 지구 내부의 핵과 지각 사이에 있는 부분
·면역력| 몸 밖에서 들어온 병균을 이겨 내는 힘
·면적| 일정한 면이 차지하는 크기
·멸종| 생물의 한 종류가 지구에서 완전히 없어짐
·멸종 위기| 생물의 한 종류가 지구에서 완전히 없어질 수도 있는 위험한 순간
·멸종하다| 생물의 한 종류가 지구에서 완전히 없어지다
·명소| 이름이 널리 알려진 곳
·모방하다| 다른 것을 본뜨거나 남의 행동을 흉내 내다
·모티브| 예술에서, 작품을 만들고 표현하게 된 출발점
·무궁무진하다| 끝이나 다하는 것이 없다
·무균| 사람들을 병에 걸리게 하거나 음식을 썩게 하는 균이 없음
·무기질| 칼슘, 물 등과 같이 주로 생명체의 골격, 혈액 등에 포함되어 있는 무기물
·무분별하다| 바른 생각이나 판단을 하지 않는다
·무역| 나라와 나라 사이에 서로 물건을 사고파는 일
·문맥| 서로 이어져 있는 문장의 앞뒤 의미 관계
·물가상승률| 일정 기간 물가가 올라간 비율
·물질| 공간의 일부를 차지하고 질량을 갖는 요소
·미취학| 아직 학교에 들어가지 못함
·미흡하다| 만족스럽지 못하다
·민간인| 관리나 군인이 아닌 일반인
·민주주의| 국민이 권력을 가지고 그 권력을 스스로 행사하는 정치에 뜻을 두는 사상
·밀접하다| 아주 가까운 관계에 있다

<ㅂ>

·반감| 반대하거나 반항하는 감정
·반군| 정부나 지도자를 몰아내려고 전쟁을

일으키는 군대

· 반도체 | 여러 상태에 따라 전기가 통하기도 하고 안 통하기도 하는 물질

· 반박하다 | 어떤 의견이나 주장 등에 반대하여 말하다

· 반발하다 | 어떤 상태나 행동 등에 대하여 반대하다

· 반사광 | 다른 물체의 표면에 부딪쳐서 나아가던 방향이 반대 방향으로 바뀌는 빛

· 반사하다 | 빛이 다른 물체의 표면에 부딪쳐서, 방향을 반대 방향으로 바꾸다

· 반정부 | 기존 정부나 정부가 하는 일에 반대함

· 발생하다 | 어떤 일이 일어나거나 사물이 생겨나다

· 발효시키다 | 효모나 미생물로 유기물을 분해하고 변화시키다

· 방대하다 | 규모나 양이 매우 크거나 많다

· 방식 | 일정한 방법이나 형식

· 방지하다 | 어떤 좋지 않은 일이나 현상이 일어나지 않도록 막다

· 배기가스 | 자동차 등의 기계에서 연료가 쓰인 뒤 밖으로 나오는 기체

· 배우자 | 부부 중 한쪽에서 본 상대방

· 배출 | 안에서 만들어진 것을 밖으로 밀어 내보냄

· 배출량 | 어떤 물질을 안에서 밖으로 내보내는 양

· 배출되다 | 안에서 만들어진 것이 밖으로 밀려 내보내지다

· 배출하다 | 안에서 만들어진 것을 밖으로 밀어 내보내다

· 번식 | 생물체의 수나 양이 늘어서 많이 퍼짐

· 벌채 | 나무를 베어냄

· 법안 | 법으로 만들고자 하는 것을 정리해서 국회에 내는 문서

· 법적 | 법에 따른

· 변형하다 | 형태나 모양, 성질 등이 달라지거나 달라지게 하다

· 병충해 | 꽃이나 농작물 등이 균이나 벌레 때문에 입는 피해

· 보복 | 남에게 해를 입은 것에 대한 복수로 상대방에게도 그만큼의 해를 입힘

· 보안 | 중요한 정보 등이 빠져나가서 위험이나 문제가 생기지 않도록 안전한 상태로 유지하고 보호함

- **보행자** | 길거리를 걸어 다니는 사람
- **복원하다** | 원래의 상태나 모습으로 돌아가게 하다
- **본격적** | 모습을 제대로 갖추고 적극적으로 이루어지는 것
- **본능** | 학습이나 경험이 없이도 동물이 세상에 태어나면서부터 이미 갖추고 있는 행동
- **부과** | 세금이나 벌금 등을 매겨서 내게 함
- **부과하다** | 세금이나 벌금 등을 매겨서 내게 하다
- **부여하다** | 가치, 권리, 의미, 임무 등을 지니게 하거나 그렇다고 여기다
- **부유하다** | 살림이 아주 넉넉할 만큼 재물이 많다
- **부패** | 정치가 잘못된 길로 빠져드는 것
- **부패하다** | 정치가 잘못된 길로 빠져들다
- **분분하다** | 여러 사람의 의견이 일치하지 않고 서로 다르다
- **분비되다** | 세포에서 만들어진 액체가 세포 밖으로 내보내지다
- **분비하다** | 세포에서 만들어진 액체를 세포 밖으로 내보내다
- **분석** | 더 잘 이해하기 위해서 어떤 것을 여러 요소나 성질로 나눔
- **분석하다** | 더 잘 이해하기 위해서 어떤 것을 여러 요소나 성질로 나누다
- **분야** | 여러 갈래로 나누어진 범위나 부분
- **분열** | 하나의 집단, 단체 등이 여러 개로 갈라져 나뉨
- **분쟁** | 서로 물러서지 않고 치열하게 다툼
- **분해** | 여러 부분으로 이루어진 것을 그 부분이나 성분으로 따로따로 나눔
- **불가사의** | 평범한 사람의 생각으로는 알 수 없는 이상한 일
- **불매운동** | 어떤 특정한 상품을 만든 회사에 항의하기 위해 그 상품을 사지 않는 일
- **불순물** | 순수한 물질 속에 섞인 다른 성질의 물질
- **불청객** | 아무도 오라고 하지 않았는데도 스스로 찾아온 손님
- **불확실하다** | 확실하지 않다
- **붕괴** | 무너지고 깨짐
- **붕괴되다** | 무너지고 깨지게 되다
- **비극** | 견딜 수 없을 정도로 슬프고 끔찍한 일
- **비방** | 남을 깎아내리거나 해치는 말을 함
- **비법** | 남에게 알려지지 않은 특별한 방법

- **비상계엄** | 나라가 큰 혼란에 빠져 평소대로 나라를 다스리기 어렵다고 판단될 때, 대통령이 군대를 동원해 사회 질서를 유지하려는 일
- **비상사태** | 큰일이 벌어진 위급한 상황
- **비용** | 어떤 일을 하는 데 드는 돈
- **비율** | 기준이 되는 수나 양에 대한 어떤 값의 비
- **비판** | 무엇에 대해 자세히 따져 옳고 그름을 밝히거나 잘못된 점을 지적함
- **비효율적** | 들인 노력에 비해 성과가 만족스럽지 못한 것
- **빈도** | 같은 일이나 현상이 나타나는 횟수
- **빚** | 남에게 빌려 써서 갚아야 하는 돈

<ㅅ>

- **사각지대** | 섰을 때 사물이 눈으로 보이지 않는 위치로, 관심이나 영향이 미치지 못하는 구역을 비유적으로 이르는 말
- **사고 능력** | 마음이나 감정의 상태 또는 지식을 통해 문제를 해결하는 정신적 능력
- **사고방식** | 어떤 문제에 대하여 생각하는 방법이나 태도
- **사망하다** | 사람이 죽다
- **사상자** | 죽거나 다친 사람
- **사원** | 절이나 교회 같은 종교적 모임을 위한 장소
- **사육** | 어린 가축이나 짐승이 자라도록 먹여 기름
- **사태** | 일이 되어가는 상황이나 벌어진 일의 상태
- **사회성** | 사회에 적응하고 다른 존재와 원만하게 어울리며 집단을 이루어 살려고 하는 성질
- **산** | 식초, 레몬즙처럼 산성을 띠는 물질
- **산란기** | 알을 낳을 시기
- **산맥** | 여러 산들이 길게 이어져 큰 줄기를 이루고 있는 것
- **산업** | 물품이나 서비스 등을 만들어내는 일
- **산업재해** | 작업 환경이나 작업 중의 행동 때문에 일어난 뜻밖의 사고로 입은 신체적, 정신적 피해
- **산업화** | 산업과 기술이 발달하여 생산이 기계화되고 인구의 도시 집중과 같은 특징을 가진 사회로 됨
- **살균하다** | 약품이나 열 등을 이용해 세균

을 죽여 없애다

·**살벌하다**| 말이나 행동 또는 분위기가 매우 사납고 무섭다

·**삼림**| 나무가 아주 많은 숲

·**상당량**| 어지간히 많은 양

·**상도**| 상업 활동에서 지켜야 할 도덕

·**상반기**| 한 해나 일정한 기간을 둘로 나눌 때 앞의 절반 기간

·**상술**| 장사를 하는 재주나 꾀

·**상승**| 위로 올라감

·**상승하다**| 위로 올라가다

·**상징**| 일정한 형태를 지니지 않은 것을 눈으로 볼 수 있도록 나타낸 것

·**상품**| 사고파는 물건

·**생계**| 살림을 꾸리고 살아가는 방법

·**생산**| 사람이 생활하는 데 필요한 물건을 만듦

·**생산하다**| 사람이 생활하는 데 필요한 물건을 만들다

·**생애주기**| 사람이나 동식물이 태어나서 죽을 때까지의 기간

·**생존**| 살아있음. 또는 살아남음

·**생태계**| 생물들이 서로 적응하고 관계를 맺으며 살아가는 자연의 세계

·**생필품**| 일상생활에 꼭 필요한 물건

·**서류**| 글자로 기록한 문서

·**서식지**| 생물이 일정한 곳에 자리를 잡고 사는 곳

·**서식하다**| 생물이 일정한 곳에 자리를 잡고 살다

·**선결제**| 물건이 나오기 전에 돈을 먼저 주고받음

·**선고하다**| 재판장이 판결을 알리다

·**선두**| 줄이나 활동 등에서 맨 앞

·**선언하다**| 국가나 집단이 자기의 의견이나 주장을 공식적으로 널리 알리다

·**선원**| 배에서 일하는 사람

·**선정하다**| 여럿 가운데에서 목적에 맞는 것을 골라 정하다

·**선포**| 어떤 사실이나 내용을 공식적으로 세상에 널리 알림

·**선포하다**| 어떤 사실이나 내용을 공식적으로 세상에 널리 알리다

·**설립하다**| 단체나 기관 등을 새로 만들어 세우다

·**설치하다**| 어떤 목적에 맞게 쓰기 위하여

기관이나 설비 등을 만들거나 제자리에 맞게 놓다

·섬세하다 | 매우 세밀하고 정확하다

·섭취 | 영양분 등을 몸속에 받아들임

·성과 | 어떤 일을 이루어 낸 결과

·성분 | 어떤 것을 구성하는 한 부분

·성비 | 어떤 집단에 속한 암컷과 수컷의 비율

·성인병 | 중년 이후의 사람들에게 생기는 여러 가지 병

·성취도 | 목적한 것을 이룬 정도

·성향 | 성질에 따른 경향

·세포 | 생물체를 이루는 기본 단위

·소각 | 불에 태워 없앰

·소득 | 일정 기간 정해진 일을 하고 그 대가로 받는 수입

·소량 | 적은 양

·소모하다 | 써서 없애다

·소비 | 돈, 물건, 시간, 노력, 힘 등을 써서 없앰

·소비량 | 돈, 물건, 시간, 노력, 힘 등을 써서 없애는 양

·소소하다 | 평범하고 대수롭지 않다

·소속감 | 어떤 기관이나 단체에 속해있다는 느낌

·소송 | 사람들 사이에 일어난 다툼을 법에 따라 옳고 그름을 결정해 달라고 법원에 부탁하는 것

·소수 | 어떤 수를 나눌 때 1과 자기 자신 외에는 나눠지지 않는 수. 이를테면 2, 3, 5, 7, 11, 13, 17, 19를 말한다

·소수자 | 사회에서 다수의 사람들이 지니고 있는 특징과 구별되는 특징을 가진 집단

·소재 | 어떤 것을 만드는 데 바탕이 되는 재료

·소포 | 조그맣게 포장한 물건

·속수무책 | 어찌할 방법이 없어 꼼짝 못 함

·속절없이 | 어찌할 방법이 없이

·수교 | 두 나라가 외교 관계를 맺음

·수동적 | 스스로 움직이지 않고 남의 힘을 받아 움직이는 것

·수상자 | 상을 받는 사람

·수상하다 | 상을 받다

·수온 | 물의 온도

·수요 | 어떤 소비의 대상이 되는 상품에 대한 요구

·수용하다 | 어떤 것을 받아들이다

·수익 | 일이나 사업 등에서 얻은 이익

·수익성 | 이익을 얻을 수 있는 정도

· **수입** | 개인이나 국가, 단체가 벌어들이는 돈
· **수입량** | 다른 나라로부터 상품이나 기술 등을 국내로 사들이는 양
· **수입품** | 다른 나라로부터 사들여 오는 물품
· **수집되다** | 흩어져 있던 것이 거두어져 모이다
· **수집하다** | 흩어져 있던 것을 거두어 모으다
· **수증기** | 물이 증발하여 기체 상태로 된 것
· **수출되다** | 국내의 상품이나 기술이 외국으로 팔려 내보내지다
· **수출액** | 수출로 벌어들인 돈의 액수
· **수호** | 지키고 보호함
· **수확량** | 농작물을 거두어들인 양
· **스타트업** | 사업을 시작한 지 얼마 안 된 기업
· **습성** | 습관처럼 굳어져 버린 성질
· **시급히** | 시간적인 여유가 없이 몹시 급하게
· **시범** | 모범이 되는 본보기를 보임
· **시위** | 많은 사람들이 원하는 것을 내걸고 행진을 하며 의사를 표시하는 행동
· **시행** | 실제로 행함
· **시행하다** | 실제로 행하다
· **식량난** | 먹을 것이 부족해지면서 일어나는 어려움
· **식민지** | 힘이 센 다른 나라에게 정치적, 경제적으로 지배를 받는 나라
· **식수** | 먹을 수 있는 물
· **식재료** | 음식을 만드는 데에 쓰는 재료
· **실물 가치** | 실제로 만질 수 있고 가질 수 있는 자산이 지닌 가치
· **실업** | 일자리를 잃거나 일할 기회를 얻지 못하는 상태
· **실업률** | 일할 생각과 능력을 갖춘 인구 가운데 직업이 없는 사람의 비율
· **실제** | 있는 그대로의 상태나 사실
· **실종자** | 흔적 없이 사라져서 어디에 있는지, 죽었는지 살았는지를 알 수 없게 된 사람
· **심판** | 어떤 문제와 관련된 일이나 사람에 대하여 잘잘못을 가려 결정을 내리는 일
· **심폐소생술** | 인공호흡과 심장 마사지를 통해 멈춘 심장을 정상으로 회복시키는 처치 방법

<ㅇ>

· **악영향** | 나쁜 영향
· **악용되다** | 나쁜 일에 쓰이거나 나쁘게 이용되다
· **악화** | 일이나 상황이 나쁜 방향으로 나아감

· **악화되다** | 일이나 상황이 나쁜 방향으로 나아가다
· **악화시키다** | 일이나 상황을 나쁜 방향으로 나아가게 하다
· **안보** | 안전을 보장하는 것
· **안식처** | 편히 쉴 수 있는 곳
· **애도** | 사람의 죽음을 슬퍼함
· **앤드류 카네기** | 자신의 회사를 세계적인 규모로 키운 19세기 미국의 기업인
· **약삭빠르다** | 눈치가 빠르거나 자기의 이익을 챙기는 것이 빠르다
· **약소국** | 경제적이나 군사적으로 힘이 약하고 작은 나라
· **어선** | 그물 등으로 물고기를 잡는 데 사용하는 배
· **어우러지다** | 여럿이 자연스럽게 사귀어 잘 어울리거나 일정한 분위기를 만들다
· **업계** | 같은 산업이나 상업 부문에서 일하는 사람들의 활동 분야
· **업체** | 이익을 얻기 위해 어떤 사업을 하는 단체
· **엎친 데 덮치다** | 안 좋은 일이 겹쳐서 생기다
· **여객기** | 사람을 태워 나르는 비행기

· **역대** | 이전부터 이어 내려온 여러 대
· **역주행** | 발매되고 어느 정도의 시간이 지난 뒤에 다시 인기를 끄는 것
· **역차별** | 부당한 차별을 받는 쪽을 보호하기 위해서 마련한 제도나 장치가 너무 강해서 오히려 반대편을 차별하는 것
· **연간** | 일 년 동안
· **연관성** | 둘 이상의 사물이나 현상 등이 서로 관계를 맺는 특성이나 성질
· **연령층** | 같은 나이 또는 비슷한 나이인 사람들의 집단
· **영감** | 새로운 것을 만드는 활동과 관련한 기발하고 좋은 생각
· **영산재** | 사람이 죽은 지 49일째 되는 날, 죽은 사람의 영혼이 좋은 곳에 가기를 바라며 진행하는 불교 의식
· **영역** | 힘, 생각, 활동 등이 영향을 끼치는 분야나 범위
· **영토** | 한 국가의 땅
· **예매하다** | 때가 되기 전에 미리 사다
· **예측** | 앞으로의 일을 미리 추측함
· **예측하다** | 앞으로의 일을 미리 추측하다
· **온실가스** | 이산화탄소 등 지구 대기를 오

염시켜 온실 효과를 일으키는 가스를 모두 이르는 말

· **외래어** | 다른 나라에서 들어온 말로 국어처럼 쓰이는 단어

· **외신** | 국내의 신문사, 방송국 등에 외국으로부터 들어온 소식

· **욜로** | 현재의 행복을 중요하게 여기는 생활 방식

· **용기** | 물건을 담는 그릇

· **용어** | 어떤 분야에서 전문적으로 사용하는 말

· **우려** | 근심하거나 걱정함

· **우후죽순** | 비가 온 뒤에 여기저기 솟는 죽순이라는 뜻으로 어떤 일이 한때에 많이 생겨나는 것을 비유적으로 이르는 말

· **운구차** | 시신을 넣은 관을 옮기는 차

· **운영하다** | 조직이나 기구 등을 관리하고 이끌어나가다

· **원산지** | 물건이 만들어진 곳

· **원칙** | 어떤 행동이나 이론 등에서 일관되게 지켜야 하는 기본적인 규칙이나 법칙

· **원활하다** | 막힘이 없이 순조롭고 매끄럽다

· **위성** | 지구 같은 행성을 돌면서 관찰할 수 있도록 로켓을 이용하여 쏘아 올린 물체

· **유네스코 세계기록유산** | 망가지거나 없어질 위기에 처한 기록물의 보존과 이용을 위해 유네스코에서 선정한, 가치 있고 귀중한 기록유산

· **유대감** | 서로 가깝게 이어지거나 연결되어 통하는 느낌

· **유도하다** | 사람이나 물건을 원하는 방향이나 장소로 이끌다

· **유독가스** | 독이 있는 성분이 있어 생물에 해를 끼치는 기체

· **유리하다** | 이익이 있다

· **유발하다** | 어떤 것이 원인이 되어 다른 일을 일어나게 하다

· **유사하다** | 서로 비슷하다

· **유익하다** | 도움이 될 만하다

· **유인원** | 고릴라, 침팬지, 오랑우탄과 같이 사람과 비슷한 포유류

· **유전자** | 부모로부터 자식에게 전달되는 정보나 특징을 만들어내는 유전의 기본 단위

· **유족** | 죽은 사람의 남아 있는 가족

· **유지** | 어떤 상태나 상황 등을 그대로 이어나감

· **유지되다** | 어떤 상태나 상황 등이 그대로

이어져 나가다
- **유지하다** | 어떤 상태나 상황 등을 그대로 이어나가다
- **유출** | 귀한 물건이나 정보 등이 불법적으로 외부로 나가버림
- **유출되다** | 귀한 물건이나 정보 등이 불법적으로 외부로 나가버리다
- **유충** | 알에서 나와 다 자라지 않은 벌레
- **유해** | 해로움이 있음
- **유해물질** | 해로운 물질
- **유해하다** | 해로움이 있다
- **육지** | 강이나 바다처럼 물이 있는 곳을 뺀 지구의 겉면
- **윤리** | 사람으로서 마땅히 지켜야 할 바람직한 행동 기준
- **응급처치** | 갑자기 병이 나거나 상처를 입었을 때 위급한 상황을 넘기기 위하여 임시로 하는 치료
- **응답하다** | 부름이나 물음에 답하다
- **의류 산업** | 옷을 만들고 판매하는 일과 관련된 산업
- **의사소통** | 생각이나 말 등이 서로 통함
- **의존하다** | 어떠한 일을 스스로 하지 못하고 다른 어떤 것의 도움을 받아 의지하다
- **의향** | 무엇을 하려는 생각
- **이민자** | 자기 나라를 떠나서 다른 나라로 가서 사는 사람
- **이민하다** | 자기 나라를 떠나서 다른 나라로 가서 살다
- **이상기후** | 기온이나 강수량 따위가 정상적인 상태를 벗어난 상태
- **이익** | 물질적으로나 정신적으로 보탬이나 도움이 되는 것
- **이자** | 남에게 돈을 빌려 쓰고 그 대가로 일정하게 내는 돈
- **이주하다** | 원래 살던 지역을 떠나 다른 지역으로 이동해서 살다
- **인공** | 자연적인 것이 아니라 사람의 힘으로 만들어낸 것
- **인공기술** | 자연적인 것이 아니라 사람의 힘으로 만들어낸 기술
- **인권** | 인간으로서 당연히 가지는 기본적인 권리
- **인상되다** | 물건값이나 월급, 요금 등이 오르다
- **인식** | 무엇을 분명히 알고 이해함

- **인위적** | 자연적으로 만들어진 것이 아닌 사람의 힘으로 이루어진 것
- **인정** | 어떤 것이 확실하다고 여기거나 받아들임
- **인정하다** | 어떤 것이 확실하다고 여기거나 받아들이다
- **인플레이션** | 돈의 가치가 떨어져서 물건값이 계속 오르는 경제 현상
- **일방적** | 어느 한쪽이나 한편으로 치우친 것
- **일부** | 한 부분이나 전체를 여럿으로 나눈 얼마
- **일상적** | 늘 있어서 특별하지 않은 것
- **일석이조(一石二鳥)** | 돌 한 개를 던져 새 두 마리를 잡는다는 뜻으로, 동시에 두 가지 이익을 얻는다는 뜻
- **일정** | 어떤 것의 크기, 모양, 범위, 시간 등이 하나로 정해져 있음
- **일정하다** | 어떤 것의 크기, 모양, 범위, 시간 따위가 하나로 정해져 있다
- **일치하다** | 비교되는 대상이 서로 다르지 않고 꼭 같거나 들어맞다
- **임의** | 일정한 규칙이나 기준 없이 하고 싶은 대로 함

<ㅈ>

- **자연재해** | 태풍, 가뭄, 홍수, 지진, 화산 폭발 등의 피할 수 없는 자연 현상으로 인해 받게 되는 피해
- **자원** | 광물 등 사람이 생활하거나 경제적인 생산을 하는 데 이용되는 재료
- **자발적** | 남이 시키거나 부탁하지 않았는데도 자기 스스로 하는 것
- **자유자재** | 거침없이 자기 마음대로 할 수 있음
- **자치권** | 스스로 지역을 다스리며 행정 업무를 할 수 있는 권리
- **자치령** | 넓은 자치권을 얻어 중앙 정부의 간섭을 받지 않는 땅
- **자태** | 어떤 모습이나 모양
- **작물** | 논밭에서 심어 가꾸는 곡식이나 채소
- **재난** | 뜻하지 않게 일어난 불행한 사고나 고난
- **재배** | 식물을 심어 가꿈
- **재배되다** | 식물이 심기어 가꾸어지다
- **재생에너지** | 계속 사용해도 거의 무한으로 다시 얻을 수 있는 에너지
- **재앙** | 뜻하지 않게 생긴 불행한 사고

- **저소득** | 벌이가 적음
- **저소득층** | 상대적으로 다른 사람보다 돈을 적게 버는 사회 계층
- **저출산** | 한 사회에서 일정 기간 동안 아기를 낳는 비율이 낮은 현상
- **적대국** | 서로 적으로 여기거나 대하는 나라
- **적도** | 지구의 중심을 지나는 자전축에 수직인 평면과 지표가 교차되는 선
- **적용되다** | 필요에 따라 적절하게 맞추어 쓰이거나 실시되다
- **적응하다** | 어떠한 조건이나 환경에 익숙해지거나 알맞게 변화하다
- **전년** | 이번 해의 바로 전의 해
- **전략** | 정치, 경제 등의 사회적 활동을 하는 데 필요한 방법과 계획
- **전력** | 전류가 일정한 시간 동안 하는 일
- **전망** | 예상한 앞날의 상황
- **전망되다** | 앞날이 미리 예상되다
- **전망하다** | 앞날을 미리 예상하다
- **전반** | 어떤 일이나 분야의 전체
- **전사하다** | 전쟁터에서 싸우다 죽다
- **전수하다** | 기술이나 지식 등을 전해주다
- **전파** | 물체 안에서 전류가 진동함으로써 밖으로 퍼지는 파동
- **전형적** | 같은 갈래에 속하는 것들의 특징을 가장 잘 나타내는 것
- **점검하다** | 낱낱이 검사하다
- **점자** | 손가락으로 더듬어 읽도록 만든 시각 장애인을 위한 문자
- **정책** | 정치적인 목적을 이루기 위한 방법
- **정체** | 성장하거나 발전하지 못하고 일정한 정도에 그침
- **제2차 세계대전** | 1939년부터 1945년까지 벌어진 세계 규모 전쟁
- **제공하다** | 무엇을 내주거나 가져다주다
- **제기하다** | 소송을 일으키다
- **제압하다** | 강한 힘이나 기세로 상대를 누르다
- **제외하다** | 어떤 대상이나 셈에서 빼다
- **제작되다** | 재료가 쓰여 새로운 물건이나 예술 작품이 만들어지다
- **제재** | 법이나 규정을 어겼을 때 국가가 처벌이나 금지 등을 행함
- **제조업체** | 물품을 대량으로 만드는 사업을 하는 단체
- **제초제** | 잡초를 없애는 약

- **제한되다** | 일정한 정도나 범위가 정해지다
- **조율하다** | 여러 입장의 차이에서 생긴 문제를 해결하기 위하여 정도를 조절하다
- **조절하다** | 균형에 맞게 바로잡거나 상황에 알맞게 맞추다
- **조짐** | 좋거나 나쁜 일이 생길 분위기가 보이는 현상
- **조치** | 벌어진 사태에 대한 적절한 대책
- **조합** | 여럿을 한데 모아 한 덩어리로 짬
- **종** | 어떤 기준에 따라 여러 가지로 나눈 갈래
- **종묘제례** | 조선 시대 역대 왕들을 모신 종묘에서 진행하는 국가적인 제사
- **종자** | 식물에서 나온 씨 또는 씨앗
- **주권** | 가장 주요한 권리
- **주시하다** | 어떤 일을 관심을 두고 자세히 살피다
- **주택 임대료** | 주택을 일정한 기간 동안 남에게 빌려주는 대가로 받는 돈
- **주택난** | 살 집이 모자라서 구하기 어려운 일
- **주행하다** | 자동차나 열차 등이 달리다
- **중단되다** | 중간에 멈추거나 그만두게 되다
- **중량** | 물건의 무거운 정도
- **중립적** | 어느 한쪽에 치우치지 않고 중간 입장에 서는 것
- **중시하다** | 매우 크고 중요하게 여기다
- **중재** | 다투는 사람들 사이에 끼어들어 당사자들을 화해시킴
- **즉각적** | 바로 당장 하는 것
- **증가** | 수나 양이 더 늘어나거나 많아짐
- **증가율** | 늘어나는 비율
- **증가하다** | 수나 양이 더 늘어나거나 많아지다
- **지각** | 지구의 바깥쪽을 차지하는 부분
- **지구온난화** | 지구의 기온이 높아지는 현상
- **지급하다** | 돈이나 물건 등을 정해진 만큼 내주다
- **지능** | 사물이나 상황을 이해하고 대처하는 지적인 적응 능력
- **지방** | 에너지를 공급하고, 피부·근육·간 등에 저장돼 비만의 원인이 되는 물질
- **지속되다** | 어떤 일이나 상태가 오랫동안 계속되다
- **지원** | 물질이나 행동으로 도움
- **지적** | 잘못된 점이나 고쳐야 할 점을 가리켜 말함
- **지적하다** | 잘못된 점이나 고쳐야 할 점을

가리켜 말하다
- **지점** | 어떤 지역 안의 특정한 곳
- **지정되다** | 특별한 자격이나 가치가 있는 것으로 정해지다
- **지지** | 어떤 사람이나 단체 등이 내세우는 주의나 의견 등에 찬성하고 따름
- **지출** | 어떤 목적으로 쓰는 돈
- **지표** | 방향이나 목적, 기준 등을 나타내는 표지
- **지하자원** | 철, 석탄, 석유 등과 같은, 땅속에 묻혀있는 자원
- **지형** | 땅의 생긴 모양
- **직무** | 직업상 맡은 일
- **진출하다** | 어떤 방면으로 활동 범위나 세력을 넓혀 나아가다
- **질서정연** | 차례나 순서 따위가 잘 잡혀 한결같이 바르고 가지런함
- **짐작하다** | 어림잡아 생각하다
- **집계되다** | 이미 계산된 것들이 한데 모아져서 계산되다
- **집회** | 여러 사람이 특정한 목적을 위해 일시적으로 모이는 일

<ㅊ>
- **차별화** | 둘 이상의 대상 사이에 등급이나 수준의 차이를 두어서 구별되게 만듦
- **차별화되다** | 둘 이상의 대상이 등급이나 수준 등에 차이가 두어져서 구별된 상태가 되다
- **차용하다** | 어떤 형식이나 이론 등을 받아들여 쓰다
- **차지하다** | ①사물이나 공간, 지위 등을 자기 몫으로 가지다 ②일정한 공간이나 비율을 이루다
- **찬반 투표** | 어떤 안건을 결정할 때 찬성 반대로 의사를 표시하는 일
- **참사** | 비참하고 끔찍한 일
- **창조하다** | 전에 없던 것을 처음으로 만들거나 새롭게 이루다
- **채굴** | 땅속에 묻혀 있는 광물 등을 캐냄
- **채굴되다** | 땅속에 묻혀 있는 광물 등이 캐내어지다
- **채취하다** | 연구나 조사에 필요한 것을 찾아서 손에 넣다
- **처리** | 순서나 방법에 따라 정리해 마무리함
- **처벌** | 범죄를 저지른 사람에게 국가나 특

정 기관이 주는 제재나 벌
- **천문대** | 우주를 관측할 수 있는 장치를 갖춘 시설이나 기관
- **천식** | 기관지가 건강하지 않아 숨이 가쁘고 기침이 나며 가래가 많이 생기는 병
- **천적** | 잡아먹히는 동물에 대한 잡아먹는 동물
- **철회하다** | 이미 낸 것이나 주장했던 것을 다시 거두어들이거나 취소하다
- **체벌** | 때리거나 운동장을 뛰게 하는 등 몸에 직접 고통을 주어 벌함
- **초저가** | 매우 낮은 가격
- **총량** | 전체의 양이나 무게
- **최고치** | 가장 높은 값이나 상태
- **최대치** | 가장 큰 값
- **최상위** | 가장 높은 지위나 등급
- **최소화** | 양이나 정도를 가장 적게 함
- **추가하다** | 나중에 더 보태다
- **추산되다** | 짐작으로 미루어 계산되다
- **추상적** | 어떤 사물이 직접 경험하거나 지각할 수 있는 일정한 형태와 성질을 갖추고 있지 않은
- **추적하다** | 일이나 사람의 흔적을 따라가며 찾다
- **추정하다** | 미루어 생각하여 판단하고 정하다
- **추진하다** | 어떤 목적을 위해서 일을 밀고 나아가다
- **추출하다** | 고체나 액체 속에서 어떤 것을 뽑아내다
- **축적하다** | 지식, 경험, 돈 등을 모아서 쌓다
- **출산율** | 아기를 낳는 비율
- **출생아** | 새로 태어난 아이
- **출시되다** | 상품이 시중에 나오다
- **출시하다** | 상품을 시중에 내보내다
- **충돌하다** | 서로 세게 맞부딪치거나 맞서다
- **취약하다** | 어떤 일을 할 때 순조롭게 진행하지 못하고 약하다
- **취임식** | 새로 맡은 일을 시작할 때 관련이 있는 사람들을 모아놓고 진행하는 행사
- **취지** | 어떤 일의 근본이 되는 목적이나 매우 중요한 뜻
- **치명적** | 생명이 위험할 수 있는 것
- **치열하다** | 타오르는 불꽃같이 몹시 사납고 세차다
- **친밀감** | 사이가 매우 친하고 가까운 느낌
- **침공** | 다른 나라에 쳐들어가서 공격함

· **침해당하다** | 다른 사람이 땅이나 권리, 재산 등을 범하여 해를 입다
· **침해하다** | 남의 땅이나 권리, 재산 등을 범하여 해를 끼치다

<ㅋ>

· **카리브해** | 남북아메리카 대륙, 서인도 제도, 대서양 따위에 둘러싸인 바다

<ㅌ>

· **타격** | 어떤 일에서 크게 기를 꺾어 생긴 손해
· **타협하다** | 어떤 일을 서로 양보하여 의견을 나누다
· **탄소** | 숯이나 석탄의 주된 구성 원소
· **탄소량** | 탄소(숯이나 석탄의 주된 구성 원소)의 양
· **탄소 배출량** | 화석연료 등을 사용하는 과정에서 공기 중으로 나오는 탄소의 양
· **탄핵** | 대통령처럼 높은 지위에 있는 공직자들이 법을 어기면 맡은 일을 그만두게 하거나 벌을 주는 일
· **탈퇴하다** | 소속해 있던 조직이나 단체에서 관계를 끊고 나오다

· **탐사** | 알려지지 않은 사물이나 사실을 빠짐없이 조사함
· **통계청** | 통계의 기준 설정과 인구 조사 및 각종 통계에 관한 일을 하는 국가 기관
· **통신망** | 통신 설비를 갖춘 컴퓨터를 이용해 서로 연결해 주는 조직이나 체계
· **통치하다** | 나라나 지역을 맡아 다스리다
· **통합** | 둘 이상의 조직이나 기구 따위를 하나로 합침
· **퇴적물** | 흙이나 죽은 생물의 뼈 등이 물이나 바람, 빙하 등에 의해 운반되어 땅의 표면에 쌓인 물질
· **투입하다** | 사람이나 물자, 자본 따위를 필요한 곳에 넣다
· **투자** | 이익을 얻기 위해 어떤 일이나 사업에 돈을 대거나 시간이나 정성을 쏟음
· **특색** | 보통의 것과 차이가 나게 다른 점
· **특정** | 특별히 가리켜 분명하게 정함

<ㅍ>

· **파면** | 잘못을 저지른 사람에게 직무나 직업을 그만두게 함
· **파악하다** | 어떤 일이나 대상의 내용이나

상황을 확실하게 이해하여 알다
- **파편** | 깨지거나 부서진 조각
- **판결** | 법원이 소송 사건에 대해 판단하고 결정을 내림
- **판매량** | 일정한 기간 동안 상품이 팔린 양
- **패널** | 나무나 유리, 금속으로 된 사각형 모양의 판
- **패배감** | 싸움이나 경쟁 등에서 이길 자신이 없어 힘이 빠지는 느낌. 또는 싸움이나 경쟁 등에서 진 뒤에 느끼는 절망감이나 부끄러움
- **편향적** | 한쪽으로 치우친 경향이 있는 것
- **폐그물** | 낡거나 못 쓰게 된 그물
- **폐기하다** | 효과를 없어지게 하다
- **폐수** | 공장 등에서 쓰고 난 뒤 버리는 더러운 물
- **폐업** | 영업을 그만둠
- **포식동물** | 다른 동물을 잡아먹는 동물
- **포식자** | 다른 동물을 먹이로 하는 동물
- **포용성** | 남을 넓은 마음으로 감싸주거나 받아들이는 성질
- **포집하다** | 어떤 성분을 분리해서 잡아 모으다

- **포함하다** | 어떤 무리나 범위에 함께 들어가게 하거나 함께 넣다
- **폭설** | 갑자기 많이 내리는 눈
- **폭염** | 매우 심한 더위
- **표면** | 사물의 가장 바깥쪽. 또는 가장 윗부분
- **품종** | 같은 종의 생물을 그 특성에 따라 나눈 단위
- **풍차** | 바람의 힘으로 날개를 회전시켜 생기는 힘을 이용하는 장치
- **플렉스** | 스스로 만족하기 위해서나 남들에게 자랑하기 위해서 값비싼 물건을 구입함
- **피로감** | 몸이나 정신이 지쳐서 힘든 느낌

<ㅎ>

- **하마스** | 이스라엘에 맞서며 가자지구를 다스리는 팔레스타인의 무장 단체
- **한류** | 우리나라의 대중문화 요소가 외국에서 유행하는 현상
- **함량** | 물질에 들어 있는 어떤 성분의 양
- **합의금** | 둘 이상의 당사자가 서로 의견을 일치시키기 위해 적절하게 정한 금액
- **합의하다** | 서로 의견이 일치하다
- **해당하다** | 어떤 범위나 조건 등에 바로 들

어맞다
- **해발** | 바닷물의 표면으로부터 잰 땅이나 산의 높이
- **해석하다** | 사물이나 행위 등의 내용을 판단하고 이해하다
- **해수면** | 바닷물의 표면
- **해일** | 갑자기 바닷물이 크게 일어서 육지로 넘쳐 들어오는 것
- **해임하다** | 어떤 지위나 맡은 임무를 그만두게 하다
- **해제되다** | 묶인 것이나 행동을 막는 법 등을 풀어 자유롭게 되다
- **해충** | 사람에게 해를 끼치는 벌레
- **핵무기** | 핵반응으로 생기는 힘을 이용한 무기
- **허가** | 행동이나 일을 할 수 있게 허락함
- **헌법재판소** | 여러 법에 관련된 일들이 헌법에 어긋나지 않는지 판단하여 심판하는 국가 기관
- **현명하다** | 마음이 너그럽고 슬기로우며 일의 이치에 밝다
- **현상** | 현재 나타나 보이는 상태
- **혐오** | 싫어하고 미워함
- **협곡** | 산과 산 사이의 험하고 좁은 골짜기
- **협력** | 힘을 합해 서로 도움
- **형식** | 겉으로 나타나 보이는 모양
- **형평성** | 어느 한쪽으로 기울거나 치우치지 않고 균형을 이루는 성질
- **호감** | 어떤 대상에 대하여 느끼는 좋은 감정
- **호르몬** | 몸의 한 부분에서 나와 몸 안을 돌면서 다른 조직이나 기관의 활동을 조절하는 물질
- **화력 발전소** | 석탄, 석유, 천연가스 따위를 태울 때 나오는 열의 힘을 이용해 전류를 일으켜 사람들에게 공급하는 곳
- **화석연료** | 생물이 땅속에 묻혀 화석같이 굳어져 연료로 이용하는 석탄, 석유와 같은 물질
- **화학** | 물질의 구조, 성분, 변화 등에 관해 연구하는 자연 과학의 한 분야
- **확대하다** | 원래보다 더 크게 하다
- **확률** | 일정한 조건 아래에서 어떤 일이 일어날 수 있는 가능성의 정도
- **확보** | 확실히 가지고 있음
- **환원하다** | 원래의 상태로 다시 돌아가게 하다

·**활성화**| 사회나 조직 등의 기능을 활발하게 함

·**활성화하다**| 기능을 활발하게 하다

·**회전**| 물체 자체가 빙빙 돎

·**회전축**| 회전 운동의 중심이 되는 직선

·**효능**| 좋은 결과를 나타내는 능력

·**훼손되다**| 무너지거나 깨져 상하게 되다

·**훼손하다**| ①무너뜨리거나 깨뜨려 못 쓰게 만들다 ②체면이나 명예를 손상하다

·**휴전**| 전쟁을 일정한 기간 동안 멈추는 일

·**흡수하다**| 안이나 속으로 빨아들이다

·**희토류**| 안정적이면서 열과 전기가 잘 통하는 희귀한 지하자원

·**힘줄**| 근육을 이루는 희고 질긴 살의 줄

부르는 말

·**GDP**| 일정 기간 한 나라 안에서 생산한 모든 상품과 서비스의 가치를 합한 결과

<기타>

·**12·3 비상계엄 사태**| 2024년 12월 3일 오후 10시 27분경 윤석열 전 대통령이 비상계엄을 선포하면서 시작돼 12월 4일 오전 4시 30분까지 이어진 계엄령

·**7개 대륙**| 아시아, 유럽, 아프리카, 북아메리카, 남아메리카, 오세아니아를 합해 6개 대륙이라고 부르던 것에서 남극까지 더해